한국사 미스터리5

가야인, 나라 세우러 온 것 아니다

한국사 미스터리 5

가야인,
나라 세우러
온 것 아니다

창도 오운홍

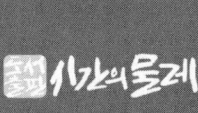

■ 5집, 가야사를 내면서 8p

제1부 한반도에 남은 가야 흔적

제1장 가야왕국의 흔적을 찾아 14p

    6가야의 위치가 정확하지 않다 ·· 14p
    가야를 찾아가는 길에 이정표가 부실하다 ································· 18p
    후기 가야의 맹주, 대가야의 범위와 중심지는? ······················ 25p
    장수가야라는 용어를 어떻게 봐야 할까? ································ 30p

제2장 가야의 명칭과 어원의 혼란 34p

    가야라는 명칭의 혼란 ·· 34p
    변한과 변진과 진한의 위치에 대한 혼란 ································· 36p
    가야의 어원은 어디서 왔나? ··· 40p
    인도의 가야인 철을 따라 동방으로 진출했다 ························· 46p
    가야인의 해상 유입(이동) 경로를 탐색하다 ····························· 49p

제3장 지명은 남고 국호가 없는 가야 본색 54p

    한반도에 흩어진 가야 지명 ··· 54p
    GAYA를 伽耶(가야)로 표기한 것은 불교 전래의 의미 ··········· 57p
    가야인의 항로에 흔적은 있어도 국호는 없다 ························· 61p
    가야인은 왜 국호를 남기지 않았을까? ··································· 65p

제2부 중국과 가야와의 연관

제4장 김수로왕과 허황옥은 가야인인가? 74p
- 허황옥의 고국과 가계 ··· 74p
- 김수로의 출현과 그 뿌리 ··· 81p
- 김수로의 도피 행로 ··· 87p
- 수로(일행)의 산악 이동설 ··· 90p
- 우두봉(산)은 김수로의 당분간 은신처였다 ··· 95p

제5장 김부식은 왜 '가야사'를 제외했나? 101p
- '삼국사(三國史)'인데 왜 『삼국사기』가 되었나? ··· 101p
- 김부식은 '삼국사'를 쓰지 않고 편찬하였다 ··· 102p
- 신라와 삼국의 위치와 관계 ··· 106p
- 대륙 신라와 동신라의 관계 ··· 113p
- 김부식은 왜 가야사를 제외했나? ··· 119p

제6장 '나라에서 철이 난다(國出鐵)'는 그 나라는? 124p
- 『삼국지』〈위지〉에 나오는 국출철(國出鐵)의 나라? ··· 124p
- 국출철(國出鐵)의 나라는 변한이 아니고 진한이다 ··· 128p
- 동신라에서 철을 생산했다는 증거가 있나? ··· 134p
- 국출철을 변한으로 잘못 보게 된 배경 ··· 139p

제3부 일본 열도와 가야와의 관계

제7장 일본 열도로 건너간 가락인의 흔적 146p
- 일본 열도에 남아있는 가야 관련 지명 ··· 146p
- 일본으로 건너간 7왕자의 행적 ··· 150p

| 5 |

7왕자는 왜 규슈 남단을 택했을까? ··· 156p
규슈 중부는 타밀인과 고구려인이 차지하고 있었다 ······························ 160p
세토나이카이로 진출한 가야의 후예 ··· 164p
불을 다루는 가락인들의 일본 열도 진입 ·· 166p

제8장 만엽집으로 본 신라와 규슈와 가야의 언어 관계 170p

난해한 만엽집을 이두식으로 풀다 ·· 170p
다파나국과 동신라는 타밀어를 공유했다 ··· 176p
만엽집에 쓰인 일본 고대어는 한반도에서 간 것 아니다 ························· 179p
만엽집의 한자는 어디서 전래된 것인가 ··· 182p
타밀인과 인도 가야인의 언어적 영향 비교 ··· 185p

제9장 역사 페이지가 아까운 임나일본부설 188p

임나일본부설은 음흉한 기획이다 ··· 188p
'안라왜신관(安羅倭臣館)'이라고 보는 국내 학자들의 인식 ····················· 192p
스에마쓰 이론에 대한 대응 방식의 문제점 ·· 196p
진쿠황후는 대륙 백제 근초고왕의 용병이다 ·· 199p
폐기해야 할 임나일본부설 ·· 206p
번지수가 다른 곳에서 찾아낸 임나의 실마리 ······································· 214p

제4부 한반도 가야사의 재해석

제10장 '금관(金官)'이란 지칭과 해상 교역 224p

금관국(金官國)과 가락국(駕洛國)의 시작은 다르다 ······························· 224p
금관국·금관가야에서 금관(金官)에 대한 해석 ····································· 228p
금관(金官)은 브랜드의 가치를 높이는 일이다 ······································ 231p
다호리 유적이 말해주는 가야사 ··· 236p
김해에서 제철 유적이 보이지 않는 까닭 ··· 240p

가야의 철과 해상 교역 루트 ··· 244p

제11장 가야의 병장기가 말해주는 것 249p

가야인은 왜 병장기에 공을 들였을까? ·· 249p
가야인과 신라인은 어디서 철을 구했을까? ·· 253p
최첨단 병장기는 제철 산업을 위한 보위용이다 ·· 258p
가야 여전사의 실재와 재해석 ·· 260p
가야의 철 생산과 판로, 그리고 수집상의 존재 ·· 265p
대성동 57호분 여전사는 철 제품 수집상의 원팀이다 ·· 268p

제12장 전·후기 가야연맹의 경계점에 대한 재해석 271p

전·후기 가야연맹의 경계, AD400년을 어떻게 볼 것인가? ································· 271p
쇠똥산에서 주운 Key로 가야연맹의 전·후 경계를 엿보다 ································· 277p
전기 가야연맹의 쇠락 원인은 철광석의 고갈이다 ·· 281p
소백산맥을 넘어간 장수가야의 유적 ·· 286p
문경새재를 넘어간 석장리 유적은 종합제철소이다 ·· 289p

제13장 가야와 신라에 도래한 북방 기마인에 대한 해석 296p

김해 대성동 고분이 말하는 북방계의 유입 ·· 296p
고구려 환도성 전투의 여파 ·· 299p
연나라 화랑도와 신라 김(金)씨 왕조의 연결 고리 ··· 304p
대성동 고분의 주인공은 금관국과 협력 관계이다 ·· 309p

제14장 가야인의 존재와 한반도에 끼친 영향 314p

- 편집후기 324p
- 찾아보기 327p
- 참고문헌 333p

5집, 가야사를 내면서

한국사 미스터리 4집에 이어 5집을 내는 목적은 한결같다. 우리가 배웠고, 앞으로 우리 자손이 배울 한국사를 바로잡아 정직한 문화유산을 남기고 싶어서다.

고대사를 정리하는 과정에서 가야사가 불투명하다는 인상을 받았고 늘 마음에 쓰였다. 『고등학교 한국사』(교과서)에, '변한 지역에서 성립한 가야'라는 잘못된 가야사가 실려 있다. '가야가 성립되기 전에 변한 땅'임을 강조하고 있다. 그런데 『삼국사기』나 『삼국유사』 어디에도 '금관국이나 가락국이 변한(弁韓)에서 연결'됐다는 기사가 없다.

예를 들어 통설의 가야사에는 한반도에 없었던 백제가 가야와 동맹을 맺었다며 기정사실로 하거나, 한반도에 존재하지도 않았던 변한 땅에서 가야가 출현했다는 것도 역사의 신뢰성을 떨어뜨리는 부분이다.

또 고구려 광개토왕비문에 있는 남벌은 중국 동해안 코스이며, 한반도에는 진출한 일이 없는데도 금관가야의 몰락 원인을 고구려의 침공으로 본다는 것도 우리 한국사 일부를 소설화하여 가짜 역사를 가르치는 것이라 할 수 있다.

이처럼 몇 가지 지적에 독자는 의문을 제기할 수 있다.

"변한과 가야가 다른 거야?"

"백제가 한반도에 없었어?"

(백제의 도읍지로 보는 위례, 한성, 웅진, 사비에서 궁궐 표시의 주춧돌 발굴 사례가 전혀 없다.)

"광개토왕비문에 남벌이란 기록은 뭐야?"

이런 질문이 앞서는 분은 이미 잘못된 역사 인식으로 도배되어 있다는 증거다.

독자 중에 필자의 지적에 의구심을 갖는 분이 있다면, 한국사 미스터리(1권, 2권, 3권, 4권)을 읽어보시길 권한다. 주류사학계가 말하는 가야사는 이밖에도 많은 문제를 안고 있다.

실제로 한반도의 휴전선 이남에 가야라는 지명이 현재 17곳이 발견되고 있는데, 어디는 가야국이라 하고, 어디는 그냥 지명이다. 영남지역에 변진 12국이라 하기도 하고, 변한 6국이 6가야가 됐다고도 한다. '국립중앙박물관의 가야지도'를 보면, 6가야가 아니라 4개(금관가야, 대가야, 소가야, 아라가야)의 가야만 표시되어 있다. 학계는 6가야국에 대한 뚜렷한 입장을 내놓지 못하고 있는 실정이다.

또 6가야의 유적지를 찾아가 보면, 철기나 토기는 발굴되고 있으나 국가나 도읍의 조건으로 보는 성곽과 궁궐과 왕릉의 흔적은 눈에 띄지 않는다.

본 책의 서술은 가야사를 재해석하는 시각으로 접근하고 있다.

가야를 제4의 제국으로 보는 일부 학자들이 김부식은 왜 『삼국사기』에 포함하지 않았는가를 따진다. 이런 시각으로는 가야사를 제대로 말할 수 없을 것이다.

금관가야의 '금관(金官)'이 철 상품의 브랜드 가치를 높이는 생산 공정이라는 것과 가야의 최첨단 병장기가 공격용이 아니라 '철 수집상'의 보위용이라는 것이다. KBS가 방영한 대성동 57호분 여전사는 '철 제품 수집상의 원팀'이라는 것이고, 전·후기 가야연맹의 경계를 광개토왕의 남벌(400) 시기로 볼 것이 아니라 그 전에 철광석 고갈에 따른 현상이라는 것, 이에 새로운 활로가 소백산맥을 넘어 장수가야나 충북 석장리 제철 유적을 형성했다는 것 등을 밝혀내고 있다.

또 한국(韓國)을 포함한 동양사의 잘못된 방향을 바로잡는 데 기여할 것이다. 한백겸은 『동국지리지』에서 '마한-변한-진한'을 '백제-가야-신라'와 연결하여 한반도에 배치했다. 이는 최치원이 말한 마한-고구려, 진한-신라, 변한-백제의 삼한설과 크게 달라서 학계에서 논쟁이 되어 왔다. 그런데 '한백겸 이론'이 동양사의 주류를 차지하고 있다는 데에 문제의 심각성이 있다.

필자는 이 책을 통해, 한반도에 삼한이 없었음을 분명히 밝히고, 일본을 포함한 동양사를 바로잡고자 한다.

동양사의 한 축이 되는 일본사와 관련된 일식 기록 분석 자료와 중국의 문헌 사료와 일본인의 신장 변화 통계 자료와 일본 관련 지명의 유래 등을 종합하여 일본 역사를 재해석하고, 일본사의 오류를 지적하고자 한다. 일본사의 오류를 바로잡는 일은 곧바로 우리 가야사와 동양사를 바로잡는 일이 되기 때문이다.

이러한 탐색 과정에서 그간 우리 사학계의 발목을 끈질기게 잡고 늘어지는 '임나일본부' 이론을 단칼에 해소할 수 있을 것으로 본다. 그리고 일본 사학계가 알지 못했던, 스진 천황 조의 임나국과 축자국의 위치를 중국 남동해안에서 찾아줄 수 있어 동양사 연구에 보탬이 될 것으로 전망한다.

이 책이 나오기까지 사료의 탐색과 집필은 절대 고독의 시간이었다. 가야에 대한 사료가 빈약하고 기존의 학자들과는 사관(史觀)이란 벽이 너무 커서, 참고할 수 있는 문헌 사료가 미약했다. 이럴 때, 필자의 문우 홍영기(전 교장)와 '가설적 추론'을 담론으로 나누다가 막힌 물꼬를 트는 영감을 얻기도 했다. 또 책보고님이 임나일본부를 푸는 열쇠, 임나국과 축자국의 흔적을 Google 지도를 통해 찾는 데 도움을 주어서 이론 설정에 자신감을 얻게 되었다.

이 책을 마무리하는 과정에서 홍성림 편집 이사님은 끝없는 질문으로 가야의 철을 담금질하게 하여 강철이 되게 해 주었고, 필자가 찾지 못한 유익한 정보도 주셔서 필자의 가야사 이론이 더욱 견고해졌다고 생각한다.

세 분께 깊이 감사드린다.

2023년 8월
홍천 여호내골(한국사 해방골)에서
창도 오운홍이 쓰다

제**1**부

한반도에 남은 가야 흔적

가야인, 나라 세우러 온 것 아니다

제1장 | 가야왕국의 흔적을 찾아

제2장 | 가야의 명칭과 어원의 혼란

제3장 | 지명은 남고 국호가 없는 가야 본색

제1부

한반도에 남은 가야 흔적

제1장
가야왕국의 흔적을 찾아

6가야의 위치가 정확하지 않다

6가야의 근거는 『삼국유사』 제2권 기이편(하)의 가락국기에 있다. '나라 이름은 대가락(大駕洛)이라 하거나 또는 가야국(伽耶國)이라고도 했으니, 곧 여섯 가야국 중의 하나다. 나머지 다섯 사람도 각각 다섯 가야국으로 돌아가서 임금이 되었다(國稱大駕洛 又稱伽耶國 卽六伽耶之一也 餘五人各歸爲五伽耶主).'[1)]고 했다.

가락국의 위치를 찾기 전에 먼저 인터넷에서 '가야'를 검색어로 찾아보면 다음과 같은 내용 정리가 있다.

---

1) 일연 저, 이재호 역, 『삼국유사』1, 솔, 2017. p.371.

'가야(伽倻, 加耶, 伽耶)는 낙동강이 있는 한반도 남부 지역에 존재했던 한국의 고대 국가이다. 가락(駕洛, 迦落) 또는 가라(加羅, 伽羅, 迦羅, 柯羅)라고도 한다. 삼한 중 하나인 한반도 중남부 현재 김해시에 위치했던 변한의 금관가야(구야국, 狗邪國)를 중심으로 변한의 12개 소국을 결집해 성립된 전기 가야연맹이며 고구려의 공격으로 금관가야 중심의 전기 가야연맹 세력이 약화되자 5~6세기 대가야를 중심으로 후기 가야 연맹국을 만들었다. 562년에 사라졌다.'(출처: 위키백과, 가야)

이 내용은 국사학계의 의견과 대체로 일치하고, 그동안 우리가 배운 내용과도 비슷하다. 이러한 설명에다 '마한-변한-진한', 혹은 '백제-가야-신라'의 지도를 곁들이고 거기에 '구지봉의 육란(六卵) 설화'까지 더하면 더 명료해질 것 같지만 더욱 모호하고 빗나간 가야사를 보게 될 것이다. 그 근거는 다음과 같다.
 필자의 책(한국사 미스터리 1, 2, 3, 4권)에서 밝힌 고대사의 눈으로 보면,
 첫째, 가야의 명칭이 신라나 백제처럼 통일된 국명이 아니고 다양하며 정리가 되어있지 않다.

 둘째, 중국 요동에 있었던 (고)조선 때의 변한(변한)을 한반도 가야 땅으로 가져온 한백겸이 『동국지리지』에서 '마한-변한-진한' 혹은 '백제-가야-신라'로 배열[2]한 것을 바탕으로 근세 조선의 학자들이 역사를 해석하고 있지만, 최치원이 보는 삼한은 마한-고구려, 진한-신라, 변한-백제설을 주장했다.[3] 또 그 위치도 한반도가 아닌 황해 북안과 발해만 연안이다.

---

2) 한백겸이 말하는 '마한-백제'는 한반도에 없었고, 중국 대륙에 있었던 나라임을 필자의 책, 한국사 미스터리 2, 3, 4권에서 밝힌 바 있다.
3) 오운홍, 『한국사의 기준점 찾기』, 시간의물레, 2022. p.164.

발해만 연안의 변한을 한반도 동남부로 이동한 것은 누군가 역사를 왜곡한 것이다.

셋째, 변한의 12개국은 『후한서』〈동이열전〉에서 말하는 변진의 국가를 말함인데, 국내 사서에서는 한반도 남부에 변한이 있다 하며, 그것에 연이어 거꾸로 12국이 6국으로 변했다는 등 가야사 개념을 더욱 혼란스럽게 하고 있다.

넷째, 학계는 가야의 쇠락과 멸망 원인을 고구려의 침공으로 보고 있다. 그런데 광개토왕의 남벌(南伐)은 수륙양면작전으로서 중국 동해안을 따라 남정(南征)한 것[4]이다. 이렇게 광개토왕의 남벌을 한반도에 있는 가야에 적용함으로서 전혀 다른 역사를 만들어내고 있다.

다섯째, 광개토왕 남침과 연관이 있다 하면서 '전기 가야연맹'이니 '후기 가야연맹'과 같은 근거가 미약한 용어를 끌어들여 가야사의 신뢰를 더욱더 떨어뜨리고 있다. 이렇게 몇 줄 안 되는 가야사 설명에 문제가 많이 달리는 것을 보면 학계의 책임이 크다고 할 수 있다.

가야를 설명하는 글이 『고등학교 한국사』에 있는데, '변한 지역에서 성립한 가야'라고 소제목[5]을 붙인 것처럼 교과서는 '가야가 성립되기 전에 변한 땅'이라고 강조하고 있다. 그런데 『삼국사기』나 『삼국유사』 어디에도 변한이 금관국이나 가락국으로 연결됐다는 구절이 없다.

---

4) 오운홍, 『한반도에 백제는 없었다』, 시간의물레, 2021. pp.186-203.

5) 김종수 외, 『고등학교 한국사』, ㈜금성출판사, 2018. p.42.

실제로 마한, 진한, 변한은 중국 대륙에 있었음을 필자의 책 제4권 『한국사의 기준점 찾기』에서 밝힌 바 있다. 이렇게 역사를 왜곡한 장본인은 『동국지리지』에서 한반도 남쪽에 마한, 진한, 변한을 배치한 한백겸이다.

가야사는 주류 국사학계 내에서도 정리가 안된 것 같다. 우선 '국립중앙박물관의 가야 지도'를 소개한다.

지도를 보면 6가야가 아니라 4개(금관가야, 대가야, 소가야, 아라가야)의 가야만 표시되어 있다. 우리가 알고 있는 6가야 중에 성산가야와 고령가야는 표시되어 있지 않다. 학계는 6가야국에 대한 명확한 입장을 내놓지 못하고 있는 실정이다.

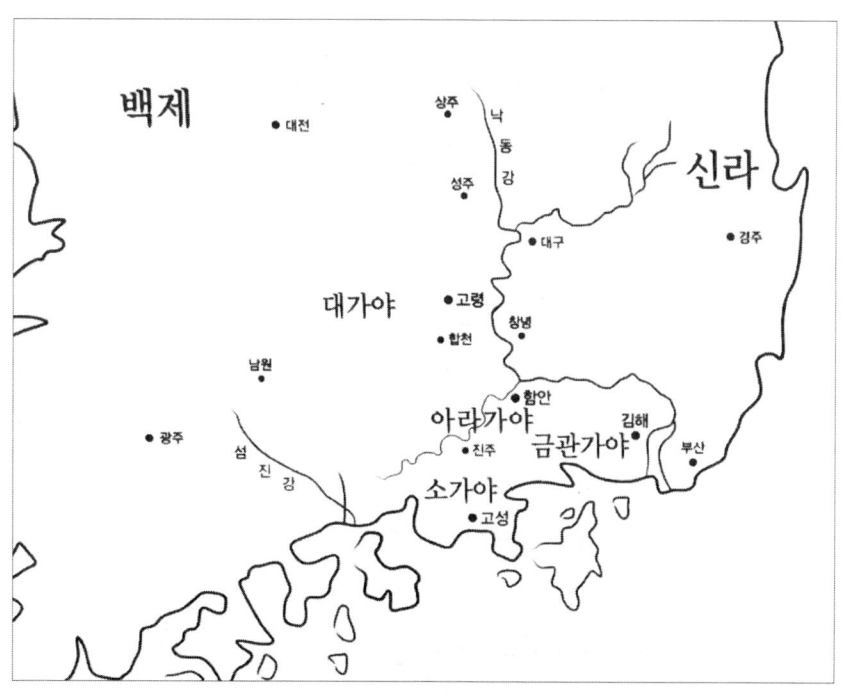

국립중앙 박물관의 가야 지도(출처: 나무위키, 가야)

가야를 찾아가는 길에 이정표가 부실하다

6가야의 위치에 대해 국사학계가 정리한 것을 보면, 경상남도의 김해시를 중심으로 금관가야, 고성군 부근에 소가야, 함안군의 유적을 중심으로 아라가야, 경상북도의 고령군(高靈郡) 유적 중심으로 대가야, 성주군 부근에 성산가야, 상주시 부근에 고령가야(古寧伽倻)가 있었을 것으로 보고 있다.

그런데 앞에서 본 국립중앙박물관의 가야 지도에는 '성산가야'와 '고령가야'가 사라져 보이지 않는다. 과거 필자가 학창 시절에 배울 때만 해도 문헌사에 따라 떳떳하게 위치를 표시했는데, 고고학에 근거한 실증적 차원에서 역사를 바라봐야 하는 요즘은 '성산가야'와 '고령가야'의 유적이나 유물, 그리고 도읍지 등을 고려할 때 확실하게 내세울 물증이 없다는 것이 국사학계의 고민이다.

당분간 보류 상태로 묶어 두는 것 같다. 이렇게 되면 12가야론에서 6가야론으로, 다시 6가야론도 설 자리가 불안해진다.

먼저 소가야의 유적을 찾아보았다.

소가야(小伽倻)는 6가야의 하나로 AD42년에 경상남도 고성군(固城郡) 부근에 세워진 나라로 학계는 보고 있다. 고성군을 중심으로 사천시와 통영시 일대에서 유적이 발굴되고 있다.

〈창원=뉴시스〉에 의하면, 「경남도는 소가야를 대표하는 성곽 유적 '고성 만림산 토성'이 (지난) 26일 경상남도기념물 제303호로 지정됐다고 밝혔다. 경남 고성군 고성읍 대독리 소재 '고성 만림산 토성'은 고성만(固城灣)과 고성읍을 조망할 수 있는 만림산(해발 89.1m) 정상부에 축조한 가야 시대 토축 산성(토성)으로, 산봉우리를 중심으로 삼고 감싸 안듯 성곽을 두르는 '테뫼식

성곽'이다. 16세기 조선 시대 문헌에 '토성의 옛터(土城古基)'로 기록되어 있어 오래전부터 고대 성곽으로 인식되어왔으며, 2019년에 정밀지표·시굴조사를 거쳐 2020년에 정밀 발굴조사를 통해 가야 시대 토성으로 명확하게 밝혀졌다. 토성은 전체 둘레 720m, 성벽 너비 20-22m, 최고 높이 6m에 이르는 대규모 성곽으로 하늘에서 내려다본 평면 모습이 삼각형에 가깝다. 만림산 토성은 거주공간을 보호하는 김해 봉황동 유적(사적), 함안 가야리 유적(사적), 합천 성산 토성(도기념물) 등과는 달리, 고성만 입구의 산지에 위치해 남해안을 통해 소가야 중심지로 드나드는 선박을 조망, 방어하는 목적의 산성이라 할 수 있다.」(출처; 〈창원=뉴시스〉, 2021. 8. 28)

만림산 토성은 거주공간이 아니라 군사용으로, 조망이나 방어목적의 산성으로 봐야 할 것 같다. 왕국의 도성 성벽으로는 볼 수 없으며 궁궐터도 보이지 않는다.

〈경남도민일보〉에 따르면, 이른바 소가야의 또 다른 유적으로는 고성군 영오면 연당리에서 진주·사천과 통하는 길목에 5세기 말에서 6세기 중엽에 조성된 것으로 추정되는 고성 연당리 고분군이 있는데 도굴·훼손된 채 발견(1991)되었다. 이 고분군은 해발 100m 야산 능선에 분포되어 있다. '한때 경호강을 따라 산청과 함양을 지나 남원·장수 등 전북지역까지 북상할 만큼 위상이 높았던 고성지역 가야국은 5세기 후반, 대가야의 팽창으로 기세가 위축되던 당시에도 영오면에 세를 유지했었다'고 한다.

경남대박물관 발굴조사 때 이 유적에서 토기와 철기가 다수 수습된 바 있다. 굽다리접시(고배), 굽다리접시뚜껑(고배뚜껑), 목긴항아리(장경호), 목짧은항아리(단경호), 그릇받침(기대), 컵모양토기 등 토기와 철검, 철모, 철촉,

재갈 등 철기류가 나왔다. 토기 대부분은 산산조각이 난 채로 발견됐다. 복원되지는 않았으나 개체를 파악할 수 있는 파편도 상당수 있었다. 원통 모양 그릇받침(통형기대), 화로 모양 그릇받침(발형기대) 등 그릇받침이 많았는데 통형기대는 거의 원형으로 복원이 가능한 1점, 발형기대는 개체를 확인할 수 있는 것까지 합해 18점이 출토됐다.(출처: 〈경남도민일보〉, 2021.10.25.)

필자가 보기에는 주로 생활 토기와 무기류가 발굴된 연당리 가야 고분에서 왕릉의 자취는 찾아볼 수 없는 것 같다.

이번에는 아라가야(阿羅加耶)의 유적을 찾아보았다.

함안 가야읍 가야리 유적에서 아라가야 시대로 보는 판축토성을 축조한 흔적이 남아 있다고들 한다. 〈아틀라스뉴스〉에 의하면 "국립가야문화재연구소는 아라가야 추정 왕궁지를 발굴한 결과, 토성벽 내부에서 중심 토루(土壘·성벽) 구간을 중심으로 판축성벽 축조와 관련된 나무 기둥(木柱)과 횡장목(橫長木, 가로 방향의 목재) 등 목조 구조물들과 달구질(성토 다짐) 흔적이 확인되었다고 밝혔다. 2019년 4월부터 시작한 발굴조사는 아라가야 추정 왕궁지의 중심 유구인 토성이 축조된 방법을 규명하기 위해 성벽을 중심으로 우선 진행되었다. 판재를 지지하는 영정주(永定柱, 나무 기둥)는 성벽 기초부에 성벽을 따라 중심 토루(土樓, 흙 건축물) 내외곽에 약 60-80cm의 간격으로 열을 지어 설치된 것으로 파악된다고 했다. 안팎으로 약 6m 간격을 두고 평행하게 설치된 나무 기둥 사이로는 중심 토루가 있었다. 중심 토루는 5차례에 걸쳐 순차적으로 나란히 성토 다짐 되었는데, 중심 토루가 차례대로 성토되는 과정에서 여러 개의 횡장목이 중심 토루의 구획 기둥(영정주)에 결구되어 설치되었던 것으로 추정된다. 그러나 성벽 방향을 따르는 종장목(縱長木, 세로 방향의 목재)은 아직까지 확인되지 않았다.

또 중심 토루에서 성토방법이 확연하게 차이나는 지점(축조 구분선)을 확인했는데, 이를 통해 성벽을 구간별로 나눠서 축조했다는 것을 알 수 있었다. 축조 구분선 바로 서편에서 점성이 높고 고운 점질토를 달고로 두드려 다진 흔적(지름 8~10cm)도 확인되었다. 달구질 흔적은 영정주와 횡장목으로 구성된 목조 가구와 함께 판축공법이 아라가야 왕성의 축조 당시 차용되었음을 알려주는 유력한 흔적이다. 조사 범위에서 전체적으로 확인된 목책은 단면조사 결과, 중심 토루를 파고 지름 30cm 정도의 나무 기둥을 되묻어 설치한 것으로 확인되었다.

지금까지의 조사를 토대로 보면, 함안 가야읍 가야리 유적의 토성은 가야권역 내의 동시기 유적과 비교할 때, 그동안 발견된 사례가 없는 축조기법과 규모를 보이고 있다. 토성벽 축조 공정마다 영정주와 횡장목으로 구성된 목조 가구를 설치하고, 판축상의 성토 다짐(달구질)을 하는 등, 정교한 대규모 토목공사가 이루어졌다. 토성의 규모는 현재 조사구역 내에 한정 지었을 때, 전체 높이는 약 8.5m, 폭은 20m 내외이다. 이와 같은 축조기법과 출토 유물, 탄소연대 등을 통해 추정해보면 아라가야 왕궁지는 5세기 말에서 6세기 초에 조성된 것으로 볼 수 있다.

함안 가야리 일대는 1587년에 제작된 조선 시대 읍지 「함주지」(咸州誌)와 일제강점기의 고적조사보고 등에서 아라가야의 왕궁지로 추정되었고, '남문외고분군', '선왕고분군', '신읍'(臣邑) 등 왕궁과 관련된 지명이 남아 있어 아라가야의 왕궁지로 추정되어 왔다. 국립가야문화재연구소는 2018년 5월 발굴조사를 시작해 토성벽, 목책, 건물지 등 다양한 왕성 관련 시설과 유물들을 확인했다. 함안 가야리 유적지는 최근 사적 제554호로 지정되었다."(출처: 〈아틀라스뉴스〉, 2019.10.30.)

이 기사를 보면 아라가야 추정 왕궁지의 중심 유구인 토성이 축조된 방법을 규명하기 위해 성벽을 중심으로 축조기법을 분석하였으나, 왕궁이라 볼만한 유적이 발견되었다는 언급이 없음은 물론 목조 건축지의 크기가 8.5×20m 내외이고 주춧돌도 없는 굴립식(주춧돌이 없는 기둥 세움) 건축양식인 것으로 보아 궁궐로 보기에는 미흡하다 하겠다.

한국민족문화대백과사전은 아라가야(阿羅加耶)를 다음과 같이 정리하고 있다. 『삼국유사』 5가야조에는 아라가야 또는 아야가라(阿耶加羅)로, 『삼국사기』 지리지에는 '아시랑국(阿尸良國) 또는 아나가야(阿那加耶)'[6]로, 고구려 광개토왕릉비와 『일본서기』에는 안라(安羅)라고 해 그 명칭이 출전마다 다르게 나타난다. 아라·아시라·아야·아나·안라 등은 모두 우리 말의 음운(音韻)의 변화에 따른 것으로 볼 수 있다고 주장하는 학자도 있다.

아라가야는 『삼국지』 〈위지〉 동이전 한조의 안야국(安耶國)으로서 변한 12국 중 하나로 보고 있다. 따라서 3세기경까지 가야 지방은 변한 12국으로 이루어졌음을 알 수 있다.

『삼국유사』에 따르면, 변한 12국은 그 뒤 6가야로 되었다고 한다. 12국이 6가야로 통합되는 과정에서 시대에 따라 나라의 수에 변화가 있었을 것이다. 그런데 언제부터 6가야로 되었는지를 알려 주는 자료가 없다.

『일본서기』에는 더 많은 수의 가야 이름이 기록되어 있다. 『일본서기』에 실린 가야 관계 기록은 주로 백제 측 기록에 근거한 것인데, 가야의 이름 중에는 작은 단위 촌락의 사회 집단 이름도 섞여 있는 듯하다.

---

6) 김부식 저, 이재호 역, 『삼국사기』 3, 솔, 1997. p.82.

아라가야는 지금의 경상남도 함안을 중심으로 한 나라였다고 한다. 남쪽으로 바다와 접해있어 좋은 항구를 가지고 있었으므로 일찍부터 금관가야와 함께 일본과의 교통이 많았다. 따라서 이 지역은 일찍이 신라에 의해 점령되어 아시촌소경(阿尸村小京)이 설치되었다고 한다.

금관가야가 신라에게 532년에 멸망한 뒤에는 아라가야가 일본과의 교섭에서 중심이 되었다고 한다. 함안 지방에는 말이산(末伊山)에 상당히 큰 가야 시대의 무덤이 많이 남아 있어, 아라가야의 국세(國勢)가 얼마나 강대했는지를 말해 준다고 한다.(출처: 『한국민족문화대백과사전』 아라가야)

『한국민족문화대백과사전』은 국사학계의 기존 통설을 정리한 수준이다.

일연스님이 『삼국유사』를 집필하기 전, 전국 사찰을 살폈을 것이고, 그 과정에서 구전되어 온 5가야와 이에 따른 아라가야 또는 아야가라(阿耶加羅)의 전설을 취록했을 개연성이 있다고 본다.

한편 신라 법흥왕(23대) 19년(532) 때 금관국 임금 김구해(金仇亥)가 항복한 사실은 『삼국사기』에 기록되어 있다. 이 금관가야와 일연스님이 본 6가야는 한반도 경남 지역에 있었을 것으로 본다.

그런데 고구려 〈광개토왕릉비〉와 『일본서기』에 나오는 안라(安羅)라는 명칭과 『삼국지』 〈위지〉 동이전, 한조의 안야국(安耶國)은 한반도의 가야가 아닌 것으로 필자는 보고 있다.

그 이유는 첫째, 광개토왕릉비의 비문에 나오는 안라(安羅)가 영락 10년(400)의 일인데, 당시 야마토 왜는 중국 남동해안 지역에 근거를 두고 있었다.[7] 둘째, 당시 광개토왕이 남정했던 코스는 한반도가 아니고 중국 동해안

---

7) 오운홍, 『한국사의 기준점 찾기』, 시간의물레, 2022. pp.121-128.

이었다.[8] 셋째, 『삼국지』〈위지〉 동이전 한조에 나오는 안야국(安耶國) 등 12국[9]이 모두 중국 대륙에 존재한 것으로 본다. 국내 학자들은 〈위지〉 동이전을 근거로 변진 12국을 주장하지만, 필자는 앞의 책(『한국사의 기준점 찾기』

---

8) 오운홍, 『한반도에 백제는 없었다』, 시간의물레, 2021. pp.186-189.

9) 〈위지〉 동이전의 기록, "韓在帶方之南, 東西以海爲限, 南與倭接, 方可四千里。有三種, 一曰馬韓, 二曰辰韓, 三曰弁韓。辰韓者, 古之辰國也。馬韓在西。其民土著, 種植, 知蠶桑, 作綿布。各有長帥, 大者自名爲臣智, 其次爲邑借, 散在山海間, 無城郭。有爰襄國、牟水國、桑外國、小石索國、大石索國、優休牟國、臣沽國、伯濟國、速盧不斯國、日華國、古誕者國、古離國、怒藍國、月支國、咨離牟盧國、素謂乾國、古爰國、莫盧國、卑離國、占離卑國、臣國、支侵國、狗盧國、卑彌國、監奚卑離國、古蒲國、致利鞠國、路國、兒林國、駟盧國、內卑離國、感奚國、萬盧國、卑離國, 臼斯烏旦國、一離國、不彌國、支半國、狗素國、捷盧國、牟盧卑離國、臣蘇塗國、莫盧國、古臘國、臨素半國、臣雲新國、如來卑離國、楚山塗卑離國、一難國、狗奚國、不雲國、不斯邪國、爰池國、乾馬國、楚離國, 凡五十餘國。大國萬餘家, 小國數千家, 總十餘萬戶。辰王治月支國臣智或加優呼臣雲遣支報安邪支臣離兒不例拘邪秦支廉之號。其官有魏率善、邑君、歸義侯、中郎將、都尉、伯長"을 보면, "한(韓)은 대방(帶方) 남쪽에 있고 동서간으로 바다에 막혀 있다. 남쪽으로 왜(倭)와 접하고 사방 4천리다. 마한(馬韓), 진한(辰韓), 변한(弁韓)의 세 종류가 있다. 진한(辰韓)은 예전의 진국(辰國)이다. 마한은 서쪽에 있는데 그 백성은 정착하여 농경을 하는데 누에 치는 법을 알고 면포(綿布)를 만든다. 각각 우두머리(長帥)가 있는데 큰 것은 신지(臣智)라 하고 그 다음은 읍차(邑借)라 한다. 산과 바다 사이에 흩어져 살고 성곽(城郭)이 없다. 원양국, 모수국, 상외국, 소석색국, 대석색국, 우휴모탁국, 신분고국(臣沽國), 백제국(伯濟國), 속로부사국, 일화국, 고탄자국, 고리국, 노남국, 월지국(月支國), 자리모로국, 소위건국, 고원국, 막로국, 비리국, 점리비국, 신흔국, 지침국, 구로국, 비미국, 감해비리국, 고포국, 치리국국, 염로국, 아림국, 사로국, 내비리국, 감해국, 만로국, 피비리국, 구사오단국, 일리국, 불미국, 지반국, 구소국, 첩로국, 모로비리국, 신소도국, 막로국, 고랍국, 임소반국, 신운신국(臣雲新國), 여래비리국, 초산도비리국, 일난국, 구해국, 불운국, 불사분야국, 원지국, 건마국, 초리국 등 모두 50여 개 나라가 있다. 큰 나라는 만 여 가(家), 작은 나라는 수천 가로 호(戶)수가 총 십여 만이다. 진왕(辰王)이 월지국(=목지국)을 다스리는데 신지(臣智)를 때로 우대하여 호칭하였고 (加優呼) 신운국(신운신국)의 견지(遣支) 보(報), 안야국(변진안야국)의 축지(支), 분신리아국의 불례(不例), 구야국(변진구야국)의 진지(秦支) 염(廉)이 그것이다. 그 관직으로는 위솔선 읍군(魏率善邑君), 귀의후(歸義侯), 중랑장(中郎將), 도위(都尉), 백장(伯長)이 있다."

(pp.94-96)에서 마한 54개국이 모두 중국 대륙에 있음을 밝혔는데 마한과 인접한 변진 12국도 중국 대륙에 있었던 것으로 본다.

따라서 『한국민족문화대백과사전』이 '안라(安羅)'와 '안야국(安耶國)'과 연결하여 정리한 아야가라(阿耶加羅)의 내용은 한반도에서 발굴되는 아라가야의 유적과는 다르다고 할 수 있다.

후기 가야의 맹주, 대가야의 범위와 중심지는?

대가야에 대해 ㈜천재교육이 만든 『천재학습백과』에 따르면, '대가야는 후기 가야 연맹의 맹주로 고령 지방을 중심으로 형성되어 있었다. 4세기 말 신라의 요청으로 왜를 물리치러 온 고구려의 공격으로 전기 가야 연맹의 맹주인 금관가야의 세력이 약화 되자 대가야가 후기 가야연맹의 맹주가 되었다. 가야의 여러 나라는 변한의 소국에서 시작되었는데 변한 지역의 철기 문화를 바탕으로 농업 생산량이 확대되면서 여러 정치 집단이 성장하였다. 3세기에는 김해 지방에서 성장한 금관가야가 전기 가야연맹의 맹주가 되었다. 가야의 소국들은 철기 기술과 해상 교통으로 낙랑군과 왜를 연결하는 중계 무역을 발전시켰다. 4세기 말 신라의 요청을 받고 신라에 침입한 왜를 물리치기 위해 출병한 고구려군의 공격으로 금관가야가 몰락하여 가야연맹의 주도권을 상실하였다. 5세기 후반 이후에는 고령 지방의 대가야가 후기 가야연맹을 주도하였다. 6세기 신라 법흥왕에 금관가야가 멸망하였고 대가야도 압박을 받았다. 대가야는 백제와 동맹을 맺고 대항하였으나 신라 진흥왕의 공격으로 562년 멸망하였다.'고 가야사를 정리하고 있다.(출처: 『천재학습백과』)

필자가 보기엔 가야사와 관련된 기존의 통설들이 한반도에 없었던 백제[10]와 가야가 동맹을 맺었다고 기정사실화 하거나 한반도에 존재하지도 않았던 변한 땅에 기대는 것은 역사의 신뢰성을 떨어뜨리는 것이라고 할 수 있다.

우리나라 '고등학교 한국사'가 출판사별로 다르지만 내용은 대동소이(大同小異)하다. 왜냐면 집필 방향이 국사학계의 시각과 같기 때문이다.

앞에서 언급한 대로 고구려의 광개토왕이 가야를 정벌하러 한반도에 진출한 일이 없으므로 금관가야의 몰락 원인을 고구려의 침공으로 본다는 것은, 우리 한국사 일부를 소설화 하거나 가짜 역사를 가르치는 것일지도 모른다.

대가야의 도읍지가 어디냐고 구체적으로 물어보면, 고령 지방이라고 막연하게 대답한다. 대가야를 정리한 『한국민족문화대백과사전』에 의하면,

'지금의 경상북도 고령군 일대에 있었던 것으로 추정된다. 그러나 『삼국유사』의 가락국기(駕洛國記)에는 금관가야(金官加耶)를 대가야(大加耶)라고 하였다. 이는 가야연맹 전기에는 금관가야가 맹주국이었기 때문이며, 금관가야를 본가야(本加耶)라고 한 것도 같은 이유에서이다.

그런데 『삼국사기(三國史記)』 지리지에 고령군은 본디 대가야국으로, 존속기간이 시조 이진아시왕(伊珍阿豉王)부터 도설지왕(道設智王)까지 16세(世) 520년인데, 신라 진흥왕(眞興王)이 쳐서 멸망시키고 그 땅을 대가야군(大加耶郡)으로 삼았다고 기록되어 있다. 이것은 아마 금관가야의 세력이 약해진 뒤, 고령을 중심으로 한 가야국이 대신 맹주국이 되어 대가야라고 불렸기 때문인 듯하다.

『삼국사기』 신라본기 562년(진흥왕 23)에 가야가 배반했기 때문에 이사부

---

10) 오운홍, 『한반도에 백제는 없었다』, 시간의물레, 2021.

(異斯夫)에게 명해 사다함(斯多含)과 함께 쳐서 멸망시켰다고 했는데, 여기에서 말하는 가야는 고령의 대가야로 볼 수 있다.

『삼국사기』에는 이 밖에도 가야에 대한 기사가 여러 곳에 등장하는데, 그것이 어느 가야를 말하는 것인지 분명하지 않다. 또 대가야도 위와 같이 금관가야를 가리키는 경우와 고령가야를 가리키는 경우가 있어 혼란이 있고, 맹주국을 뜻하는 "임나(任那)"라는 용어도 금관가야를 말하는 것인지 고령가야를 말하는 것인지 혼란이 있다.

『일본서기(日本書紀)』에도 금관가야와 고령가야를 모두 "가라(加羅)"라고 불렀는데, 때로는 금관가야를 "남가라(南加羅)"라고 하여 고령가야와 구별하고 있다. 『삼국사기』 신라본기 진흥왕 23년 조의 기사에 해당되는 『일본서기』 긴메이(欽明紀) 23년(562)조에 "신라가 임나관가(任那官家)를 쳐서 멸망시켰다"고 하였고, 그 주(注)에 가라 10국의 이름을 열거했는데 그중에 가라국(加羅國)이 있다.

이 가라국은 고령가야를 가리킨 것으로 보기도 한다. 그러나 『일본서기』에서 "임나"라는 용어는 여러 가야를 통틀어 부르는 데 썼으므로 우리나라의 경우와는 다르다. 우리나라에서는 특정한 맹주국, 즉 대가야를 임나라고 불렀기 때문이다. 이처럼 문헌에 따라 가야나 가라 또는 대가야라는 용어를 달리 사용해 『가락국기』에 나오는 가야의 멸망 연대에 대해서도 혼란이 있었다. 또 『일본서기』에서는 구형왕(仇衡王, 금관가야)이 신라에 항복한 해를 보정 2년(562)이라 하고, 그 아래에 「개황록(開皇錄)」을 들어 양(梁)나라의 중대통(中大通) 4년(532)에 신라에 항복했다는 기사를 실었다. 전자는 고령가야가 멸망한 연대이고, 후자는 금관가야가 항복한 해이므로 이런 혼란이 있었던 것이다.'(출처: 『한국민족문화대백과사전』)

여기서 눈여겨봐야 할 것은, 『삼국유사』에서 말하는 '대가야'[11]와 『삼국사기』에서 말하는 '대가야국'[12]이 같은 듯하면서 다르다는 점이다.

일연 스님이 『삼국유사』에서 말하는 '대가야'는 김수로왕이 금관가야를 건국(42)할 당시 5가야 소국과 비교할 때, 상대적으로 세가 크다 하여 붙인 국호이고, 『삼국사기』에서 말하는 '대가야국'은 후기 가야연맹 시기인 신라 진흥왕 23년(562) 9월에 멸망시킨 고령 중심의 대가야를 말하는 것으로 본다.

그런데 국사학계에서 정리한 이론으로 보면, '대가야'를 후기 가야연맹의 종주국으로 보기 때문에 일연 스님이 기록한 초기 가야의 틀과 다소 개념이 달라진다.

또 '임나(任那)'가 금관가야를 말하는 것인지 고령가야를 말하는 것인지 혼란이 있다. 그리고 신라 진흥왕 23년(562)에 멸망시켰다는 '임나'와 '고령 대가야'를 동일하게 봐야 할 것인지, 따로 구분해서 봐야 할 것인지도 검토해야 한다.

왜냐면 첫째, 이 시기에 백제나 야마토 왜는 중국 대륙에 있었고, 신라는 중국 안후이성과 한반도 동남부 2곳, 즉 대륙 신라와 동신라[13]로 존재하고 있었다.

둘째, 고구려 〈광개토왕릉비〉의 비문에 나오는 안라(安羅)와 〈위지〉의 안야국(安耶國)과 『일본서기』에 나오는 임나(任那)를 같은 이름의 지명으로 보기 때문이다.

---

11) 일연 저, 이재효 역, 『삼국유사』1, 솔, 2017. p.92.

12) 김부식 저, 이재호 역, 『삼국사기』3, 솔, 1997. p.84.

13) 동신라는 한반도 경주 중심의 신라를 말하며, 본책 제5장에서 상세히 설명할 예정이다.

이런 혼란을 정리하지 않으면 가야사를 제대로 이해할 수 없을 것 같다.

고고학을 근거로 한 백과사전의 정리에 의하면, '경상북도 고령(高靈)군 지산동(池山洞)에는 가야 시대의 굉장한 무덤들이 많이 남아 있는데, 그 중 발굴된 여러 무덤에서 놀라운 유물들이 발견되었다.

이러한 무덤으로 보아 고령가야(古寧伽倻)가 가야의 맹주국, 즉 대가야였던 것이 입증된다고 보고 있다. 고령 지산동 고분군의 유물 문화는 그 지역 일대에 일원적으로 확산된다는 특징을 지닌다. 합천, 옥전, 번계 제 고분군, 산청, 중촌리 고분군, 함양 산백리, 백천리 고분군, 남원(시) (아영면) 월산리 고분군, 장수 (천천면) 삼고리 고분군 등에서 출토된 5세기 후반 이후의 유물들의 유사성은 그러한 상황을 반영한다.

6세기 전반에는 고령계 유물 문화의 전파가 더욱 심화되어 진주 수정봉, 옥봉고분군, 고성 율대리 고분군, 함안 (가야읍) 도항리 고분군까지 고령계 토기가 확산되었다. 그러면서도 고령 지산동 고분군의 유물은 다른 지역들에 비해 질과 양의 측면에서 우월성을 유지하고 있어 해당 시기에 고령을 중심으로 한 연맹체가 존재했음을 알 수 있다.

또 왜와의 교역 역시 고령을 중심으로 이루어졌다. 5세기 후반의 일본 열도 각 지역의 유력한 수장묘(首長墓)들에 대가야 계통의 위세품(威勢品)으로 보이는 마구(馬具), 장신구들이 부장품의 주류를 나타내고 있고, 고령 양식의 토기들도 일본 규슈 및 세토나이해 연변 각지에 널리 분포되었다. 또한 왜계(倭系) 물품이 고령·합천 등 가야 북부 지역에 들어오고 있어 왜와의 무역과 교류의 중심 역시 김해서 고령으로 옮겨진 정치적 변화가 반영되어 있음을 알 수 있다.'(출처: 『한국민족문화대백과사전』)

앞의 글에서 보듯 국사학계는 현 고령군(高靈郡)에 있는 고분군을 보고, 고령가야(古寧伽倻)를 가야의 맹주국인 대가야로 보고 있다. 이렇게 보면 6개의 가야는 성립되지 않는다.

고고학계에서도 고령 지산동(池山洞) 고분군의 유물과 유사성이 있는 이웃 지역의 고분군을 대가야의 범위로 규정짓고 있다. 그런데 가야와 관련하여 이렇다 할 생활 유적은 발견되지 않고 있다. 이를 어떻게 해석해야 할까?

앞에서 거론했던 데로 '성산가야'와 '고령가야'의 유적이나 유물, 그리고 도읍지 등을 고려할 때 확실하게 내세울 물증이 없다는 것이 국사학계의 고민인데 이를 어떻게 봐야 할까 하는 의문이 계속 든다.

가야의 고분군을 세계문화유산에 등재 신청하고 있는데 고분과 제철 유적은 포함되어 있으나 왕실은 포함되지 않았다.

과연 6가야가 왕국인가에는 선뜻 대답하기 어렵다. 이에 대한 답을 하기 전에 제7가야라고 부를 수 있는 장수가야에 대해 먼저 살펴볼 필요가 있다.

장수가야라는 용어를 어떻게 봐야 할까?

호남권 최초로 조성되는 '장수가야 역사관(가칭)'이 장수군 장계면 건립 부지에서 착공식을 갖고 첫 삽을 떴다.(출처: 연합뉴스 2021.3.25.) '장수 가야 역사관'이 설립되면 전북 동부 지역에서 확인되는 가야 유적과 유물을 통해 지역 고대사를 재정립하는 역할을 수행하는 등 지역의 문화 수준을 한층 끌어올릴 것으로 기대하고 있다. 장수 지역 가야 유적은 많은 수의 고분이 넓은 지역에 걸쳐 백여 기가 분포되어 있어 가야 최대 유적으로 평가받고 있다.

곽장근(군산대) 교수가 주장하는 전라북도 동부 지역의 '전북가야'는 최근에 불리던 '장수가야'와 '운봉가야'를 아우르는 개념의 새로운 명칭이라 한다.

필자가 보기에는, 곽교수가 새롭게 명명한 '전북가야'를 '국가 수준의 명칭'으로 볼 것인가, 아니면 가야의 '철 생산 기지'[14]로 볼 것인가를 구별하여 생각해 볼 필요가 있다.

이 지역의 가야 유적 중에 봉수로의 분포를 분석해 보면, 장수가야가 그 중심에 있다. 그리고 장수 가야는 동쪽으로 소백산맥의 육십령(734m)을 넘어 경상남도 함양, 거창을 거쳐 경상북도 고령을 중심으로 한 '대가야'와 연결된다.

다시 말하면 국사학계가 말하는 후기 가야연맹 때 '대가야'가 서쪽으로 영역을 넓혀 소백산맥을 넘어 '장수가야'를 낳았다고 볼 수 있다.

'전북가야' 하면 빼놓을 수 없는 것이 철 제련기술이다. 전북 동부지역에서 발견된 제철 유적지는 250여 개소에 달하며 남원 옥계동 제철 유적지에는 슬래그가 널려있다.

국사계가 정리한 '대가야'의 범주 안에 있는 장수(천천면) 삼고리 고분군에 대해 일부 고고학자가 이곳은 소백산맥이 가로막혀 가야 지역과는 문화와 정서가 다르고 또 마한 땅과 인접한 지역이니 '장수가야'의 유적이라며 가야사에 없었던 새로운 명칭을 사용하고 있다.

---

14) '철 생산 기지'의 개념에 대해, 본책 '제3장 지명은 남고 국호가 없는 가야 본색'의 제4절 '가야인은 왜 국호를 남기지 않았을까?'에서 논하기로 하겠다.

이를 어떻게 봐야 할까?

앞에서 잠시 '전북가야'를 언급한 것처럼, '장수가야'도 국가 수준의의 명칭인지, '가야와 관련된 철 생산 기지'를 말하는 것인지 구별할 필요가 있다.

'장수가야'의 유적은 6가야 어느 지역보다 선명하고 제철 유적을 두루 갖추었다고 본다.

240여 기의 가야 고총이 장수군 일원에서 발견되어 고고학 자료로 장수가야의 존재를 확증했다. 그리고 250여 개소의 제철 유적이 발견되어 세간의 이목을 집중시키고 있다. 또 봉수로를 연결하면 여덟 갈래로 전북 지역 완주, 무주, 진안, 임실, 순창, 남원, 장수, 금산에서 출발하며 이곳 장계로 집중된다. 이는 근세조선 때 형성된 봉수로와 연결 통로와는 다르다. 후기 가야 때, 지역에 한정된 봉수 체제라고 볼 수 있다. 그런데 이와 같은 '장수가야'를 '왕국'으로 볼 수 있는가에는 선뜻 답하기가 어렵다.

국가의 조건은 무엇인가?

일반적 통념으로 보면, 국가란 일정한 영토에 거주하고 주권을 보유한 다수인으로 구성된 정치단체를 말한다. 국가는 주권·영토·국민의 3요소에 의하여 성립된다고 하는 것이 통설이지만 눈으로 확인할 수 있는 것이 필요하다.

장수지역을 영토로 삼는다고 하고, 그 지역에 일정 수의 백성이 살았다는 것은 유물과 유적으로 유추할 수 있다. 그런데 주권이 있었는지는 알 수 없다.

고대 국가이므로 왕이 다스렸다고 가정할 때, 치적의 흔적이 있는지 확인할 필요가 있다.

①궁성이 있는가? ②궁궐터가 있는가? ③국가 기록물, 혹은 왕위 계승 기

록이 있는가? ④인근 무덤(고분)에 왕권을 나타내는 부장품이 있는가?

보통은 ③의 국가 기록물을 찾기 어렵더라도 ①, ②, ④의 유적이나 유물이 남아 있는 경우가 많다. 그런데 '장수가야'에서는 이들을 찾을 수 없다.

그렇다면 '장수가야'는 어떤 존재일까?

제철 유적이 남아 있는 그대로, 필자는 장수 가야를 '제철 산업 기지'로 보고 싶다. 제철 산업의 재료가 되는 철광석이 고갈되면 언제라도 이 자리를 버리고 다른 곳에 가서 다시 제철 산업기지를 마련했을 것으로 본다. 그렇기 때문에 왕국이나 국가로 보는 것을 조심스럽게 결정해야 할 일이 아닌가 한다.

'6가야의 위치가 정확하지 않다'는 것 자체가 국사학계의 혼란을 야기한다. 근자에 와서 '장수가야'라는 용어까지 나오니 더욱 혼란스럽다.

'장수가야'가 국가 수준인지, '철 생산 기지'의 이름인지를 탐색하는 것은 '가야의 본색'이라는 가야의 정체성을 매듭짓는 작업이라고 본다.

이런 관점을 6개의 가야에 적용해서 통설의 6가야를 바라보면 어떨까?

과거 우리는 유적이 위치한 지명을 중심으로 가야의 국호를 붙이려는 경향이 있었다. 그렇지만 국가 조건에 맞추어 6가야를 바라보면 이야기는 달라진다.

왕위 계승이 밝혀진 김해의 금관가야나 고령의 대가야를 제외한 나머지 가야는 철 산업 기지가 아닌가 한다.

후학들은 새로운 역사의 눈으로 '가야의 정체성'을 연구하고 규명해야 할 것 같다.

제2장
가야의 명칭과 어원의 혼란

가야라는 명칭의 혼란

국내 서적에서 발견되는 가야에 대한 명칭과 표기가 비슷한 것 같지만 자세히 보면 한자의 부수 선택도 매우 다양하면서 혼란스럽다.

가야(伽倻, 伽耶, 加耶), 가라(加羅, 伽羅, 迦羅, 柯羅), 가라국(加羅國), 가락국(駕洛國), 가락(駕洛, 迦落), 금관국(金官國), 금관가야(金官伽倻), 구야국(狗倻國), 구야(狗耶), 가랑(加良), 임나가라(任那伽羅), 임나가량(任那加良) 등으로 다양하다.

'가야'라는 음절에 대한 한자 표기가 '加耶(가야)', '伽倻(가야)', '伽耶(가야)' 등 세 가지 표기가 있는데, 그중 어느 것이 맞는 것일까?

아라가야의 본산인 경남 함안군이 '유물전시관' 완공을 앞두고 '아라가야'의 한자표기를 어떻게 해야 할지 고심한 일이 있다 한다. 함안군은 그동안 각종 사료에 의거 해 '阿羅伽倻(아라가야)'로 표기해왔으나, 경남 김해(금관가야), 경북 고령(대가야)등 가야권 지자체들은 '加耶(가야)'라는 표기를 따르는 추세다. 가야의 한자 표기의 통일은 가야권 지자체와 학계의 오랜 골칫거리이기도 하다. 시대별·사료별로 표기가 달라 지금까지도 가야를 '加耶', '伽倻', '伽耶'로 혼용되고 있기 때문이다.

창녕군의 경우 군지(郡誌)에는 非火伽倻(비화가야)의 '가야(伽倻)'로 되어 있으나 이곳의 몇몇 향토사 연구모임은 『삼국유사』식 표기인 '伽耶(가야)'를 고수하고 있다. 소가야(小伽倻) 유적이 있는 고성군은 '가야(伽倻)'라고 쓰고, 성주군은 星山伽耶(성산가야) 또는 碧珍伽耶(벽진가야)처럼 '가야(伽耶)'의 한자 부수변 표기가 약간씩 다르다.

'가야'라는 이름을 딴 각급 학교의 한자표기도 차이가 난다. 김해시 내동의 가야중학교와 가야고등학교, 부산 부산진구 가야동의 가야고등학교는 모두 '伽倻(가야)'라는 한자를 쓰는 데 반해 고령의 가야대학교는 '加耶(가야)'를 고수하고 있다. 그런가 하면 부산지하철 2호선 가야역은 '伽倻(가야)' 역이다.

고령군의 경우 대가야를 말할 때는 '大加耶(대가야)'로 쓰기로 했지만, 개국 전설이 깃든 가야산(伽倻山)과 악성(樂聖) 우륵이 만든 가야금(伽倻琴)은 전래의 표기를 인정하고 있다. 학계 연구자들의 견해는 "통일신라기의 표기로 보여지는 '加耶(가야)'가 고려 시대 이후 불교와 유교의 영향을 받아 '사람인 변(人)'이 추가되는 형태로 변했다"며 "가장 오래된 정사 기록인 '삼국사기' 표기에 맞춰 '加耶(가야)'로 통일하는 것이 바람직하다"는 의견을 내놓기도 했다.

다른 한편으로 가야의 '명칭과 유래'에 대한 『한국민족문화대백과사전』을 보면, "가야라는 말의 기원에 대해서는 (1)가나(駕那)설: 끝이 뾰족한 관책(冠幘), (2)평야설: 남방 잠어에서 개간한 평야를 뜻하는 말인 가라(Kala), (3)간나라설: '신의 나라[神國]', 또는 '큰 나라'의 뜻, (4)갓나라설: 가야가 한반도 남단의 해변에 위치함으로써 '갓나라[邊國]'로 불린 것, (5)가람설: 가야 제국이 여러 갈래로 나뉜 낙동강 지류에 인접해 있었으므로, 가야는

'ㄱ름[江]' 또는 'ㄱㄹ=갈래[分岐]'의 뜻, (6)겨레설: '겨레[姓, 一族]'라는 말의 기원이고, 그 근원은 알타이 제어의 '사라(Xala)[姓, 一族]'에 있으며, 그것이 가라(Kala) 〉 가야(Kaya) 〉 캬레(Kya+re) 〉 겨레(Kyeore)로 음운 변천, (7)성읍설: 가야는 곧 'ㄱㄹ[大, 長의 뜻]'이며, 그 어원은 '성읍(城邑)'의 뜻을 가진 '구루(溝婁)'라는 등의 학설이 있다. 그 가운데 현재로서는 겨레설이 다수의 지지를 받는 정설의 위치를 차지하고 있다는 것이 보인다."고 했다.

필자가 보기에는 이들 명칭의 유래 중에 어느 것 하나 '가야'라는 명칭에 선뜻 와 닿는 것이 없다. 국사학계에서는 가야에 대한 어원과 유래에 대해 정리를 하지 못한 것 같다.

변한과 변진과 진한의 위치에 대한 혼란

그런데 국내 역사서에 가야를 변한으로 표기하는 경우가 꽤 있다. 아마도 중국 사서에 그 근거를 둔 것으로 본다.

『후한서』〈동이열전〉에 의하면 '변진은 진한의 남쪽에 있는데, 역시 12개 나라(弁辰在辰韓之南, 亦十有二國)'는 변진미리미동국(弁辰彌離彌凍國), 변진접도국(弁辰接塗國), 변진고자미동국(弁辰古資彌凍國), 변진고순시국(弁辰古淳是國), 변진반로국(弁辰半路國), 변진낙노국(弁辰樂奴國), 변진미오야마국(弁辰彌烏耶馬國), 변진감로국(弁辰甘露國), 변진구야국(弁辰狗耶國), 변진주조마국(弁辰走漕馬國), 변진안야국(弁辰安耶國), 변진독로국(弁辰瀆盧國)이라 한다.

『후한서』에 기록된 12개국이 한반도에 있었다고 믿고 있는 학자들은 한반도 중심의 사학 이론을 펼치고 있다고 본다.

앞의 책(『한국사의 기준점 찾기』)에서 『후한서』의 마한 54개국이 중국 대륙에 있었음[15]이 밝혀진 것처럼 변진의 12개국도 중국 대륙에 있었다고 봐야 한다.

필자는 『후한서』에서 말하는 변진의 위치가 진한의 (서쪽이 아니라) '남쪽'에 있다는 기록에 주목하고 있다. 『후한서』를 쓴 범엽(范曄)이 '변진의 위치는 분명히 진한의 남쪽이다(弁辰在辰韓之南).'라고 했다.

그런데 국내 학자들은 이런 방향 표시를 두고, 사서의 기록이 잘못되었다고 말한다. 원전을 인용하면서 원전을 비난하다니, 참으로 웃기는 발상이다.

이들이 이러한 오류를 범하는 데는 이유가 있다. 먼저 진한(辰韓)을 한반도의 경주라고 못 박아놓고, 변진(弁辰)을 가야로 잘못 비정하여 방향 표시를 언급하고 있다. 한반도 지도를 펴놓고 보면, 가야는 분명히 경주의 서쪽에 있다.

이들 학자의 잘못된 견해를 지적하자면, 첫 번째로 중국 사서의 '변진(弁辰)'을 '변한(弁韓)'으로 본 것이 잘못된 것이고, 두 번째는 '진한(辰韓)'을 '경주(慶州)'로 본 것이 잘못이다. 그런데 자기들 해석이 잘못된 것을 모르고 사서의 기록이 잘못되었다고 엉뚱한 말을 늘어놓고 있는 것이다. 이들은 중국 대륙의 사서 기록을 한반도 중심으로 착각하여 해석하고 있는 것이다.

범엽(范曄)은 중국 동해안에 있는 변진(弁辰)을 기록한 것이다. 진한(辰韓)의 땅은 현 탕산(唐山)과 창려(昌黎)가 있는 요동군이며 한무제가 설치했다는 낙랑군의 땅을 말하는 것이다.

---

15) 오운홍, 『한국사의 기준점 찾기』, 시간의물레, 2022. pp.117-121.

그런데 국내 학자들은 범엽의 생각과 달리 한반도 지도를 펴놓고 진한과 변진과는 전혀 다른 곳, 즉 한반도 남부를 지목해 놓고, 역사 기록이 잘못된 것이라고 엉뚱하게 해석하고 있다. 그들은 진한을 경주 부근으로 보고 자의적 해석을 한 후, 그 서쪽에 있는 가야 땅을 가리켜, 변진도 아니고 변한이라는 이름을 임의로 붙여놓고 사서의 기록을 탓하고 있으니 얼마나 우스운 일인가?

중국 동해안에 있었던 것으로 보이는 변진 12국의 자세한 위치는 알 수 없다. 그러나 필자가 제4권(『한국사의 기준점 찾기』)에서 진한의 위치를 밝혔으니, '변진의 위치는 분명히 진한의 남쪽이다(弁辰在辰韓之南).'라고 말한 범엽(范曄)의 말대로 변진 12국은 하이허(海河) 해변과 산둥반도를 포함해서 남쪽으로 중국 동해안을 따라 분포되었다고 볼 수 있다.

그런데 국내 학자(이병도, 천관우 등)가 이들 12개국을 한반도의 경상남도, 경상북도, 부산광역시의 특정 지역에 비정(比定)하고 있는데, 중국 동해안 땅에 대한 기록이란 점에 비추어보면 어처구니없는 일이라고 본다.

또 역사학계에서 정리한 한반도의 6가야의 명칭이 가락국(금관가야), 반파국(대가야), 안라국(아라가야), 고사포국(소가야), 성산가야, 고령가야인데 『후한서』에 기록된 12국의 명칭과는 연계가 부족하다 하겠다.

변진 또는 변한이 어떤 연유로 한반도 가야와 연결되었는지 살필 필요가 있다.

문창로 교수는 한백겸의 『동국지리지(東國地理志)』(1615) 이후 사서들은 변한=가야이고, 그전에 나온 이수광의 『지봉유설(芝峯類說)』(1614)까지는 변한

=백제로 인식했다고 한다.[16]

참고로 『삼국사기』(1145)와 이승휴의 『제왕운기』(1287)[17]는 『삼국유사』(1283)의 영향을 받지 않은 책으로서 중국 사서에 근거하여 변한=백제로 보고 있다.

한백겸의 『동국지리지』(1615) 이후에 간행된 유형원의 『동국여지지』(1656), 이익의 『성호사설』(1740), 이중환의 『택리지』(1751), 이만운의 『증보동국문헌비고』(1789), 안정복의 『동사강목』(1778), 유득공의 『사군지』(1795), 정약용의 『아방강역고』(1811), 한진서의 『해동역사속(海東繹史續)』(1823) 등은 변한=가야(혹은 영남)로 보고 있다.

이들 국내 문헌사를 비교한 결과를 종합하면 '변한=가야'라는 인식은 한백겸의 『동국지리지』에서 시작된 것으로 본다.

변한이란 표기에 대해 필자는 앞의 책(4권)에서 한백겸이 『동국지리지』를 쓸 때, 중국 사서를 해석하는 과정에서 변한을 변진으로부터 유래한 것[18]으로 보았다고 지적했는데, 그가 왜 변한을 한반도로 끌어들였는지에 대해 본책 6장(4절)에서 살펴보는 기회를 마련하겠다.

---

16) 문창로, 〈'변한과 가야' 연구의 동향과 과제〉, 한국고대사학회 엮음, 『가야사 연구의 현황과 전망』, 주류성출판사, 2018. pp.183-184.

17) 이승휴의 『제왕운기』(1287)는 『삼국유사』(1283) 보다 4년 늦게 발간되었지만, 당시 이승휴가 저술 작업을 했다는 삼척 천은사는 오지이고 두문불출했기 때문에 『삼국유사』의 간행 정보를 몰랐던 것으로 보인다.

18) 오운홍, 『한국사의 기준점 찾기』, 시간의물레, 2022. pp.166-167.

가야의 어원은 어디서 왔나?

앞에서 살펴본 가야의 명칭 중에서 가량(加良)이나 임나가량(任那加良), 임나가라(任那伽羅)는 중국 동해안에 있었던 명칭에서 연유한 것으로 보아 제외하더라도 '가야'와 '가라' 그리고 '가락'과 '구야'가 남는다.

우선 구야(狗耶, Guya)와 가야(Gaya)는 비슷한 소리로 들리고 어원이 같다고 본다. 그리고 '가야(Gaya)'와 '가라(Gara)'라는 발음도 연관이 있으며, 필자의 귀에 낯설지 않다.

불교의 4대 성지의 하나인 인도의 부다가야(Bodh Gaya)[19]가 가야(伽倻)와 발음이 비슷하고 연관이 있지 않나 하는 생각을 해왔다.

이런 막연한 연상을 단숨에 해소할 수 있는 유물이 최근 인도 부다가야에서 출토되었다.

〈주간조선〉([2669호] 2021.08.02. 이진아, 환경생물 저술가)에 의하면, "지난 세기말부터 인도 북부 비하르주 가야(Gaya(E85°, N24°40′)) 외곽의 작은 도시 부다가야(Bodh Gaya)라는 곳에서 철기 유물이 속속 출토되고 있다는 보고서들이 꽤 있다고 한다. 지난 2000년 인도 국립야금학연구소 바이쉬 박사 팀은 이 유물들의 연대를 분석한 결과 이곳이 기원전 1100년부터 서기 1200년까지 무려 2,000년 이상, 북인도 철기 문명의 중심지였음이 확인된다는 논문을 발표했다.

부다가야는 갠지스강의 지류인 팔가에 자리 잡고 있는데, 이곳에서 고대

---

19) 붓다와 깊은 관련이 있어 신성시되고 있는 네 곳을 불교의 4대성지(四大聖地)라 한다. 붓다가 태어난 룸비니, 깨달음을 이룬 붓다가야(buddhagayā), 처음으로 설법한 녹야원, 입멸한 쿠시나가라이다.

철기 문명의 유물이 쏟아져 나와 인도 철기시대의 역사가 새로 쓰이고 있다고 한다.

인도에서 가장 오래된 철기 유물의 연대는 기원전 2400년까지 올라가지만, 철기 문명이 정착하기 시작한 것은 대략 기원전 1800년 무렵이라고 본다는 것이다. 갠지스강 상류, 가락국 김수로왕의 왕비 허황옥의 고향으로 간주 되는 아요디아가 있는 우타르 프라데시주도 이에 포함된다고 한다.

기원전 1100년(BC 11세기)이면 석가의 출생(BC6-BC5) 전이다.
가야라는 소왕국이 갠지스강 유역에 있고 온난성 기후지대라 하더라도 제철 작업이 본격적으로 시작된 곳에선 걷잡을 수 없이 환경파괴의 속도가 빨라지게 된다. 전통사회의 제철 방식은 엄청난 양의 목재를 소모하는 작업이기 때문이다. 금방 삼림 생태계가 결딴나고 노천 철광석이 동이 나자 제철인들은 삼림과 철광석이 풍부한 곳을 찾아 이동하지 않을 수 없다. 이 과정에서 인도의 남부(타밀 지역)나 동남아시아, 중국, 한반도로 이동하게 된 것이 아닌가 한다.

2010년 일본 총합연구대학원대학 이창희 박사가 업그레이드된 방사성 탄소 동위원소 측정법(AMS dating)으로 한반도 남해안의 철기 유물 100여점을 분석한 결과의 보고서에 보면, 한반도 철기 중 가장 오래된 것이 기원전 4세기의 것임을 밝혀냈다. 한반도 남해안 중에서도 낙동강 하구에서 기원전 4세기부터 남방식 주조 철기가 나타나는데, 기원전 2세기에는 북방식 단조 철기[20]가 나타나 두 가지 유형이 혼재하기 시작한다는 것이다."(출처:

---

20) 두만강 한·러 국경에서 블라디보스토크 쪽으로 70㎞ 떨어진 러시아 바라바시 마을에서 초기철기시대인 BC7-BC5세기의 '철기가공작업장'이 발굴됐다. 또 강원도 홍천군 두촌

〈주간조선〉 [2668호] 2021.07.26. 이진아〉

이를 근거로 유추하면, 한반도 가야(Gaya) 땅이 인도 가야(Gaya)지역과 철기라는 공통점으로 연결된다고 할 수 있다.

그런데 이들 인도 가야(Gaya) 지역 제철인들은 무엇 때문에 한반도의 낙동강 유역으로 이동한 것인가?

새로운 국가를 건설하기 위해서인가?

아니라고 본다. 제철 산업으로 부(돈)를 축적하기 위해서라고 본다.

왜냐면 다음에 소개하겠지만 동남아 지역 곳곳에 가야라는 지명이 남아있는데, 가야인들이 머물고 지나간 흔적이지, 곳곳에 국가를 건설한 흔적이 아니기 때문이다.

이와 연관지어 한반도 가야 지역에서 기원전 4세기부터 남방식 주조 철기가 발견된 걸 보면, 인도의 가야인은 기원전 4세기에 이미 한반도에 진출했다고 볼 수 있다. 그리고 다호리 유적(기원전 2세기)까지 종합한다면 기원전 3~4세기에 이미 인도의 가야인이 한반도에서 제철 산업에 종사하고 있었다고 봐야 한다.

국사학계는 가야 시대를 '전기 가야연맹 시기(42-400)'와 '후기 가야연맹 시기(400~562)'로 나누고 있다.

필자는 여기에 덧붙여 '가야연맹 이전 시기(BC4세기-42)'를 제안한다.

이렇게 보면, 가야는 BC4세기부터 562년까지 900여 년 동안 존속했다고 할 수 있다. 이는 다음과 같은 역사 기록의 의문을 풀어줄 것으로 본다.

면 철정리에서 BC7세기 무렵의 단조 철기 유물 1점이 출토됐다.

우리 학계에는 가야 건국과 관련된 오래된 논쟁이 있다.

『삼국유사』의 기록에 의하면, 김수로가 42년에 (김해) 가락국(駕洛國)을 건국하였다고 한다.

『삼국사기』의 〈신라본기〉 석탈해조에 의하면, 탈해의 출생(BC19) 때 (김해) 금관국(金官國)의 바닷가를 거쳐간 기록이 있다. 두 사서에서 나오는 김해 지역의 가락국과 금관국을 비교해 보면, 60여 년의 차가 있다.

이 때문에 가락국과 금관국을 같은 나라로 볼 수 있느냐, 또 같은 김해 지역에 존재했던 나라라면 어느 한쪽의 연대가 잘못된 것 아니냐는 논쟁이 있다. 이는 다시 김수로의 건국에 대해 이의 제기와 함께 국사 논쟁이 되고 있다.

앞서 제기한 '가야연맹 이전의 시기'에 관한 고찰은 김수로왕의 건국과 관련된 의문을 해소할 수 있는 열쇠를 찾는 길이라고 본다.

필자가 제안한 '가야연맹 이전 시기(BC4세기-42)'를 놓고 종합적으로 생각해 보면, 김수로왕이 가야를 건국한 것이 아니라 가야 땅에서 정권을 창출한 것이라 말할 수 있다. 이는 고구려에서 피신한 협보가 규슈의 다파라국에서 정권을 창출한 후에 국호를 변경하지 않은 사례와 비슷하다 하겠다.

한반도 남부 가야지역을 관광하다 보면, 쌍어(雙魚) 문양을 보게 된다.

가야라는 국호와 쌍어 문양은 김수로왕과 허왕후와 관련이 있다고도 하지만 그 이전에 낙동강 유역에 정착한 가야인의 문화가 아닌가 한다.

쌍어 문양과 관련된 인도 가야인의 문화를 살펴야 할 필요가 있다.

김수로왕 사원의 쌍어 문양

인도 아요디아(옛 아유타국) 사원의 쌍어 문양

『대쥬신제국사(大朝鮮帝國史)』를 쓴 김산호에 의하면, 인도의 "가야(加耶)지역은 여름에 계속되는 장마로 갠지스강이 넘쳐 큰 바다를 이루고, 또 11월에서 4월까지 6개월간은 물 한 방울 구경 못 하는 가뭄으로 강물이 줄어든다고 한다. 이때 빠져나가지 못한 물고기들이 물길을 따라 얕은 웅덩이로 모여들게 되는데, 이런 웅덩이를 인도말(語)로 가라(加羅, Gara)라고 한다. 즉, '가라란 언제나 물고기가 있는 웅덩이'를 뜻하며, 쌀과 물고기는 가야인(加耶人)들에겐 기본적인 생명줄이자 상징적 존재였다.

그러므로 가야(加耶)는 나라를 상징하는 문장으로 쌍어문(雙魚紋: 두 마리의 물고기가 서로 마주 보는 모양)의 문양을 만들어 썼다."고 한다.[21]

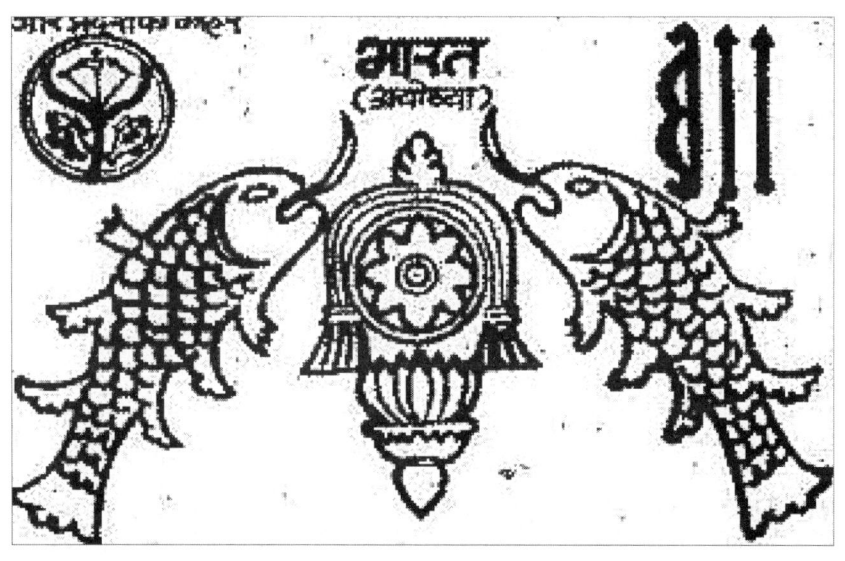

가야 국가 상징인 쌍어 문양(출처; 김산호의 대쥬신제국사 p.233)

가야(加耶)와 가라(加羅)의 개념이 다르고 사용처가 다른 말이다. 가야는 국가를 가리키는 고유 명사이고, 가라는 가야 사람들이 여기저기 '물고기가

---

21) 김산호, 『대쥬신제국사(大朝鮮帝國史)』, 동아출판사, 1994. p.233.

있는 웅덩이'가 있는 장소를 일컫는 즉, '가야의 땅'을 말하는 보통 명사임이 밝혀졌다. 언제나 물고기가 있어 식량을 해결할 수 있는 웅덩이가 있는 곳은 고대 가야인에게는 생명과도 같은 존재였을 것이다.

인도에서 사용하는 '가야(Gaya)'는 나라 이름이고, '가라(Gara)'는 가야국에 속한 땅을 말한다.

이들 일부 가야인이 한반도로 이동하여 시간이 흐르고 변천하는 과정에서 가(加)에 인(人)변을 더하여 가(伽)가 되고, 야(耶)가 야(倻, 땅이름 야)로 변할 수 있는 것은 이상한 일이 아니라고 본다. 그런데 한반도에 전해지면서 가야 땅에서 사용하던 물웅덩이를 가리키는 장소라는 의미의 가라(加羅)와 국호인 가야가 혼용되어 사용된 것 같다.

앞서, 가야 명칭이 가야(伽倻, 伽耶, 加耶), 가라(加羅, 伽羅, 迦羅, 柯羅), 가라국(加羅國), 가락국(駕洛國), 가락(駕洛, 迦落) 등으로 혼란스럽다 하였는데 이를 정리하면서 그 해답을 여기서 찾을 수 있다고 본다.

인도의 가야인은 철을 따라 동방으로 진출했다

인도의 가야인이 철을 다루는 기술의 우월성을 내세우며 진출할 방향은 철기 문명의 선진이라는 서쪽(히타이트 제국)방향이 아니라 그 반대로, 미개척지인 동방이라고 볼 수 있다.

그들의 진출 목적은 철광석의 확보이며, 결국은 부의 창출과 이재에 있다고 본다.

먼저 철기 문명의 발생과 그 전파를 살펴보자.

철은 고대에서 현대로 오기까지 문명의 총아로서 기계문명 발달의 핵심이었고, 지금도 산업의 쌀이라 할 만큼 철의 가치는 높게 평가되고 있다. 더구나 청동기시대에 철기를 소지한다는 것은 부와 권력을 쥐거나 승자가 되는 지름길이었다.

당시 철을 제련하고 다루는 과학 기술은 고급 정보였고 곧바로 부(富)와 권력으로 연결되었다.

철기 문명에 대해 지금까지 학자들의 공통된 견해는 역사상 철기 문명의 시작을 히타이트(Hittite) 제국으로 보고 있다.

현재 터키 반도를 가리켜 예전에는 아나톨리아(Anatolia) 반도라고 한다. 그곳에 BC1700-BC1200(500년) 동안 제국을 건설하며 철기 문명의 꽃을 피웠던 히타이트 왕국[22]이 있었다. 철제 무기를 앞세운 히타이트는 기원전 1275년 시리아를 정복하려는 이집트의 람세스 2세 군대를 막아 전투를 끈질기게 벌일 정도로 강대국이었다.

제철 기술의 핵심은 청동 기술에 비해 선광(選鑛)의 안목과 특수한 로(爐)의 제작과 높은 온도를 내는 풍구(風颺)에 있다. 히타이트 제국이 멸망한 후에 '비밀의 제철 기술'이 페니키아 상인들에 의해 전파되었다고 한다.

인도에서 볼 때 히타이트 제국은 선진이라는 서쪽 방향이다.

다음은 인도인이 철문명에 대한 이야기다.(출처: 〈페로타임즈(FerroTimes)〉),

---

22) 히타이트 제국은 구약성경(창10:15, 창23:16-18)에 나오는 헷 족속이며, 왕국의 수도 핫투사는 현 터키의 수도 앙카라의 동쪽 200km, E30°30′ N40° 지점에 있다.

권오준 박사의 〈철을 보니 세상이 보인다〉⑨[23]

"인도에서 철의 발견은 기원전 1200년경으로 거슬러 올라간다. 고대 인도인에게 알려진 최초 형태의 철은 철광석이 아니라 자연에 그대로 노출된 단철(鍛鐵)이었다. 이 단철, 즉 천연철(天然鐵)은 철의 자연 상태의 모습으로 지구 표면 위에 놓인 금속 형태였으며 화학 분석을 해보면 6~8%의 니켈을 함유했다. 이 사실을 보면 고대 인도에서 만들어진 철은 인간이 광석을 정제해서 만든 철이 아니고 우주에서 떠돌다가 지구 대기권으로 낙하(할 때 발생)한 운철이었다. 이 운철을 이용해 가공하는 기술로부터 시작한 고대 인도에서의 제철 작업은 기원전 4세기경 처음 시작된 것으로 알려져 있다.

기원전 400년경, 인도 대장장이들은 어쩌다 보니 (천연)철에 원하는 분량의 탄소를 결합시키는 제련법과 텅스텐, 바나듐이 포함된 철광석을 사용하여 강철 제조법을 알게 되었다. 이 기술의 핵심은 용융된 금속을 담는 진흙 용기, 즉 도가니였는데, 대장장이들은 괴철로에서 제조한 작은 연철 막대기들과 목탄 조각들을 도가니 속에 집어넣고 그것을 밀봉한 다음 가마 속에 삽입했다. 그들이 풀무로 바람을 불어넣어 가마 온도를 높이자, 연철은 목탄 속의 탄소를 흡수하고 녹았다. 도가니가 식고 나자 순수 강철 주괴(鑄塊)들이 도가니 내부에 누워 있었다. 이렇게 해서 만들어진 강철을 '우츠 강철'이라고 부른다. '우츠'는 인도말로 '철'이라는 뜻이다. 인도 제철업자들은 그들의 우츠 강철을 전 세계에 내다 팔았다. 시리아 대장장이들은 우츠 강철을 사용해 지금까지 전설적인 검(劍)으로 전해 오는 '다마스쿠스 검'을 제작하였다. 이 '다마스쿠스 검'은 공중에 흩날리는 새의 깃털을 자르기에

---

[23] 〈페로타임즈(FerroTimes)〉(http://www.ferrotimes.com), 권오준 박사의 "철을 보니 세상이 보인다" ⑨, 2020.10.20.

충분할 정도로 날카롭다고 전해진다."

　인도의 제철 작업과 철 제품의 수출이 활발히 추진되는 동안 철광석은 고갈되고 벌목으로 인한 환경파괴의 속도가 빨라지게 된다. 전통사회의 제철 방식은 엄청난 양의 목재를 소모하는 작업이기 때문이다. 금방 삼림 생태계가 파괴되고 제철 인들은 삼림과 철광석이 풍부한 곳을 찾아 이동하지 않을 수 없게 되었다. 이들 중의 일파가 동남아는 물론 한반도까지 이르게 된 것으로 본다.

가야인의 해상 유입(이동) 경로를 탐색하다

　히타이트(Hittite) 제국을 떠나 동쪽 해상으로 전래된 철기 문명은 인도와 동남아를 거쳐 극동 아시아로 전파되었다. 그 전파 자취가 '다파나국'에 남아있다. 이 코스의 자세한 내용은 석탈해 조상의 이동 경로와도 겹친다.[24]

　먼저 다호리 주민의 유입 경로를 탐색하려 한다. 다호리 유적과 유물을 앞에서 소개하였는데, 전시품 중에 통나무형 목관묘가 주목을 끈다. 통나무형 목관무덤이라는 묘제가 한반도의 일반적 매장 문화가 아니다.
　통나무형 목관무덤의 분포는 중국 남서부와 그 남쪽인 현 베트남 북부의

---

24) 오운홍, 『고대사 뒤집어 보기』, 시간의물레, 2020. pp.58-61.

청동기 문화인 동손 문화(Dongson Cultule)에서 볼 수 있다.[25]

이와 같은 장묘문화가 가야의 다른 지역은 물론 한반도 어디에서도 볼 수 없는 묘제로 보인다. 묘제가 다르다는 것은 유입된 족속이라 할 수 있고, 가야 소국의 집단 중에 다른 집단이 섞여 있다는 것을 시사하는 것이다.

베트남 북부에 있던 동손 문화족이 한반도의 가야 땅까지 이동하려면 중국 남동해안을 거쳐야 하는데, 이동 루트 ①베트남-남중국해-대만-난세이제도-규슈-가야지역 코스가 있고, ②베트남-중국의 남동해안-절강성의 닝보-제주도-추자도-여서도-거문도-연도-사천 늑도-창원이라는 이동 루트를 상정할 수 있다.

다호리 유적은 아니지만 이곳에서 가까운 경상남도 창원시 석동~소사간 도로개설구간 유적에서 4세기 것으로 보이는 가형토기(家形土器)가 발굴되었다.

가형토기의 가옥구조를 살펴보면, 한반도의 기후와는 다른 열대식 가옥구조라 할 수 있다.

◀ 경남 창원서 출토된 4세기의 가형토기(家形土器), 4세기경 가옥구조를 파악할 수 있는 완벽한 형태의 가형토기 1점이 출토되었다. 출토된 가형토기는 소성(燒成) 중에 하부기둥이 틀어졌지만 맞배지붕에 정면 2칸, 측면 2칸의 9주(柱) 누자식(樓子式, 누각 형태)건물이다. 네 면의 벽체를 선문(線文)을 사용해 사실적으로 표현하였고, 정면에는 출입시설인 문을 묘사하였다. 지붕 중앙부에는 주입구, 정면에는 주출구를 만들어 액체류를 따르기 위한 일종의 '주구부토기(注口附土器)'로서 내부용량은 약 350㎖ 정도이다.

---

25) 출처; http://blog.daum.net/gijuzzang/8514099

가형토기(家形土器)를 근거로 당시 가옥구조를 재현한 고상 가옥이 전시되어 있다. 이 가옥은 해충을 막고 습지에 적응할 수 있게 설계되었다고 본다.

기둥으로 들어올려진 고상 가옥(출처: 나무위키 가야)

다호리 주민 중에 베트남의 동손 문화족이 있다면 그들은 어떤 경로를 통하여 한반도 가야 땅에 이르렀을까?

다호리 1호 무덤에서 나온 동전 오수전(五銖錢)이 있다.
오수전은 원래 중국의 화폐로, 전한 무제(武帝) 때(기원전 2세기)부터 기원후 7세기까지 중국 주변 동아시아에서 널리 사용되던 (동전) 화폐이다.
오수전 출토에 관하여 한국민족문화대백과사전에 의하면, '서울풍납토성에서 오수전 1점, 강릉 초당동에서 오수전 2점, 여수 거문도에서 오수전 980점, 창원 다호리 유적에서 오수전 3점, 창원 성산에서 오수전 1점, 사천 늑도 유적에서 오수전 1점, 경산시 임당동에서 오수전 3점, 영천시 용전리 돌널무덤에서 오수전 3점, 제주시 산지항에서 오수전 4점, 이 밖에도 제주도

출토품으로 전하는 제주도 민속자연사박물관 소장의 오수전 11점, 신안 해저 침몰선에서 오수전 2점이 발견되었다.'고 한다.

이들 오수전이 남긴 발자취에서 유독 눈에 띄는 것은 제주 산지항 등에서 15점이 발견된 것이다. 오수전의 발자취(이동 통로)를 주안점으로 볼 때 제주도를 경유했다고 할 수 있다. 그리고 다호리 주민이 기원전에 바다를 건너왔다는 시기로 볼 때 제주도를 경유하는 해저 소백산맥 항로가 안전하고 선명하던 시기라 볼 수 있기 때문이다.

거문도의 오수전(980점)은 제주도와 연결된 뱃길 루트로 봐야 할 것 같다. 제주도(14점)-추자도-여서도-거문도(980점)-연도-사천 늑도(1점)-창원(4점)-경산(3점)-영천(3점)이다. 늑도에서 창원을 거쳐 경산에서 영천으로 이어지는 뱃길에는 남해-낙동강-밀양강-금호강으로 이어진다. 이를 '오수전 루트'라고 하자.

이 해상(남해) 라인은 2,000년 전에는 수심이 얕은 바닷길이었다.

이 루트 중에 사천시 늑도는 고대 일본 열도로 이어지는 국제 무역항으로서 한반도 내륙으로 이어져 창원을 거쳐 가야국 전체로 이어졌다고 추론할 수 있다.

그렇다면 제주도 이전의 경유지는 어디로 연결된 것인가?

아마도 오수전이 주조된 중국 땅이다. 해저 소백산맥 항로[26]로 연결된 중국의 회계군 앞바다의 주산군도가 아닐까 한다.

---

26) 오운홍, 『고대사 뒤집어 보기』, 시간의물레, 2020. p.290. 중국의 동야-주산군도-이어도-파랑도-마라도-가파도-차귀도-제주도-화도-추자도-보길도-노화도-완도와 진도로 이어진다.

그런데 오수전 주조(BC118) 연대로 보아 가야인의 유입은 그 이전(BC4-BC3 세기)으로 봄이 타당한데, 이에 따라 '오수전 루트'는 가야인의 유입 경로가 아닌 것 같다.

'오수전 루트'는 화폐를 지닌 상인의 이동 행로를 읽을 수 있으며, 철 상품을 취급하는 상인들의 철 상품 운반 경로였을 개연성이 있다고 본다.

이와 같은 상인들의 이동 루트와는 달리, 앞서 소개한 가야인의 이동 루트인, 베트남 북부-남중국해-대만-난세이제도-규슈-가야지역 코스가 부각된다.

이와 관련해서 다음 장에서 가야인의 철 문명이라는 전파 경로를 유추할 수 있다고 본다.

가야라는 명칭은 이들 지역을 거치기 전, 인도에서 전래되고 이주한 가야인과 연관된 것으로 볼 수 있다.

제3장
지명은 남고 국호가 없는 가야 본색

한반도에 흩어진 가야 지명

앞의 (1)장에서 살폈듯이 '가야'의 국명에 대해 쉽게 판단할 수 없는 이유는 국가를 이루는 여러 조건에 부합되느냐의 논란이 있기 때문이다. 하지만 국가로서 조건 충족 여부와 상관없이 가야라는 이름이 붙은 지명은 쉽게 찾을 수 있다.

〈주간조선〉의 이진아 기자에 의하면, '가야라는 이름의 나라가 사라진 지 1500년, 한반도에서 그 이름이 지명으로 남아있는 곳은 총 8개소다. 부산광역시 부산진구 가야동이 있고, 경기도 파주시에서 경상남도 함안군까지 7개소에서 '리' 단위에 가야라는 이름이 등장한다. 경상남도 함안군이야 말할 것도 없이 김해 금관가야(가락국)의 혈맹으로 마지막까지 긴밀한 관계였던 '아라가야'가 있었던 곳이다. 한편 경기도 파주시 일대도 가야의 전성기에는 그 연맹의 일원이었을 가능성이 충분하다. 한강과 임진강이 바다에 쉽게 이어지며, 이 두 강이 이루는 기름진 평야를 품고 있다. 또 이 두 강과 함께 광주산맥(廣州山脈)의 끝자락인 광평산, 사방산 등이 삼각형을 이루며 둘러싸고 있어 천혜의 요새와 같은 지형이다. 여기 더해, 인근에 자철광이 풍부하며 석회암으로 이루어진 카르스트 지형이라, 고대 철기 제작 집단이 충분히 공들였을 만한 곳이다.'[27]

---

[27] 이진아 기자, 〈주간조선〉 [2670호], 인도에서 한반도 낙동강까지…'가야'가 새겨진 역사, 2021.08.09

필자가 이 기자의 글에 첨가한다면, 파주시 법원읍(구 천현면)에 있는 '가야리'는 가야(伽倻)가 아니고 가야(加野)로 쓴다. 가야(伽倻)와는 관련이 없는 지명인듯한데, 가야리(加野里, E126°52′ N37°51′)가 있는 법원읍 일대가 자철광이 풍부한 곳이고, 옆 동네 대릉리(大陵里)에는 평지에 대릉(大陵)으로 보이는 얕은 구릉이 우뚝 솟아 있어 혹시 가야의 무덤이 아닌가 하는 기대를 하게 된다. 일제 초기에 우리나라 각지의 지명을 정리하는 과정에서 가야(伽倻)를 가야(加野)로 표기한 것이 아닌가 한다[28].

필자가 현지를 찾아 보았는데, 가야리 인근 대릉리(大陵里)에 오릉(五陵)이 있었다. 지자체가 발간한 향토(파주)지처럼 고, 오릉의 주인공이 김해와 관련이 있는 허씨 묘라는 것을 확인하였다.

이진아 기자가 말한 가야라는 지명에 가야산을 포함하면 가야 관련 지명이 8개소를 넘을 것 같다.

한반도의 남한 지도에서 찾아보면, 파주시 가야리(加野里) 말고도 부산진구 가야동(伽倻洞)과 가야공원(伽倻公園), 여주시 강천면 가야리(伽倻里), 고흥군 도덕면 가야리(柯也里), 경산시 진량읍 가야리(佳野里), 안동시 와룡면 가야리(佳野里), 예천군 용궁면 가야리(佳野里), 함안군 가야읍(伽倻邑) 가야리(伽倻里), 합천군 가야면(伽倻面), 고령군 대가야읍(大伽倻邑), 합천(성주) 가야산(伽倻山, 1430m), 충남(예산, 서산, 덕산, 홍성) 가야산(伽倻山, 678m), 나주시(운곡동) 가야산(伽倻山, 190.5m), 광양시 가야산(伽倻山, 497m), 설악산 가야동(伽倻洞)

---

28) 일제의 지명 정리의 예, 경기도 하남시 검단산(黔丹山) 동쪽, 정암산 자락에 있는 검단(黔丹)리를 검천(檢川)리로, 하남 검단산 북쪽 철마산(鐵馬山)으로 일제가 개명했다. 철마산(구 검단산) 북편에는 아직도 윗검단, 아랫검단, 검단이고개, 검단이들(판), 검단천이라는 지명이 남아있다.

계곡 등 17개소가 된다.

가야를 伽倻(가야)로 표기한 곳이 12곳, 佳野(가야)가 3곳, 加野(가야)와 柯也(가야)가 각각 1곳이다.

伽倻(가야)로 표기된 대부분의 지명이 낙동강 서편에 있는 지명이고, 佳野(가야)로 표기된 3곳은 공교롭게도 낙동강 동편에 있는 지명이다.

설악산 국립공원에 있는 伽倻(가야)라는 지명은 '가야동(伽倻洞) 계곡'을 말한다. 이곳이 '가야(伽倻)'와 무슨 상관이 있나 하고 의문이 앞선다.

설악산 등반을 해본 사람들은 누구나 알듯이 백담사(百潭寺)를 지나고 구곡담(九曲潭) 계곡을 따라서 오르면 오세암(五歲庵) 가까이에 가야동 계곡이 있다.

과연 이곳이 가야인과 무슨 연관이 있을까 하고 의아하겠지만, 철 생산이란 매개로 연관이 있다고 볼 수 있다.

가야동 계곡에서 동편으로 설악산 대청봉을 올라 능선을 넘어 동해안 쪽으로 내려가면, 대한철광 양양광업소가 있다. 이곳 말고도 양양군 서면에는 일신(철)광산, 신한(철)광산, 풍광양양철광이 있다.

가야동 계곡(E128°25′ N38°9′)이 있는 설악산 일대의 지질 구조가 철광석이 풍부한 것이 아닌가 한다. 가야인과 철 생산이 떠오른다.

당시 가야인은 이곳 어딘가에서 철을 생산했던 것으로 보인다.

설악산 가야동(伽倻洞) 계곡(N38°9′)에 가야국이 존재했다고 보는 사람은 없다. 이곳 가야동 계곡은 앞서 소개한 파주 가야리(加野里, N37°51′)와 함께 김해(E128°53′ N36°14′)에서 볼 때, 약 330여 km나 북쪽으로 이동해 간 것으로 본다. 그 시기가 후기 가야연맹 이후라고 보여진다.

GAYA를 伽耶(가야)로 표기한 것은 불교 전래의 의미

이들 지명이 '가야'라는 이름으로 오늘까지 남은 까닭이 무엇일까?

주변에서 가야인이 살고 있는 그곳을 가리켜 특이한 뭔가 있기에, 그리고 가야인 특유의 어떤 구별 점이 있기에 그곳을 가리켜 '가야'라는 지명을 붙인 것 같다.

주변과 구별되는 특이한 구별점이란 무엇일까?

언어 혹은 종교(불교, 사찰), 음식을 포함한 생활 모습 등을 상정할 수 있다.

우리 역사서에서 '가야(加耶)'라는 명칭으로 처음 등장한 것은, 고려의 『사략』에 태조 천복(天福) 5년, 경자(940)에 5가야의 이름을 고쳤으니, '첫째는 금관-김해부(金海府)가 되었다-이요, 둘째는 고령(古寧)-가리현(加利縣)이 되었다-이며, 셋째는 비화(非火)-지금의 창녕이니, 아마 고령(高靈)의 그릇된 것인 듯하다-이요, 나머지 둘은 아라와 성산이라 했다-위의 주와 같다. 성산은 혹은 벽진가야(碧珍伽倻)라고도 한다(阿羅一作耶 伽耶 今咸安, 古寧伽耶 今咸寧, 大伽耶 今高靈, 星山伽耶 今京山一云碧珍, 小伽耶 今固城, 又本朝史略云 太祖天福五年庚子改五伽耶名 一金官 爲金海府 二古寧 爲加利縣 三非火 今昌寧 恐高靈之訛 餘二阿羅 星山 同前 星山或作碧珍伽耶).'

1145년에 김부식이 편찬한 『삼국사기』〈신라본기〉 탈해이사금 조 '21년(77) 가을 8월에 아찬 길문(吉門)이 가야(加耶) 군사와 황산진 어귀에서 싸워 1천여 급을 베고 잡았다'의 기사에 '가야(加耶)'는 GAYA의 소리를 그대로 표기한 것으로 본다.

이로부터 100여 년 후인 1281년에 일연 스님이 쓴 『삼국유사』에는 가야를

伽耶(가야)로 표기했다. 더할 가(加)를 절 가(伽)로 바꾸어 표기한 것이다.

『삼국유사』에 나오는 5가야의 표기를 보면, '아라(阿羅)-라(羅)는 야(耶)라고 씀-가야(伽耶)-지금의 함안(咸安)-고령가야(古寧伽耶)-지금의 함녕(咸寧)-대가야(大伽耶)-지금의 고령(高靈)-성산가야(星山伽耶)-지금의 경산(京山)인데, 혹은 벽진(碧珍)이라고도 한다-소가야(小伽耶)-지금의 고성(固城)-이다(阿羅 一作耶 伽耶 今咸安 古寧伽耶 今咸寧 大伽耶 今高靈 星山伽耶 今京山一云碧珍 小伽耶 今固城)'.[29]

또 일연스님이 표기한 원문의 가야는 伽倻(가야)가 아니라 伽耶(가야)다. 현대 사학자 중에는 伽耶(가야)의 야(耶)가 고려 시대를 거치면서 인(人)변을 더하여 땅이름 혹은 나라 이름 야(倻)가 되었다고 주장하는 이도 있다. 한편으로 이해할 수 있는 주장이다.

그런데 일연스님이 GAYA의 '가'를 표기할 때, 수많은 글자 중에서 왜 하필이면 절 가(伽)를 선택했을까?

'한한(漢韓) 사전(금성출판사)'에 의하면, 절 가(伽)란 범어(梵語)의 ka, ga를 음역하기 위해 만들어 낸 글자라고 한다.

다른 한편으로 생각해 볼 일은 '가'에 대한 80여 개 한자 중에서 왜 절 가(伽)를 선택했을까?

또 다른 생각은 당시 선택할 글자가 없어서 만들어 냈다면 절이란 의미의 글자를 특별히 만든 까닭이 무엇일까?

절 '가(伽)'를 해자 하면, 사람 인(人)과 더할 가(加)를 합쳐서 만든 글자이다. 기원전에 사람이 많이 모이는 경우는 흔치 않다. 자발적으로 모여들 수

---

29) 일연 저, 이재호 역, 『삼국유사』, 솔, 2017. pp.92-93.

있는 곳이 어디일까?

아마도 불교 행사를 하는 절간이 아닌가 한다.

절 가(伽)를 부다가야에서 온 가야인에게 붙여서 표기했다면, 그들에게서 불교적 색채나 흔적을 보았을 것이다.

가야인들이 있는 곳에서 불교라는 특이한 종교를 보았기에 가야라는 지명이 독특하게 남았을 것이라고 본다.

그런데 앞서 현대까지 남아있는 가야의 지명을 살필 때, 낙동강 동쪽에 있는 경산시 진량읍 가야리(佳野里), 안동시 와룡면 가야리(佳野里), 예천군 용궁면 가야리(佳野里)는 伽耶(가야)가 아니라 가야(佳野)다. '아름다운 열외의 사람들이 사는 곳'이란 뜻이다.

명칭이나 지명 붙일 때는 그 특징을 살리는 경우가 많다.[30] 가야(佳野)에서 아름다운 가(佳)를 선택한 것은 가야인의 골격에 따른 모양새를 반영한 듯하다.

이곳에는 왜 절 가(伽) 자를 사용하지 않았을까?

낙동강 동쪽은 신라의 영역으로 볼 수 있다. 신라에서는 토착 신앙에 묶여 불교 공인이 늦어진 것처럼 이곳 가야인은 종교활동의 제약을 받았을 것으로 본다.

불교의 전래에 대해 국사학계가 정리한 것을 보면, 고구려는 소수림왕 2년(372)이고, 백제는 침류왕 원년(384)이며, 신라는 법흥왕 15년(528)에 이차돈의 순교로 불교가 공인되었다고 한다. 이는 『삼국사기』에 기록된 내용

---

30) 점순(点順)이는 몸에 점이 있어서이고, 말생(末生)은 막내라는 의미이며, 〈신라본기〉에 나오는 강수(强首)의 초명이 우두(牛頭)인데 강수가 태어날 때 머리 뒤에 높은 뼈가 있어서 작명한 것처럼 이름을 정할 때 그 특징을 살려내려 한다.

이며, 또한 중국 대륙에서 활동하면서 삼국이 불교를 받아들인 연대를 말하는 것이다.

이와 달리 재야 사학자 중에는 가락국의 불교 전래에 대해, 김수로왕과 결혼한 허황옥의 오빠 장유화상이 함께 도래한 시기가 48년으로 보고 이때를 한반도에 불교가 전래된 시기로 주장하기도 한다.

그런데 필자가 보기에는 BC4세기 전후에 가야인이 도래한 것에 비추어 볼 때, 불교도 함께 전래된 것으로 보아 장유화상 이전이라고 할 수 있다. 다시 말해 삼국에 불교가 전해진 것은 중국 대륙에 존재한 고구려, 백제, 신라를 말하는 것이고, 한반도에 불교가 전래된 시기는 가야인의 도래와 함께한 것이므로 훨씬 이전 시기, BC4세기 전후라고 볼 수 있다.

아무튼 가야인에 대해 종교 생활을 포함하여 주위에서 특이한 다른 점을 느꼈을 것이다.

그리고 오늘까지 그 지명이 소멸되지 않고 존속된다는 것은 주변 주민들과 유익한 상호관계를 유지하였기 때문이라고 본다. 기억하고 싶지 않을 만큼의 나쁜 관계라면 그 지역이 파괴되거나 지명이 지워졌을 것이다.

그리고 가야뿐만 아니라 가야를 가리키는 '가락'이라는 이름, 예를 들면 '가락동', '가락국수' 등의 이름도 여러 곳에 남아있다.

가야인의 항로에 흔적은 있어도 국호는 없다

상호로서 가야라는 이름이 쓰이는 곳은 비교할 수 없을 정도로 더 많다. 금속가공업체의 상호에서부터 밀면[31] 전문 식당에 이르기까지 '가야'가 새겨진 간판은 대한민국 도처에서 무수히 발견된다. 공식적 역사는 부정했지만 우리의 집단 기억 속에, 거의 잠재의식 영역에 여전히 깊숙하게 자리 잡고 있는 가야의 존재감이라고 볼 수 있다. 이런 점을 고려해 특정 지역에서 집중적으로 가야라는 상호가 많이 나타나면, 그 역시 가야의 흔적으로 간주할 수 있다.

이진아 기자에 의하면 동남아 지도에서 찾은 가야라는 이름이 붙은 곳의 위치를 동부 아시아 지도에 표시해보면 다음에 소개하는 동남아 지도와 같다. 그는 "구글 지도에서 검색해 나오는 것만 표시한 것이고, 아마 실제로는 이보다 훨씬 더 많은 지역에서 '가야'가 지명 및 업소명에 쓰이고 있을 것"이라 한다.

다음 지도와 관련해서 보면, "인도에서 시작해 동쪽으로 가면서 다수 나타나던 지명, 가야는 한반도에 이르면 동남단에 많고 이 지역을 중심으로 하여 서쪽 호남에서 북쪽으로 중부지역까지 이따금 나타난다. 그러나 한반도 북부나 연해주 지방, 또 그보다 위도가 높은 추운 지역에서는 가야라는 지명이 나오지 않는다. 이 명칭의 흐름은 한반도 동남단인 낙동강 하구 지역"에서 점차 흩어지면서 확대된 것으로 보인다.

---

31) 밀면은 여름철에 즐겨 먹는 찬 국수의 일종이다. 부산광역시 일대에서 소, 돼지, 닭 등의 뼈를 고아 우려 낸 육수에 면을 말아 먹는 향토 음식으로 가야가 번성했던 경남 지역에서 즐겨 먹는다.

"여기까지 얻은 정보를 종합하면 하나의 추정이 일단락된다. 기원전 4세기에서 기원전 2세기에 걸쳐 일어났다고 하는, 인도에서 동남아시아로 향한 문명전파의 물결이 필리핀 군도를 넘어 대만을 지나 한반도 동남단까지 이르렀다는 것이다.

이 움직임의 주된 추동력은 철광 및 철기 제작 기술이었고, 가야라는 이름이 상당 부분 함께 했을 것이다. 또 전파 에너지가 큰 해류를 타는 바닷길을 이용했기 때문에, 고대였지만 대단히 빠른 속도로 전파될 수 있었을 것이다."

인도에서 한반도까지, 지명 '가야'가 있는 곳과 상호명 '가야'가 다수 존재하는 곳. 출처: Wikimedia Commons 백지도 위에, 구글 지도에서 검색한 지점을 표기(일본의 경우엔 '가야'라는 지명으로 검색해서는 나오는 게 없었다. 대신 일본에서 가락국, 즉 금관가야를 부르던 명칭인 '가라'(カラ)라는 말이 붙은 지명은 다수 있다. 하지만 다른 한자어와 더불어 쓰이기 때문에, '가라'만으로는 검색되지 않는다. 예를 들면 대한해협을 사이에 두고 김해와 바로 마주하고 있는 구마모토의 작은 도시는 '가락국 나루터'라는 의미로 해석할 수 있는 '가라츠'라는 이름을 갖는다. 여기에는 한자어 해석을 둘러싸고 이견도 있을 수 있어 복잡해지기 때문에, 일본에서의 가야 영향이 확실함에도 불구하고 이 지도에는 표시하지 않았다.) (출처; 이진아 기자, 주간조선)

일본 열도에서는 한반도의 경우와 다르게 가야라는 명칭이 두드러지지 않는다.

그런데 가야라는 이름을 직접 쓰지는 않았지만 한반도의 가야와 관련 있는 지명이 있어 가야와 연관이 있다고 볼 수 있다.

예를 들면 규슈 지역에 가라 혹은 가락이 사용된 지명들이 눈에 띈다. 구마모토에 가 보면 '가락국 나루터'라는 의미로 해석할 수 있는 '가라츠'가 있고, 규슈의 남부에 카라쿠니다케(韓國岳)'[32]가 있으며, 혼슈의 오사카 지역에는 '카라쿠니신사(辛國神社)[33] 등이 있다.

그런데 일본 열도에 있는 이들 지명은 동남아에 흩어져 있는 가야의 명칭과 달리 한반도의 가야-가락국을 거쳐온 지명으로 보인다.

---

32) 카라쿠니다케(韓國岳, 1,700m)는 키리시마산의 최고봉이다. 키리시마산은 규슈 남부지역에 있다. 구마모토 지진 지역과 근접한 아소산, 사쿠라지마, 키리시마 등 활화산이 옹기종기 잘 모여있는 곳이다. 다시 말하면, 지질학적으로 매우 불안정한 지대이다. 키리시마산은 하나의 산만을 이야기하지 않으며, 여러 산이 보여 있는 산악지형 자체를 키리시마산이라고 칭한다. 대충 26-27개정도 산봉우리를 통쳐서 말하는데, 키리시마 연산(連山)이라고 하기도 한다.

또 일본에게는 굉장히 뜻깊은 산인데, 일본 천손강림신화에서 천손이 강림한 곳이 키리시마산의 다카치호미네(高千穗峰)이다. 한자에서 알 수 있다시피 카라쿠니다케의 한자를 그대로 읽으면 〈한국악〉이다. 옛날 일본에 온 가야인들이 카라쿠니다케에 올라서 한국을 보며 그리워했다고해서 가야⇒'가라'쿠니다케로서 일본의 천손강림신화의 모태가 한국이라는 주장의 근거로 활용되고 있다.

33) 원래 이 신사의 이름은 '韓國 神社'였으나 메이지시대(1868-1912) 때 일본이 자기 땅에 남아 있는 한반도의 흔적을 없애기 위해 개칭한 것이라고 한다. 김해뉴스(http://www.gimhaenews.co.kr) ※ 참고 : 신국신사라는 이름을 일본어로는 카라쿠니라고 한다. 이 용어가 오래된 기록들에는 한자가 신국이 아닌 한국(韓國) 또는 당국(唐國)이라는 글자로 쓰였다고 한다. 그리고 보면 이 세 단어 신국·한국·당국 모두 일본어로 읽을 때에는 '카라쿠니'라고 한다. (중략) 일본인들이 당이라고 하는 것은 중국의 당나라가 아니라 우리의 삼한의 한(韓)을 말한다 뉴시스(https://mobile.newsis.com/view.html?ar_id=NISX20120629_0011235373#_enliple

이 부분은 이 다음 7장 '일본 열도로 건너간 가락인의 흔적'에서 다루겠다.

지도상에 표시된 동남아 지역의 가야 지명의 흔적을 다시 보자.
동남아시아 철기 문명과 한반도 철기 문명에 대해서 21세기의 논문들이 말하는 새로운 사실들을 종합해서 요약한 것을 이진아 기자가 소개해 주었다.

첫째, 동남아시아 철기 문명 시작은 인도에서 동남아시아 방향으로 문명의 전파 과정인 '인도화'(Indianization) 과정의 중요한 부분이다.

둘째, 이 과정은 미얀마에서 한반도까지, 그 넓은 공간에서 거의 같은 시간대인 기원전 4세기에 나타났다. 한반도 낙동강 유역에서도 기원전 4세기의 철기 유적[34]이 발굴되었다.

셋째, 이 철기 문명전파의 흐름은 중국 본토나 일본(규슈)으로는 간 흔적이 거의 없고 동남아시아를 거쳐 바로 한반도로 향했던 것으로 보인다. 즉 인도에서 한반도까지, 아시아 남쪽 해안을 잇는 광범위하고 뱃길을 따라 빠른 문명전파의 흐름이 기원전 4세기 경에 있었는데 여기에는 중국과 일본이 (철기문명 전파 코스에) 포함되지 않았다는 얘기다. '아시아'라고 하면 일단 중국이나 일본을 앞세우기 시작하는 종전까지의 사유 프레임으로는 도저히 설명할 수 없는 부분이다.[35]

---

34) 이진아 기자, 〈주간조선〉 [2668호], 고천문학 지도 한 장에서 출발한 '가야'를 바라보는 새로운 시각, 2021.07.26.

35) 이진아 기자, 〈주간조선〉 [2670호], 인도에서 한반도 낙동강까지…. '가야'가 새겨진 역사, 2021.08.09

이진아 기자는 일본의 경우, 구글 지도에서 '가야'라는 지명으로 검색한 결과 나오는 게 없었다고 하면서 '가라'(カラ)라는 의미가 붙은 다수의 비슷한 지명이 있음을 열어놓고 있다. 그래서 일본 열도에 있는 가야 관련 지명이 직접 도래한 것인지, 아니면 한반도를 거쳐 도래한 것인지 살펴볼 일이다. 해류를 봐서는 얼마든지 중국 남부 해안지방이나 일본(규슈)으로 이어질 수 있는데 규슈 해안에서는 보이지 않는다. 그런데 왜 이 문명의 흐름은 두 나라를 거의 패싱하면서 한반도로 곧바로 왔을까?

필자가 보기에는 기원전 4세기라는 열악한 철광 채석 기술 수준을 감안(勘案)한다면 한반도 남부에는 손쉽게 채광할 수 있는 노천 철광석이 있었던 반면에 일본 규슈는 그렇지 않았던 것 같다.

가야인은 왜 국호를 남기지 않았을까?

앞의 지도에서 보듯, 인도의 (부다) 가야를 떠난 가야인들이 광대한 동남아 지역과 동부 아시아에 흔적을 남긴 것이다. 이들이 그곳에 지명을 남길 정도라면 여행객처럼 그냥 지나간 것이 아니라 일정 기간 혹은 아직도 그 후손이 살고 있거나 하는 등 꽤 오랫동안 머물렀다는 증거라고 볼 수 있다.

그렇다면 이렇게 방대한 지역에 흩어져 있으려면 얼마나 많은 수의 가야인이 진출한 것인지 헤아리기 어렵다. 산술적으로 계산하면 그렇다.

그런데 가야인이 철광석을 따라 제철 산업으로 진출한 것이라면 이에 대한 해답을 찾을 수 있다고 본다.

수많은 사람이 진출한 것도 아니고 가야국을 세우러 진출한 것도 아니다.

필자는 다음과 같은 가설을 제시하며, 실증이 가능할 수 있다고 본다.

기원전 제철 산업으로 일확천금의 꿈을 가진 제철 기술자 일행이 '인도의 가야'를 출발했다는 가설을 상정한다.

그들이 정든 고향과 가족을 떠나는 이유 중에는 불교 신앙[36]과 관련하여 핍박받고 있었던 사실도 포함돼 있다.

그들은 고향을 떠나서 가는 길의 불확실성 때문에 가족을 대동할 수 없었을 것이다.

그들이 배를 타고 갠지스강을 따라 내려가면 벵골만이라는 바다에 닿게 된다. 미얀마와 말레이시아 반도의 해변을 따라 싱가폴 남단을 돌아 보르네오 해로 접하게 되면, 행선지에 따라 선수를 바로잡아야 한다.

그들은 갈 곳을 정하지 않고 무작정 떠나온 것이 아니다. 이들보다 먼저 떠나간 사람들의 성공담을 전해 듣거나 자신을 불러주는 사람을 믿고 찾아

---

[36] 아유타에 수도를 둔 코살라 왕국이 가야를 침공하게 된 이유가 왕국 내에 부처의 가르침에 따르는 세력이 있어 위기감에서 가야를 초토화시킬 계획을 세운 것으로 본다. 인도에서 불교가 단시간에 흥하게 된 이유는 오랜 악습으로 내려오던 전통의 신분제도인 '카스트(Caste)'제도 즉 '바르나(Varna)' 때문이라고 보는 견해도 있다. 현재도 인도 사회에서 카스트제도는 법으로는 규제되고 있는 관습(慣習)으로 이어져 내려오는 악습(惡習)으로서 이런 전통은 고대 브라만교로부터 이어온 것이다. 불교가 생겼을 때도 이런 계급사회는 존속하고 있었다. 불교는 이런 브라만교(힌두교)의 계급 전통을 타파하고 평등을 주장하며 일어난 신생 종교이다. 평등사상의 불교를 신앙함으로써 카스트제도의 악습을 벗어나고 싶은 사람들에게 매력이 있었기 때문에 많은 중생이 모여들었을 것이라고 하는 주장이 있다. 불교는 그러므로 브라만의 대항 세력으로 등장하여 주로 높은 계층이 아닌 하급 계층 천인(賤人) 세력과 외래(外來) 이주민들을 주 신앙의 대상이 되었고 브라만교와는 경쟁의 대상이기도 했다. 이와 같은 불교의 평등사상은 훗날 종주국 인도에서 불교 쇠퇴의 원인이 되기도 했다. 인도에서 현재 불교를 신앙하는 인구는 겨우 0.9% 정도밖에 되지 않는다고 한다.

가는 것이다.

　선장은 노련한 전문 뱃사공이며 다시 가야 땅으로 돌아가는 항해 길에는 또 다른 사람이나 물자를 실어나르며 장사꾼 역할도 병행했을 것이다. 선적한 인원이나 화물에 못지않게 떠나온 사람들의 가족(부녀자)과 현지의 소식도 싣고 전해주었을 것이다.

필리핀 쿠요섬 해변에 정박해 있는 전통 방식의 배. 갑판 양옆으로 중심 잡아주는 장치가 있는 이런 배는 동남아시아 및 오세아니아 해역에서 기원전 3000년 이전부터 쓰여왔던 것으로 추정된다. 험한 파도 속에서 균형을 잘 잡으면서도 빠르게 이동할 수 있기 때문에 거시적 환경 변화에 따라 식량, 자원, 혹은 살 만한 곳을 찾아 남태평양, 북태평양, 인도양을 가로지르며 장거리를 이동할 때에도 많이 이용되어 왔다.
(출처: Flickr Creative Commons, https://www.flickr.com/photos/azwegers/48892580208, Arian Zwegers의 작품에서 일부 사용을 재인용함)

　제철 산업을 목적으로 떠난 이들이 정해진 목적지에 닿으면 하선하여 타고 온 배를 보내고, 그들은 목적한 대로 철광맥을 찾고 채광하고 제련하기 쉬운 곳을 찾는다. 당시의 철광맥을 찾는 기술로서는 군락을 이루어 자생

하는 특수 식물의 분포나 흙의 색깔을 보고 찾아내는 노하우[37]를 가지고 있었을 것이다. 물론 이곳을 선정하게 된 배경에는 먼저 온 가야인들이 산 너머에서 제철 사업을 벌일 곳을 알고 친지들에게 알려 주는 경우도 있었을 것이다.

기원전에는 대체로 채광하기 쉬운 노천 철광을 찾았을 것이다. 찾게 되면 그 인근에 터를 잡게 된다. 철광과 제련을 하려면 상당수의 노동 인력도 확보해야 한다.

배에서 내린 소수(가야인)의 인원은 자본가(혹은 전주)와 고급 기술자이다. 막노동 인력은 현지인을 고용하면 된다. 가지고 온 금(金)과 은(銀)붙이는 세계 공용 화폐로서 우선 현지인 고용에 소용된다.

철광 산업 단지의 인원 구성은 이렇다.

자본가와 고급 기술자가 다수의 막노동 현지인을 고용하는 구조다.

인도에서 온 가야인들은 한곳에 영원히 정착하지 않았다고 본다.

채광이 가능한 철광석[38]이 고갈되면 이곳을 떠나야 한다. 수십 km 정도 떨어진 곳으로 장소를 옮길 경우는 현지인 노동 인력을 그대로 데리고 가서 활용할 수 있지만, 섬을 떠나 바다를 건너야 할 때는 자본주와 고급 기술자만 떠나게 된다.

철광석이 고갈되기까지는 짧게는 몇 년, 길게는 몇십 년이 소요되는 기간이다. 그동안 그들이 제철을 생산하는 기지를 가리켜 그곳 원주민들은

---

37) 필자는 자동차 드라이브나 여행을 하면서 산의 모양만 봐도 그 산 주위의 땅속 지층의 경사면을 대충 알아낼 수 있으며, 샘물이 어느 쪽에 있으며 마을이 형성되고, 산사태 가능성이 높은 지점도 대강 예측할 수 있다. 이는 지구과학의 기본지식으로도 가능하다.

38) 기원전에는 채광 기술과 연장의 한계로 대부분 노천 철광산에 의존하였다.

그곳 지명 뒤에 '가야'를 붙여 '○○가야'라는 명칭으로 부를 수도 있다. 그러나 '○○국가'라 부르지는 않았던 것 같다.

그들은 왜 국호를 남기지 않았을까?
첫째 그들이 인도를 떠날 때, 새 나라를 건설하기 위해 떠난 것이 아니라 생존과 부(富)를 좇아 떠난 것이기 때문이다. 당시 인도 가야가 코살라 왕국의 침입을 받아 종교적 핍박을 받게 되자 이 또한 인도를 떠나는 계기가 될 수도 있었다.

둘째 '카스트(Caste)'제도의 하류 계층 중심의 불교인 중에 제철 노동 기술자가 많았고 가야를 떠나는 이도 이들 중에 있었다. 그러므로 제철 기술자들은 하류 계층에 속했다고 볼 수 있다. 그리고 이들에게는 국가 경영의 리더십이나 마인드에는 관심이 없었다고 본다.
그들이 떠나는 동기(動機) 중에 새로운 국가 건설은 없었을 것으로 본다.

셋째 도착지 즉 철 생산 기지에서 소수의 가야인으로서 고용하고 있는 다수의 노동자들을 거느릴 수 있다 하더라도, 생산 기지 주변에 있는 다수의 이민족을 다스리기엔 명분도 없고 필요성도 없다고 본다. 설령 정착하는 기간만이라도 왕권을 행사했거나 국가를 건설했다면, 그 인근의 부족장이나 왕국에서 이를 용납하지 않았을 것이다. 또 만약에 전쟁이 발발했을 때 승리할 수 있다는 보장도 없다는 것을 잘 알고 있었을 것이다.

넷째 국가를 건설하려면 장구한 세월 동안 정착하는 것을 전제로 해야 하는데 철광석이 고갈되면 언제든지 떠날 처지이고 보면 국가 건설은 애초

기본 생각에서 배제된 사항이라고 할 수 있다.

이처럼 제철을 목적으로 하는 가야인에게는 언제 터를 옮겨야 할지 모르는 상황에서 국가 건설보다 집단 안보가 필요했을 것이다.

다섯째 그 땅에서 철을 생산하는 동안 필요한 만큼의 안보 체계를 구축했을 것이다. 그 주변에 강력한 위협 요소가 있다면 그만큼 안보 체계도 강화했을 거라는 가설이다.

한반도의 경우 6가야 중 김해 지역의 금관가야를 빼놓고 다른 가야를 왕국, 특히 국가로 볼 수 있는지에 대해 학계는 논의해야 한다. 김해 금관가야는 철 생산 기지라기보다 철정(鐵鋌)의 집산지로서 중계 무역기지로 봐야 한다. 이와 달리 금관가야를 제외한 다섯 가야를 철 생산 제련기지로 볼 수 있다. 이와 같은 생산 기지의 중심체를 지키는 성곽 등 안보 체계를 놓고, 행정 체제를 갖춘 국가의 통치체제로 볼 수 있느냐 하는 문제에 선뜻 답할 수 없는 일이다.

최근에는 전라북도 동부 지역에서 가야 봉화대를 포함한 철 생산 유적과 가야 유물이 발견되고, 그곳에 장수가야와 운봉가야가 존재했었다는 주장이 제기되면서 국호인지, 철 생산 기지를 표시하는 지명인지 개념 정리의 명료화가 다시 부각되고 있다.

장수가야의 안보 체계의 하나인 봉수로가 있는데 이를 연결하면, 여덟 갈래로 전북(완주, 무주, 진안, 임실, 순창, 남원, 장수, 금산)에서 출발하며 이곳(장수군) 장계에 도착함을 앞장에서 검토한 바 있다.

이 같은 장수가야의 성곽과 봉수로를 잇는 방어 체제는 집단 안보 체계로 본다. 후기 가야연맹으로 보는 5세기경, 전남·북 지역에서는 중국에서 피신해 온 마한 이주민[39]을 경계하여 선주민 가야인들이 위험에 대처했을 것이다. 그러나 마한 이주민 입장에서도 충돌로 집단의 존재가 드러나는 것을 꺼려하는 정서가 있었기에, 장수가야 서쪽에 있는 마한 유민은 위협적 존재가 되지 않았을 것이다.

반면 장수가야의 동쪽 안보 상황은 어떠한가?
우선 험준한 소백산맥에 가로막혀 안보 위협이 줄어들었고, 육십령 등 고갯길로 통하는 산맥의 동부지역은 후기 가야연맹의 네트워크에 포함되어 안보 위협이 적었다고 볼 수 있다.
참고로 전기 가야연맹으로 보는 아라가야나 소가야가 쇠퉁산과 관련해 인근 철광석이 고갈되면서 400년 이전에 중심 세력이 사라졌기에 소가야 지역에서 장수가야로 생산 기지가 이동했다고 보면, 침공할 가능성은 소멸되었다고 본다.
이런 관점에서 볼 때, 장수가야, 운봉가야, 아라가야, 소가야를 국가의 호칭으로 볼 것이냐, 아니면 단순한 제철, 제련 생산 기지의 중심 세력권으로 볼 것인가에 대해서는 다시 한번 논의할 문제라고 본다.
한반도에 온 가야인이 과연 국가를 건설하러 온 것인지 다시금 생각해 볼 일이다.

---

39) 오운홍, 『한국사의 기준점 찾기』, 시간의물레, 2022. pp.307-313.

제2부

중국과 가야와의 연관

가 야 인 , 나 라 세 우 러 온 것 아 니 다

제4장 | 김수로왕과 허황옥은 가야인인가?

제5장 | 김부식은 왜 '가야사'를 제외했나?

제6장 | '나라에서 철이 난다(國出鐵)'는 그 나라는?

제2부

중국과
가야와의 연관

제4장
김수로왕과 허황옥은 가야인인가?

> **허황옥의 고국과 가계**

　김수로왕과 허황옥의 만남이란 주제의 글이니 가야 땅에 먼저 자리 잡은 김수로의 이야기를 우선 소개하는 것이 순서이겠지만 허황옥 세력을 포함한 중국에서의 인도 난민을 알아야 김수로의 이동 경위를 알 수 있기에 순서를 바꾸어 서술하고자 한다.

　『삼국유사』〈가락국기(駕洛國記)〉에 의하면, 김수로(金首露) 왕(42~199)이 기원후 42년에 대가락국(또는 가야국)의 시조로 왕위에 오른 6년 후인 48년 인도 아유타국의 공주 허황옥을 왕비로 맞았다고 한다.
　그때 허황옥이 "저는 아유타국(阿踰陀國)의 공주입니다. 성은 허(許)라 하고 이름은 황옥(黃玉)이며 나이는 열여섯 살입니다."라고 말했다.

이 같은 기록을 보며, 김수로왕을 구지봉의 전설처럼 단순한 신화의 인물로 취급할 일이 아니라고 본다.

잠깐 생각할 일은, 김수로왕의 가락국 건국(42)과 가야인의 유입(BC4세기)[40]과는 약 400년이란 시간 차이가 있다.

김수로 왕릉과 인도 아유타국에서 똑같이 발견되는 쌍어문 문양을 통해 금관가야(가락국)의 건국 세력들이 인도 지역과 연결되어 있는지를 밝히는 연구가 있었다.

서울대 의대 서정선 교수의 유전자 분석 연구팀에 의해 '1세기경 가야 시대 왕족의 것으로 추정되는 김해 예안리 고분의 유골 DNA를 검사한 결과 순장자가 인도 타밀 지역의 유전자를 가진 것으로 확인되었다'[41]고 한다.

연구팀은 가야인들이 인도인과 혈연적으로 서로 연결되어 있음을 암시하는 유전학적인 증거로 보고 있다. 또 이 연구의 결과를 근거로 허왕후의 고향을 인도 남부 타밀나두로 해석하는 학자도 있다.

그런데 허황옥 자신이 직접 말했듯이 '아유타국'은 인도 북부지방에 있었던 나라이다. 이 부분에 대해서는 더 연구할 과제라고 생각한다.

필자는 서정선 교수팀의 유전자 분석 연구 결과를 귀중한 자료로 받아들이는 한편, 허왕후 고향으로 보는 해석에 대해서는 다른 의견을 갖고 있다.

---

40) 이진아, 〈주간조선〉, 이진아 주간조선 [2668호] 2021.07.26. "고천문학 지도 한 장에서 출발한 '가야'를 바라보는 새로운 시각"

41) 2004년 8월 서울대 의대 서정선 교수와 한림대 의대 김종일 교수는 강원 춘천시에서 열린 한국유전체학회에서 약 2,000년 전 가야 왕실의 무덤으로 추정되는 곳에서 나온 가야시대 유골의 DNA 테스트 결과 DNA 배열(유전정보)이 인도 남부 타밀 흑인과 유사한 것으로 확인되었다고 밝혔다.

첫째, 인도의 부다가야와 아유타국이 있는 북부지방과 타밀나두의 나가파티남까지 거리는 대략 1,500㎞나 멀리 떨어져 있다. 더 큰 차이는 언어와 가치 추구가 다르다는 점이다. 인도 가야인이 사용한 언어는 '힌디어'이고 타밀나두 지역은 '타밀어'를 사용한다.

둘째, 예안리 고분이 김해 왕족의 무덤이란 확증이 없다. 다음 기회에 언급하겠는데 당시 철 상권의 중심지인 김해에 진출한 타밀 지역 출신인 거부(巨富)의 무덤인지 현재로서는 구분되지 않고 있다.

셋째, 김병모 교수가 밝히는 허황옥 집안의 이동 행적을 다음에 소개하겠는데 허황옥의 조상은 인도의 북부 아유타국 출신으로 타밀나두 지역을 지나간 일이 없으며, 또한 타밀나두 지역에서는 쌍어문 문양이 없다.

넷째, 이 책 8장(3절)에 이와 관련되는 타밀 지역 사람들의 동방 진출 이야기가 있다. 기원전부터 규슈의 다파나국에 타밀인이 진출했고, 이들 세력 중에 철 상품을 따라 석탈해 세력이 경북 수애마을에 진출한 흔적이 보이는데, 이를 감안하면 타밀인이 김해 지역까지도 진출했을 개연성이 있다.

따라서 서울대 의대팀의 연구 결과는 타밀인의 한반도 진출을 확인하는 자료로 활용하는 것이 타당할 것으로 보인다.

한편 '고려대 산학협력단에서 파사석탑[42]의 암질 분석 결과 엽랍석 성분의

---

42) 경상남도 문화재자료 제227호(1996.03.11. 지정)이며, 김해시 가락로190번길 19-7에 있다. 수로왕의 비 허왕후가 되기 전에 서역 아유타국에서 머나먼 바다를 건너 김해로 올 때 파신의 노여움을 잠재우기 위해 함께 싣고 왔다고 전해진다.

사암으로 밝혀졌다. 연구를 진행한 조호영 고려대 교수(지구환경과학과)는 "정확한 암석분석을 위해서는 현미경 관찰 등 구성 광물의 검증이 요구된다"는 단서를 달면서 "파사석탑에 사용된 암석의 산출지를 한반도에서는 찾아볼 수 없다"는 잠정 결론을 내렸다.'(출처: 고려대 산학협력단의 보고서 내용)

허황옥 세력의 이동과 관련하여, 『허황옥 루트, 인도에서 가야까지』를 쓴 김병모 교수에 의하면, 허황옥은 인도 아유타국의 출신으로 알려져 있는데, 실제 태어난 곳은 현재 사천성 안악현(E105°15′ N30°5′)의 보주(普州)로 보고 있다. 그는 허왕후릉의 비석과 김해 김씨 세보에 나오는 보주태후(普州太后)라고 하는 기록을 근거로 제시한다.

김병모 교수는 실제로 중국 사천성(四川省) 안악현(安岳縣) 일대에 허씨 집성촌이 있다는 것과 그곳 보주(普州) 허씨 사당의 대문에는 쌍어문(雙魚紋)이 있음을 확인했고, 「신정기(神井記)」라는 금석문에서 이곳이 보주(普州)라는 내용과 허여황옥(許女黃玉)이 새겨진 명문을 발견하였다고 한다.

보주 땅의 암벽에서 "후한 초에 허씨의 딸 황옥이 용모가 아름답고 지혜가 남들보다 나았다"라는 글귀가 발견된 점, 김해의 수로왕비릉에 있는 비문에서 허황옥을 보주태후라고 칭한 점[43] 등을 고려할 때, 허황옥은 보주에서 태어난 것이 확실하다고 보고 있다.

보주(普州)와 관련된 문헌을 살펴보니, 보주는 옛날 중국의 한 지명이었고, 중국의 사서인 『후한서(後漢書)』를 찾아보았더니 당시 그 땅 이름은 '촉(蜀)'이었는데 그 촉 땅에 살고 있던 토착민들, 즉 남만(南蠻)인들이 중앙정부에

---

43) 제주에서 서울로 시집온 여인을 제주댁이라고 부르듯이, 허황옥이 보주에서 왔기에 수로왕비릉에 있는 비문에서 허황옥을 보주태후라고 칭한 것으로 본다.

대항해서 두 번의 봉기를 일으켰다는 기록이 있다. 그런데 그 주동자의 이름이 허성(許聖)이었다.

실제로 이를 뒷받침하는 기록이 『후한서』에 있다.

"서기 47년 양자강변의 남군(南郡)에서 토착인들[南郡蠻]이 반란을 일으켰다. (한나라 정부는) 무위장군(武威將軍) 유상(劉尚)을 파견하여 반란 세력을 제압했다. 그 무리의 사람들을 강하(江夏, 양자강 하류 무한武漢 지방)로 추방하였다 (二十三年春正月 南郡蠻叛 遣武威將軍劉尚討破之 徙其種人於江夏)"는 기사가 있다.

이를 다시 해석하면, 후한 때 보주 땅에 허씨 성을 가진 집단이 있었는데, 『후한서』 기록으로 보면, 허황옥(許黃玉)이 김수로왕을 만나기 1년 전, 서기 47년에 보주(普州)를 비롯한 쓰촨성(四川省)에서 소수 민족들의 반란이 있었다는 것이다. 후한의 정부가 반란을 진압한 후 연루자들은 찾아 양자강 연변(沿邊)의 무한(武漢)으로 강제 이주를 시켰다는 내용이다.

그런데 강제 이주인지, 피난인지 명확하지 않지만 주동자 색출은 중앙정부에서는 계속돼야 할 과제라 할 수 있다. 이를 근거로 하면, 허황옥(許黃玉) 가문은 보주에서 남만의 반란에 가담하였다가 실패하자 양자강의 무한 땅으로 긴급히 피신했다고 봐야 한다.

실제로 21세기 중국 지도(China Road Atlas)에서 무한의 동쪽 양자강변에 있는 허씨 마을(E117°38′ N30°35′)을 찾을 수 있다. 당시 허황후 가문이 반란의 주동자에 속했다면 그곳에 정착하지 못하고, 배를 타고 양자강을 따라 바다에 닿았을 것이고, 다시 바다를 건너 한반도 가야 지역에 도착했을 것으로 추정할 수 있다.

허황옥 가문의 이동 경로로 보아 인도 남부의 타밀나두와는 연관이 없는 것으로 보인다.

역사를 되돌려 다시 살펴보자.

여기서 잠시 의문이 생긴다.

붓다가 성불했다는 부다가야가 있는 인도 가야국은 당시 불교의 나라였다. 그런데 인도 가야(Gaya)국은 이웃에 있는 '아유타 왕국'에 의해 멸망한 나라다.

아유타국의 공주라는 허황옥이 김수로왕을 만날 때 가지고 왔다는 파사석탑의 돌을 가지고 불교 전래의 증거로 여기고 있다. 그런데 아유타국은 불교국인 가야를 멸망시킨 나라가 아닌가?

이 부분이 우리를 어리둥절하게 한다. 아유타국은 가야와 무슨 관계가 있는가? 그리고 당시 아유타국이 과연 가야의 쌍어 문양을 사용했을까?

이 문제는 후학들이 더 연구할 과제로 본다.

그 아유타국에 살던 허왕후 일족[44]이 구샨족[45]에 밀려 인도 북부에서 중국 남부 보주로 옮겨가서 거주했다고 한다. 이 부분에서도 이들을 불교 난민으로 볼 수 있는지 연구의 대상이라 생각한다.

허황옥 일족이 보주에서 살다가 정변을 일으키는데 관련[46]되어, 결국 난을

---

44) 아유타를 수도로 삼은 코살라 왕국이 가야를 침공하게 된 이유가 왕국 내에 부처의 가르침에 따르는 세력이 있어 위기감에서 가야를 초토화시킬 계획을 세운 것으로 본다.

45) 중국 북서부의 간쑤(甘肅)지방에 거주하던 월지(月氏)족은 BC 2세기 후반에 훈(Hun)족에 쫓겨 박트리아 지역으로 들어갔다. BC 1세기에, 인도 서북쪽에 살던 중앙아시아의 월지족의 한 부족인 쿠샨족이 인도로 밀고 내려왔다. 이에 따라 아요디아(아유타)란 도시의 지배층 중에는 동쪽에 있는 중국을 향해 망명을 떠나는 사람들이 생겨났다. 1세기경 쿠샨의 지배자 쿠줄라 카드피세스(Kujula Kadphises) 1세가 쿠샨 왕조를 세워 서북 인도를 지배하기 시작했다.

46) 남만(南蠻)인들이 중앙정부에 대항해서 두 번의 봉기를 일으킨다. 그런데 그 주동자의 이름이 허성(許聖)이다.

피해 난민의 입장에서 한반도 남부로 들어와 김수로를 만난 것으로 볼 수 있다.

이에 가야의 명칭과 관련하여, 또 다른 의문이 생긴다.

부인(허왕후)이 아유타국의 공주 출신이라고 주장했다고 해서 김수로왕이 과연 나라 이름을 가야와 연관 있는 가락으로 할 수 있을까, 또 곳곳에 가야 표시인 쌍어 표시 상징물을 만들 수 있겠는가 하는 의문을 제기하는 학자도 있다.

부인이 아름답고 소중하다고 해서 부인과 관련된 가라를 나라 이름으로까지 하겠는가?

이러한 논란은 가야학계의 중요한 이슈가 되고 있다.

이런 논란과 관련하여, 김수로는 한반도로 오기 전에 이미 가야(라)인이라는 설[47]도 있다.

필자는 허왕후와 관련하여 의문을 제기하는 학자들과 다른 의견이 있다.

가야 표시인 쌍어 문양 사용을 학자들은 허황옥의 출현(48년)으로 보고 있는데, 그 이전에 이미 낙동강의 남강 지류 유역에는 가야인이 정착(BC3세기 전후)한 때부터 쌍어 문양을 사용하는 문화가 있었다고 본다.

또 하나, 나라 이름을 정하는데 가야를 뜻하는 가락(가라)으로 정할 수 있느냐고 의문을 제기하는 학자가 있는데, 연대순으로 보면 허황옥의 출현

---

47) 전한(前漢)을 멸망시키고 신(新)나라(8~23)를 건국한 왕망(王莽)을 일찍이 출세시킨 이가 전한 원제(元帝)의 황태후, 왕정군(王政君)이다. 그런데 왕정군은 한족(漢族)이 아니고 인도인(印度人)이다.(출처; 김산호, 대쥬신제국사, p.235) 김일제 후손이 왕망과 이종사촌 지간이라고 하는데, 김수로의 모계도 인도 가야의 정서를 띠고 있었다고 볼 수 있다.

(48년) 보다 6년 전 가락국이 건국(42년) 되었으니 허왕후의 영향은 아닌 것이다.

김수로왕의 부인(황후)이 아유타국의 공주 출신이라고 해서 나라 이름을 가야와 연관 있는 가락으로 정했다거나 가야 표시인 쌍어 문양을 사용했다는 주장은 잘못된 인식에서 출발한 것이라고 본다.

김수로의 출현과 그 뿌리

김수로(金首露)왕은 누구인가?
『삼국사기』제41권 열전 제1 김유신 상(上)에 의하면,
'김유신(金庾信)은 서울(경주[48], 중국 신라의 도읍) 사람이다. 12대 선조 수로왕은 어떤 사람인지 알 수 없다. (수로왕) 그는 후한(後漢) 건무(建武) 18년 임인(42)에 구봉(龜峯)에 올라 가락(駕洛)의 9촌을 바라보고 마침내 그 땅에 이르러 나라를 세우고 이름을 가야(加耶)라 했는데, 후에 금관국이라 고쳤다. 그 자손이 계승하여 9대손 구해(仇亥) 혹은 구차휴(仇次休)에 이르렀다. 구해는 유신에게 증조가 된다. 신라 사람이 스스로 소호금천씨(少昊金天氏)의 후손이라고 일렀기 때문에 성을 김(金)이라 했는데, 유신의 비문에도 헌원(軒轅)의 후예요, 소호의 자손이라 했으니 남가야(南加耶) 시조 수로왕은 신라와 성이

---

48) 김유신이 출생했을 당시 경주는, 현대 중국 지도 '『China Road Atlas, p.98』'의 안휘성 화이난(淮南)시에서 팔공산구(八公山區, E116°52′ N32°38′)로 본다. 팔공산구는 그 인근에 있는 팔공산국가지질공원(八公山國家地質公園)과 관련이 있다고 본다. 그리고 그 남쪽에 수현(壽縣)이 있는데, 그 인근에 수현 고성(古城, E116°47′ N32°33′)이 있다. 아마도 경주(慶州) 고성이 아닌가 한다.

같다(金庾信 王京人也 十二世祖首露 不知何許人也 以後漢建武十八年壬寅 登龜峯 望駕洛九村 遂至其地開國 號曰加耶 後改爲金官國 其子孫相承 至九世孫仇亥 或云仇次休 於庾信爲曾祖 羅人自謂少昊金天氏之後, 故姓金, 庾信碑亦云, "軒轅之裔, 少昊之胤." 則南加耶始祖首露, 與新羅同姓也.).'

김유신의 12대 선조 수로왕이 신라와 성이 같은 소호금천씨(少昊金天氏)의 후손이라 한다. 김유신 열전이 김수로왕의 뿌리를 보증하고 있다.

가야의 수로왕과 성이 같다는 '신라 김(金)'은 어디서 왔는지 〈문무왕(文武王)의 비문〉에서 찾아보자.

'투후(秺侯) 제천(祭天)의 후손으로 7대를 전하여 ▨▨하였다. 15대조 성한왕은 그 바탕이 하늘에서 내리고 그 영(靈)이 선악(仙岳)에서 나와 ▨▨을 개창하여 옥란(玉欄)을 대하니, 비로소 조상의 복이 상서로운 수풀[祥林]처럼 많아 석뉴(石紐)[7]를 보고 금가마[金輿]에 앉아 … 하는 것 같았다.(秺侯祭天之胤, 傳七葉以▨▨焉. 十五代祖星漢王 降質圓穹 誕靈仙岳 肇臨▨▨ 以對玉欄 始蔭祥林 如觀石紐 坐金輿而(…).)'

신라 김씨 왕은 투후(秺侯) 제천(祭天)의 후손이라 한다.

문무왕 비문의 '투후 제천'과 '김일제(金日磾)와 김씨와의 관계'를 교차 검증할 만한 자료가 〈대당고김씨부인묘명'(大唐故金氏夫人墓銘)〉인데, 중국 장안에서 발견되었다.

'먼 조상 이름은 일제(日磾)이시니 흉노 조정에 몸담고 계시다가 서한(西漢)에 투항하시어 무제(武帝) 아래서 벼슬하셨다. 명예와 절개를 중히 여기니 그를 발탁해 시중(侍中)과 상시(常侍)에 임명하고 투정후(秺亭侯)에 봉하시니, 이후 7대에 걸쳐 벼슬함에 눈부신 활약이 있었다.(遠祖諱日磾 自龍庭 歸命西漢

仕武帝 慎名節陞 拜侍中常侍 封秺亭侯 自秺亭已降七葉 軒紋燉煌繇是望係'

투후 김일제에 대한 기록은 『한서(漢書)』〈열전〉,〈김일제전〉에 있다. '김일제는 이적(夷狄)의 사람' 본래 흉노 '휴도(休屠)왕의 태자'라 한다. 김일제가 포로에서 투후로 성장하는 기록이 있다.

신라 문무왕의 15대조 성한왕이나 김유신의 12대조 가야의 김수로왕은 모두 김일제의 자손으로 보고 있다.

김유신의 성이 신라 김(金)씨와 같은 김(金)을 쓰는 연유를 밝히는 중에 김유신의 족보를 소개하고 있다. 유신이 소호의 자손이라면 그의 12대 선조 수로왕도 당연히 소호의 자손일 텐데, 김유신 열전에는 '수로왕은 어떤 사람인지 알 수 없다.'고 서술하고 있다.

신라가 승전국 입장으로 볼 때 패전국의 왕의 족보(김해 김씨)를 밝히지 않는 일은 예우를 하고 싶지 않은 것으로 보인다.

그렇지만 『삼국유사』의 기록에 김수로왕을 예우했다는 기록이 있다.

신라 제30대 법민왕(法敏王, 문무왕)은 용삭 원년 신유(661) 3월 어느 날에 조서를 내렸다.

"가야국 시조의 9대손 구형왕이 우리나라에 항복할 때 거느리고 온 아들 세종(世宗)[49]의 아들이 솔우공(率友公)이요, 그 아들 서운잡간(庶云匝干)[50]의 딸 문명황후(文明皇后)께서 나(문무왕)를 낳았다. 때문에 (가야의) 시조 수로왕은 나(문무왕)에게 있어서 15대 시조가 된다. 그(가야) 나라는 이미 멸망했으나

---

49) 구형왕의 맏아들인데 『삼국사기』에는 노종(奴宗)으로 나타난다.
50) 서운(庶云)은 『삼국사기』에 나오는 서현(舒玄) 김유신을 말한다.

그 묘는 아직 남아있으니, 종묘에 합하여 제사를 계속하게 하겠다."

이러한 기록으로 보아, 김수로는 문무왕 자신의 외조부인 김유신의 선조이고, 김일제의 후손이라는 점을 은연중에 내포하고 있다고 할 수 있다.

특히 주목해서 살펴볼 부분은 김수로왕이 즉위(42)한 후에 (남)가야를 금관국으로 개칭했다 하였는데, 같은 책 『삼국사기』〈신라본기〉 탈해이사금조의 금관국(BC19년)과는 60여 년간의 차이가 있다.

다음의 10장에서 자세히 다루겠는데, 필자가 보기에는 김수로왕이 자리잡은 김해가 철의 유통 과정 중에 수출 항구로서 마지막 '금관(金官)의 과정'을 거쳤을 텐데, 수로왕이 집권하면서 철정(판상철부)의 기능성을 향상시키고 브랜드의 가치를 높이려고 금관의 체계를 구축하였다는 뜻으로 '금관국'이라는 명칭이 붙은 것 같다. 이 점은 다음의 10장(1, 2, 3절)에서 논의할 기회를 마련하겠는데, 앞으로 후학들이 좀 더 연구할 가치가 있는 과제로 본다.

『세종실록지리지』에 가야국의 시조 김수로왕에 대해 상세하게 나온다. '후한의 광무황제 건무 18년(42)에 가락의 수장인 아도간, 여도간, 피도간 등 9인이 백성을 거느리고 계음(禊飮)[51]을 하다가 구지봉을 바라보니 이상한 소리[52]와 기색이 있으므로 가서 본즉 금함이 하늘로부터 내려오는데, 그

---

51) 계음이란 옛날의 풍속에 3월 3일에 동류수(東流水)위에 모여서 불상(不祥)한 것을 제거하며, 술을 마시고 놀았는데, 이것을 계(禊)라 한다.

52) 일연 저, 이재호 역, 『삼국유사』. p343에 의하면 '이상한 소리'란, "하늘이 나에게 명령하신 것은 이곳에 와서 나라를 새로 세워 임금이 되라 하셨다. 그래서 내려왔다. 이 산꼭대기를 파고 흙을 집으면서 '신이여, 신이여, 수로를 내놓아라. 내놓지 않으면 구워 먹겠다'라고 노래하고 춤을 추어라. 그러면 곧 하늘에서 대왕을 맞이하여 너희들은 매우 기뻐서 춤추게 될 것이다."

속에 황금빛이 나는 해와 같이 둥근 알이 (6개) 있었다. 9인이 신성하게 여기고 절을 하고 받들어 아도간의 집에 두었다. 이튿날 9인이 모두 모여서 함을 열고 보니 동자가 껍질을 깨고 나왔다. 나이는 열다섯 살쯤 되고 용모가 매우 거룩하였다. 무리들은 모두 절하고 하례하면서 예를 다했다. 10여 일이 지나자 신장이 9척[53]이나 되었다. 이달 보름날에 9인이 드디어 받들고 임금으로 모시니 곧 수로왕이다. 나라 이름을 가락이라 하고 또는 가야라 일컬었다가 뒤에 금관국으로 고쳤다. 그 나라는 동으로 황산강[54]에 이르고, 동북은 가야산에 이르며, 서남은 큰 바다에 다다랐고, 서북은 지리산을 경계로 하였다.'

김수로가 알에서 태어났고 10여 일이 지나 키가 9척 되었다는 것으로 보아 김수로 일가가 장신족에 속하며, 비교적 어린 나이임을 암시하고 있다.

난생설화(卵生說話)는 알에서 태어났다는 영웅을 소재로 하는 신화이다. 알에서 태어났다는 탄생 그 자체가 과거의 비밀을 생략하여 감출 수 있으며, 신비감을 높여 자신의 시조가 하늘에서 온 신성한 존재임을 강조할 수 있기 때문에 동아시아 국가 건설 신화에서 가끔 나온다.

이처럼 김수로의 출현에 대해서는 '구지봉 탄생설화'가 주류를 이루고 있다. 이와 다르게 『신증동국여지승람』에 기록되어 있는 정견모주[55]를 통한

---

53) 김수로의 조상 투후 김일제의 신장은 8척 2촌이었다.
54) 낙동강 521.5km 중 삼랑진에서 양산을 거쳐 사하구에 이르는 낙동강 하류를 황산강이라는 이름으로 불러왔다.
55) 정견모주를 대가야 및 금관가야 시조의 어머니라고 한다. 원래 가야산(伽倻山)의 산신이었는데 천신 이비가지(夷毗訶之)에 감응한 바 되어 대가야의 왕 뇌질주일(惱窒朱日)과 금관가야의 왕 뇌질청예(惱窒青裔)를 낳았다고 한다〈출처; 한국민족문화대백과사전〉. 또 위키백과(2022.8.1.)에 의하면, 정견모주(正見母主)는 전기 가야 연맹의 맹주 가락국과

탄생 설화도 있다.

  필자는 앞서 소개한 김유신 열전에서 살폈듯이, 김수로를 흉노 귀족 휴도왕의 아들 김일제의 후손으로 보고 있다. 김일제는 한무제에게 항복한 후 귀화하여 큰 공을 세웠고 투후라는 제후로 봉해지면서 대규모 봉지를 하사받고 중앙에서 막강한 권력을 휘둘렀다. 후손들은 더욱 번창하여 가문의 여성이 황제의 비가 되었는데, 결국에는 왕망(王莽)을 도와 한(漢)을 없애고 신(新, AD8~23년)나라를 세웠다.

  이러한 정치적 야망이 결국은 한나라의 종실 광무제의 반격에 의해 신(新)나라가 멸망(23년)하게 되고, 김수로 등은 그 화를 피해 한반도로 피신한 세력이라고 보고 있다.

후기 가야 연맹의 맹주가 된 반파국(대가야)의 건국 설화에 나오는 여성 산신이다. 조선 초기에 작성된 관찬 지리서《신증동국여지승람》권29 경상도 고령현 건치연혁조에는 당시 고령의 역사에 대하여《삼국사기》에 언급된 대가야 왕계에 대한 기술을 전재하고, 다시 신라의 학자 최치원(崔致遠)이 지은《석이정전(釋利貞傳)》과《석순응전(釋順應傳)》의 기록을 인용하여 "가야산(伽倻山)의 신(神)인 정견모주가 천신(天神) 이비가지(夷毗訶之)에 감응한 바 되어 대가야의 왕 뇌질주일(惱窒朱日)과 금관국(金官國)의 왕 뇌질청예(惱窒靑裔) 두 사람을 낳았으니, 뇌질주일은 이진아시왕의 별칭이고 청예는 수로왕(首露王)의 별칭이다." 라고 적고, 다시 "대가야국의 월광태자(月光太子)는 정견의 10대 손이며 그의 아버지 이뇌왕(異腦王)은 신라의 이찬(夷粲) 비지배(比枝輩)의 딸을 맞아 청혼하여 태자를 낳았다. 이뇌왕은 뇌질주일의 8대 손이다."라고 적고 있다.

김수로의 도피 행로

김수로는 신(新)나라 멸망과 함께 집권층이 갑자기 폐족이 되어, 특히 주요 지명수배자 신분이 되어 쫓기면서 '중국 장안(AD23년)에서 한반도 남동부의 김해(AD42년)까지 이동하는데 햇수로 20년이 걸렸다'고 볼 수 있다.

그런데 김수로가 건국 6년(48) 후에 16세의 허황옥을 맞이했다든지, 재위 기간이 157년(42-199)라든지, 구지봉 탄생설화에서 알에서 태어난 젊은이라든지, 이를 종합하면 왕에 즉위할 당시 젊었을 것으로 보인다.

김수로가 출생 1년(1살)에 가족에 의해 장안에서 피신을 시작했다면 김해 구지봉에 나타날 때가 20살이 되었을 것이고, 김수로의 부친이 피신하다가 피신 중에 얻은 아들이 김수로라 하면 20세 이전에 난생설화의 이벤트로 김해 구지봉에 출현할 수 있는 것이다.

이 부분은 후학들이 정견모주설과 연관지어 더 연구할 과제로 본다.

정견모주 신화는 김수로의 부친이 피신 중에 아들 김수로를 얻었다는 심중을 굳게 해 준다. 아무튼 필자는 이같은 몇 가지 가정을 담아 김수로 세력(일행)이 이동한 것으로 보고, 본론에서는 김수로 세력 혹은 김수로의 부친의 세력을 포함하여 '김수로'로 통일하여 서술하고 있다.

김수로는 그동안 어떤 경로를 따라 이동했을까?

1) 한반도 황해 연안설

수로왕이 기원전 108년에 한에게 망한 고조선의 유민으로 아마도 바닷길을 통해 김해에 들어온 성숙한 철기 문화인이었던 것으로 추정하는 학자도 있다. 이들은 김해 대성동 고분, 제29호분과 제47호분에서 출토된 청동솥[銅鍑, 동복]을 근거로 제시하고 있다. 여기서 출토된 동복(銅鍑)을 고고학계는 고조선의 후예, 북방계 부여족으로 보고 있다.

  이 주장은 김수로를 김일제의 후손으로 보지 않고 고조선 유민의 자손으로 보고 있는 것이다.

  북한 학계의 조희승은 〈하늘에서 내려왔다〉는 강림설에 기반을 두어 '고조선 유민집단의 남하'[56]로 보고 있다. 그는 김해에서 발굴된 나무곽무덤을 증거로 제시하고 있지만, 나무곽무덤은 4세기 중반에 조성된 것으로 고고학계가 보고 있어 김수로왕의 즉위와 무려 3세기의 차이가 있다.

  조희승의 주장은 위만조선이 멸망한 BC108년과 수로왕이 개국했다는 42년과는 무려 150년의 격차가 있고, 목곽묘 조성과는 400여년 이상의 연대 차가 있다. 이러한 주장은 너무 막연한 설정이라고 보여진다.

  문무왕이 수로왕을 15대 시조로 챙긴 기록으로 보아 고조선 유민설은 거리가 있다고 본다.

2) 산동반도-황해 도해(渡海)-한반도 서해안 경유설

  KBS 역사스페셜〈신라 왕족은 정말 흉노의 후예인가? 2009년 방영〉에 의하면,

  한무제는 김일제의 충성심에 감명을 받아 제천 금인을 돌려주고 조상에 제사하도록 했다. 아울러 제천 금인의 황금을 뜻하는 김(金)씨 성을 하사했다. 무제는 죽기 직전에 김일제에게 아들 소제(昭帝)를 보필하는 섭정으로 지명하고 투후(秺侯)로 봉해 귀족의 반열에 올렸다.

  하사 받은 봉지(封地) 투현(秺縣)은 현재 중국 산동성(山東省) 하택(菏澤)시 성무현 옥화묘촌이다. 그곳을 봉지(봉지에 거주하는 세력이 3만 이상이었다고 함)로

---

56) 조희승, 『북한학계의 가야사 연구』, 말, 2020. p.41.

준 것이다. 김일제의 증손인 김당(金當)은 서기 8년 이모부인 왕망(王莽)을 도와 한나라(전한)를 멸망시키고, 신(新)나라를 세우는데 큰 공을 세웠다. 하지만 한(漢) 왕조의 유(劉)씨 세력들이 전국에서 힘을 결집해 신(新)나라를 멸망시키고, 다시 유씨 왕조(후한)를 세웠다. 후한 광무제는 왕망의 지지파를 토벌하면서 김씨 일족의 벼슬과 봉토를 빼앗았다. 이후 김일제 후손들은 중국에서 기반을 잃게 된다.

김일제 후손들은 후한의 탄압을 받게 되자, 사방으로 흩어졌다가 그중 일부가 산둥반도에서 황급히 황해를 건너 한반도로 이동해 신라와 가야의 왕족이 됐다는 설이 있다.

신라의 김알지, 미추왕, 내물왕, 금관국의 김수로왕이 모두 흉노 휴도왕의 태자 김일제의 후손이라는 것이다.

3) 중국 남부-양쯔강-황해 도해(渡海)설

신(新)나라를 멸망시킨 후한의 광무제 초기(23)에는 내란과 반란이 끊임없었지만, 정국의 평정을 되찾은 후에는 김수로 일당이 쫓기는 입장이 되었다. 김수로가 고도 서안(西安)에서 남쪽으로 400리쯤 떨어진 금주(金州 : 지금의 安康縣 E109° N32°40′)로 도피했다는 것이다. 당시 신(新)나라의 (수많은) 군신들이 흩어져 제각기 살길을 찾아 나섰을 것으로 추정된다고 했다.(출처: 한민족사-고대사1: 가야(加耶) ①수로왕)

금주에 피신한 왕망파뿐만 아니라 '보주(普州) 일대에 자리 잡았던 가야인들도 한인(漢人)들의 증오의 대상'[57]이 되어 생명을 보존하기가 어렵게 되었다,

---

57) 인도에서 건너온 가야인(加耶人)들은 웅천[양자강(揚子江)] 상류, 보주(普州)에 자리 잡고 살았으니, 지금의 중국 쓰촨[사천(四川)]지방의 안악(安岳, E105°15′ N30°5′)이 바로

그래서 많은 가야인들은 제각기 살길을 찾아서 양쯔강을 따라 또다시 탈출극을 연출하게 되었는데, 그 대부분의 사람들은 일단 우창[무창(武昌)]지구를 제2의 망명처로 삼고 다시 모여 살았다.

금주에서 다시 남쪽으로 400리를 가면 양쯔강에 이르는데 이 강을 이용하여 강 하구의 주산 군도에 닿으면 '해저 소백산맥 (제주도) 항로'[58]를 따라 김해에 도달할 수 있다는 추론도 가능하다.

필자는 한국사 미스터리 제4권(『한국사의 기준점 찾기』 제5장)에서 전남 영산강 유역의 마한 분묘의 상당수가 신(新)나라 유민이 아닌가 보고 있다.

그런데 필자는 다른 한편으로 김수로의 도피가 이들 유민과 합류하지 않았을 것으로 본다.

수로(일행)의 산악 이동설

4) 만주-한반도 산악 이동설

필자는 앞에 소개한 세 가지 가설, 즉 1)과 2)와 3)에 동의하지 않는다.

1)의 가설은 고조선 연대의 연속성에서 문제가 있어 우선 폐기한 가설이고, 2)와 3)의 가설도, 선박으로 황해를 건너 이동했다 하면 한 달 정도면

그곳이다. 마침 이 지역을 순찰하던 전한(前漢)의 중앙관리는 우연히 가야(加耶)의 한 여인을 발견하고 그 이국적인 아름다움에 반하여 그녀를 데리고 서울 장안성(長安城)으로 가서, 한(漢)나라 원제(元帝)에게 바치니, 그녀가 바로 왕정군(王政君)이다. 가야인 여인이 한 원제의 황후(皇后)가 되자, 가야(加耶) 집단(集團)은 일개 망명 집단에서 그 위치가 급격히 상승하게 되었다. 여기서 왕망이 나온 것이다.

58) 오운홍, 『한국사의 기준점 찾기』, 시간의물레, 2022. pp.272-273.

될 것인데 AD23년부터 42년까지 20년이 걸렸다는 것은 상식적으로 이해할 수 없는 이론이고 주장이다.

또 하나의 이유는 김수로(부친 포함)의 키(9척)[59]가 유난히 커서 눈에 잘 띄기 때문에, 지명수배를 쉽게 피할 수 없다는 점이다.

김수로의 집안은 장신족으로 보며, 김수로의 부친도 장신이었을 것으로 본다.

이를 종합할 때, '**수로(일행)는 사람 통행이 별로 없는 밤에 산악을 이용하여 은신하다가 한반도의 김해까지 도달한 것**'이라는 새로운 가설을 제기한다.

이 가설을 뒷받침하기 위해 몇 가지 유적과 유물과 지명을 묶어 여섯 가지 보충 설명을 덧붙이고자 한다.

첫 번째 보충 설명은, 김해 대성동 유물 중에 북방계 기마민족(흉노족)이 이동할 때 필수 생활 도구인 청동으로 만든 솥, 동복(銅鍑)이 발견되었다. 이는 만주를 거쳐 김해까지 연결된 이동 통로가 있었다는 것을 말해준다.

학자 중에는 한반도 동해안을 따라 남하한 북방 기마민족 전래설을 주장하기도 한다.

필자는 이들이 말하는 동해안 코스에 동의할 수 없으나 남행하였다는 주장에는 동의한다. 덧붙이자면, 산악을 이용한 남행 코스로 본다.

현실적으로는 자국의 군대가 진군할 때, 해안이나 평야에 난 길로 진군할 수 있다. 그러나 확정되지 않은 영토에서 소수의 무리가 숨어서 피신을 목적으로 남행할 때 백일하에 드러나는 진군은 안전을 담보할 수 없기 때문에 숲이 우거진 산악을 이용할 수밖에 없었을 것이다.

---

[59] 김수로의 키가 9척이고, 그의 조상 투후 김일제의 신장은 8척 2촌이었다. 김수로의 아버지의 키도 이들과 비슷한 큰 키를 소유했을 것으로 짐작된다.

실제로, 한반도의 북위 38° 이남에 남아있는 고구려의 유적이 있는데, 이들의 분포를 보면 산악지역 가까이에 연이어 있음을 볼 수 있다.

경기도 포천의 반월성, 연천의 당포성, 충주 고구려비, 충청북도의 중원군 가금면 탑평리(현 충주시) 입석마을에서도 고비(古碑)가 빨래터에서 발견(1979년)됐다. 모두 산악지역과 가깝다. 제천 장락사지, 청주 비중리사지, 구녀성, 충남 천안 고려산성, 충북의 음성 망이산성, 괴산 청천도원리사지, 금강 개소문산성 등에서 고구려 흔적을 찾을 수 있다.

이처럼 작전상 군대가 이동할 때 소규모라도 산악을 이용했을 가능성이 높다. 고구려의 군대 이동의 경우도 최대한 들키지 않도록 이동했다.

현대에 와서도 6.25전후에 빨치산들이 산악을 이용해 이동을 하고 작전을 수행한 사례가 이를 말해준다.

두 번째 보충 설명은, 춘천 인근에 남아있는 우두산과 가야 관련 유적이다. 다음 글은 아남그룹 명예회장 김향수의 〈한일 문화유적 탐방기〉에서 발췌한 것이다.

"너희들이 말 안 들으면, 어머니의 나라 소시모리(曾戶茂梨)로 보내버릴 거야!"

예로부터 일본(큐슈) 사회에서 속담처럼 널리 사용되고 있는 말(훈계)이다. '어머니의 나라 소시모리'에서, '어머니 나라'란 바로 한반도를 지칭하며, 소시모리는 '소의 머리', '소머리봉(牛頭峯)'의 일본식 발음(취음)이다.

일본인들이 말하는 소시모리가 고령의 가야산(1,430m)[60]이라는 견해와

---

60) 가야산 최고봉인 상왕봉을 우두봉(牛頭峰)이라 한다. 산 정상에는 우두봉이라는 지석이 있다.

춘천의 우두산이라는 견해도 있어서 지금까지 분명치 않았다. 그러다가 나(김향수)는 얼마 전 춘천의 우두산에 조그마한 신사(일제 시대)가 있었다는 얘기를 듣고 그곳을 현지 답사한 적이 있다.

옛날 소시모리라 칭했던 우두산(牛頭山, E127°45′ N37°55′)은 (춘천) 시가지의 북쪽 변두리 마을 우두동에 자리 잡고 있었는데, 나는 우두산을 보고 깜짝 놀랐다. 틀림없이 소대가리를 닮은 데다가 바로 옆으로 휘돌아 흐르는 소양강이 일본 센다이(川內)시[61]의 카미카메야마(神龜山)와 너무나 똑같았기 때문이었다. 카미카메야마는 김수로왕의 후손이자 일본 신대(神代)의 왕으로 추앙받아온 니니기노미코토(爾邇藝命)[62]의 능묘가 있는 신체산(神體山)이다. 그 크기나 모양, 옆으로 흐르는 강 등이 너무나 흡사했는데, 일제시대에는 이곳(춘천) '우두산 정상에 스사노오[63]를 제신으로 모시는 신사가 있었다'고 현지 주민은 증언을 들었다. 참으로 묘한 일이었다.

그런데 이 우두산이 한반도의 소시모리 관련 지명에서 외면당했던 주된 이유는, '춘천은 가야의 강역이 아니다'라는 일반적인 관념 때문이었던 것 같다. 그러나 그 관념은 잘못이라는 사실을 금방 알게 되었다고 한다. 우두산 인근 소양강변에서 가야의 땅이었음을 증명해주는 마을 '가라목[加羅頂]'을 발견했다. 예부터 마을 명칭으로 이렇게 불려오는 이 마을은 향토사 자료에서 확인해 본 바 가라목 또는 가래울로 표기되어 있었으며 한자로는 가야의 정상이라는 뜻인 가라정(加羅頂)

---

61) 일본 규슈의 서남부 가고시마현에 있다.
62) 니니기노미코토(邇邇藝命)는 일본 고사기(古事記)에 나오는 아마테라스(天照大神 천조대신)의 손자다. 일본서기에는 니니기노미코토를 경경저존(瓊瓊杵尊)으로 적고 있다.
63) 일본의 창세 신화에 나온다. 아마테라스의 동생. 바다와 폭풍을 다스림.

으로 나타나 있었다. 매우 중대한 발견을 한 듯 흥분을 감출 길 없었다.
　이와 같은 사실은 한반도가 일제에 의해 강점당하고 있던 1936년 9월에 발행된 『한국지리풍속지 총서』 54권인 〈춘천풍토기(春川風土記)〉, 강원도 도세 요람에서도 최종 확인되었다. 결국 그들(일본인)이 말하는 소시모리는 6가야의 북단 강역이었던 춘천의 우두산을 지칭했던 것으로 짐작된다.

　김향수의 글은, 일본에서 알고 있는 '소시모리'의 어원을 추적해 정확한 위치 및 가야와의 연관성을 밝히는 일에 비중을 두고 있다는 느낌이 든다. 춘천의 우두산을 '소시모리'로 봤다는 점과 '스사노오' 제신으로 모시는 신사가 있었다는 점으로 미루어 보아 일본에서 추앙하는 김수로(부친)와 연관이 있다고 본다.

　세 번째 보충 설명은, 김수로(부친 포함)가 피신자의 우두머리였다는 점이다.
　앞의 글, 김향수의 글을 정리하면, 일본인이 말하는 '소시모리'는 '소의 머리 모양의 봉우리'를 말하는 것인데, 소의 머리란 우리말로 달리 표현하면 '우두머리'가 된다. 김수로의 수(首)는 소머리를 뜻한다.
　소시모리 즉 소머리봉(우두봉)과 가야산과 우두머리와 김수로가 연관성이 있는 것으로 보인다.
　당시 실제 상황을 그려보면, 후한의 광무제에 쫓겨 피신하는 한 무리가 있었는데, 그들의 주인공이 신분상으로 보아 김수로를 우두머리로 삼았을 것이고, 유난히 큰 키 때문에 산속에 은신해야만 했던 김수로(혹은 부친)가 춘천의 우두산(봉)에서 당분간 머물렀을 것을 짐작할 수 있다.
　이들 피신자의 무리는 보안과 비밀 유지를 위해 소수의 정예 군사로 구성되었을 것이고, 그의 호위무사들은 천손으로 여기는 하늘 같은 우두머리를 섬기기 위해 산(山)보다 낮은 주위의 산골에서 우두머리의 경호와 식량 문제를 도맡았다고 볼 수 있다.

이들, 경호 책임자의 숫자는 5명 정도였을 것으로 보는 까닭은 『삼국유사』의 기록 중에 수로가 가야국(가락국)을 건설하고 왕위에 오르자, '나머지 다섯 사람도 각각 다섯 가야국으로 돌아가서 임금이 되었다'[64]는 기록에 근거하는 것이다.

우두봉(산)은 김수로의 당분간 은신처였다

그렇다면, 고령 가야산에도 이와 같은 상황을 적용할 수 있다고 본다.

춘천 우두산(133.6m)과 고령 우두산(가야산, 1,430m)을 지도상에서 이어보면, 태백산맥과 소백산맥이라는 산악의 능선으로 이어진다.

김수로가 산악 행로를 이용했다는 가설은 가능성이 한층 높아진다.

가야산 최고봉인 상왕봉(1,430m)을 우두봉이라 한다. 옛날에는 가야산을 우두산이라 불린 적이 있다.[65] 가야산은 김해로 가는 마지막 산악 코스라고

---

64) 일연 저, 이재호 역, 『삼국유사』1, 솔, 2017. p.344.

65) 홍영기의 〈율곡이 遊伽倻山賦(유가야산부)를 지은 시기에 대한 소고〉에 보면, 이 遊伽倻山賦(유가야산부)는 율곡전서 습유 권 1의 賦(부)의 두 번째 올라있는 글이다. 국역 율곡전서에는 제 1권 辭賦試(사부시) 201-204쪽에 실려 있다. '가야산을 유람하며 지은 부* 遊伽倻山賦' 라는 제목의 글에 대하여 각주 ★앞에 다음과 같이 적어 놓았다. 〈*이 부는 가야산의 산세(山勢)의 신비함을 묘사한 것으로, 율곡이 어머니를 여의고 19세 때 불서(佛書)를 연구하느라 금강산에 들어갔던 그 무렵에 지은 것인 듯하다. 가야산은 경상도 성주와 합천 사

본다. 가야-우두봉(산)에 김수로를 끼워 맞추면 춘천 우두산의 경우와 비슷하기 때문이다. 김수로가 김해 구지봉에 나타나기 전, 오랫동안 고령 가야산에 머물렀던 것이 아닌가 한다.

혹자는 '김수로의 만주-한반도 산악 이동설'에 대하여, 그리고 '춘천의 우두산 경유'에 대하여 김향수의 주장처럼 '춘천 우두산이 6가야의 북단 강역'이라고 이의를 제기한다면 김수로의 산악 통로 이용은 성립할 수 없다.

그런데 이런 주장은 김수로가 중국 시안에서 한반도 김해까지 이동하는 데 너무 길게 걸린 시간을 설명할 수 없다. 신나라 멸망(23년)과 김수로의 가락국 건국(42) 사이에 햇수로 20년이란 시간이 있다. 이렇게 오랜 시간 차이를 쉽게 설명할 수 있는 것이 산악 행로 설이다.

김수로가 이동하는 경로 중에 춘천 우두산과 고령 우두산에서 체류하며 상당 기간을 보낸 것은 김수로가 시안(長安) 출발 당시 나이가 어려서 때를 기다린 것인지, 또는 김수로의 부친이 피신 과정에서 김수로가 출생한 것인지, 스사노오를 제신으로 모시는 신사가 춘천 우두산에 있었다는 것으로 보아 후자일 가능성도 배제할 수 없다.

이와 같은 논쟁에 선명성을 더해 줄 생각 자료가 있다.

김수로가 도피하게 된 이유가 한나라를 멸망시키고 신(新)나라를 건국한 왕망과 손을 잡은 김씨 일가에서 비롯된다.

왕망의 고모인 효원황후(왕정군)는 한족이 아니라 가야인[66]이다. 당시 지

이에 위치한 산으로, 일명 우두산(牛頭山)이라고도 부르며, 이 산기슭에는 해인사(海印寺)를 비롯하여 황계폭포(黃溪瀑布), 무릉교(武陵橋), 홍류동(紅流洞) 등의 명승지가 있다.)
66) 부처의 가르침에 따라 전통적인 신분 계급을 못마땅하게 생각하고 있던 (인도) 가야의 왕

배층의 왕씨와 김씨 간에는 서로 이종사촌이라 하니 김수로의 모친이나 외할머니 쪽에 인도 가야인 왕씨가 있었을 것이다.

이야기를 잠시 돌려, 이스라엘 민족이 유태인을 규정지을 때, 어머니가 유태인이면 자녀들도 유태인으로 규정짓는 것처럼 김수로의 모계가 가야인일 경우 수로가 정서적으로 가야의 경향성을 띠었을 거라고 추론할 수 있다.

이런 점을 감안 할 때, 김수로는 한반도로 오기 전에 이미 반쪽은 가야(라)인이라고 할 수 있다.

네 번째 보충 설명은, 피신처를 이미 정해놓고 피신했다는 이야기를 하고자 한다.

우리나라 중세 조선 시대의 경우 정치범의 유배지(귀양살이) 코스가 정해져 있는 것처럼 보인다. 벼슬하기 전 유생이 어느 지방 출신이냐에 따라 유배지가

실은 이 악명 높은 신분제도를 없애고, 만민평등(萬民平等)을 선언해 버렸다. 그러자 많은 노예를 부리며 부귀영화를 누리고 살던 코살라 왕국의 중앙 귀족들은 이러한 가야를 용서할 수가 없었다.

아유타(阿踰陁, AYODDHYA) 정부군은 가야(加耶)를 응징하기 위하여 대군을 일으켜 기어코 가야를 초토화시켜 멸망시키고 말았다. 가야인들은 코살라 제국군의 추격을 피해 동쪽으로 향하다가, 결국 북쪽으로 방향을 돌려 제사탑하(堤斯塔河)를 거슬러 올라 시킴[SIKIM, E88°30′ N27°30′]을 통과하였다. 그리고는 마침내 히말라야산맥을 넘어 정든 고향 땅 인도를 벗어나 남만(중국) 땅으로 망명의 길에 올랐다.(김산호, p.234) 가야인(加耶人)들은 웅천[양자강(揚子江)] 상류, 보주(普州)에 자리 잡고 살았으니, 지금의 중국 쓰촨[사천(四川)]지방의 안악(安岳, E105°15′ N30°5′)이 바로 그곳이다.

마침 이 지역을 순찰하던 전한(前漢)의 중앙관리는 우연히 가야(加耶)의 한 여인을 발견하고 그 이국적인 아름다움에 반하여 그녀를 데리고 서울 장안성(長安城)으로 가서, 한(漢)나라 원제(元帝)에게 바치니, 그녀가 바로 왕정군(王政君)이다. 가야인 여인이 한 원제의 황후(皇后)가 되자, 가야(加耶) 집단(集團)은 일개 망명 집단에서 그 위치가 급격히 상승하게 되었다.(김산호, p.235)

정해진다. 예를 들면, 한양이나 기호(경기)지방 출신의 경우 유배지는 호서(충청도)를 넘어 호남(전라도)으로 정해졌고, 호서나 영남(경상도)인 경우 호남을 넘어 탐라(제주)도로 보냈으며, 호남의 경우 함경도 삼수갑산으로 보냈다.

그 이유는 연고지나 그 이웃 도(道)에 위리안치(圍籬安置)하면 혹 가까운 연고자(사돈에 팔촌)에 의해 숨겨졌을 때 찾을 수 없는 일이 생긴다. 이 같은 경우를 미연에 방지하는 방책의 하나라고 본다. 다시 말해 죄인과 연고지를 차단하는 목적이 있다.

이와 반대의 개념으로 김수로(金首露) 쪽에서 선택할 수 있는 최선의 장소는 연고지에 가서 숨는 것이다.

김수로가 선택할 수 있는 연고지는 어디인가?

가야인이 BC4세기부터 정착한 한반도의 가야 지역이 최적의 피신처가 될 수 있다.

장안에서 위급 상황을 맞은 가문의 여자들은 자신이 여성이라 쉽게 도피할 수 없는 처지지만, 아들이나 외손자에게 숨을 수 있고 감추어줄 수 있는 가야지역을 알려주었을 것으로 본다. 다시 말해 수로(혹은 부친?)가 쫓기고 도망가다 보니 '우연하게 도달한 곳이 김해'가 아니라 처음부터 '도피처의 목표가 김해'였다고 할 수 있다.

다섯 번째 보충 설명은, 수로(首露)라는 이름 안에 산악 도피 행로의 흔적이 남아있다는 것이다.

학자 중에는 '수로(首露)란 이름은 알에서 가장 먼저 나왔다고 해서 지었다'고 전하지만 설득력이 너무나 막연하다. 특히 수로(首露)는 살아생전에 불리던 이름이 아니고 죽은 후에 붙여진 휘호라고 한다.

수로의 수(首)는 '소머리', '우두머리', '리더'를 뜻한다. 그리고 '소머리(首)봉(峰)'에 당분간 머물렀음을 뜻하기도 한다. 20년간 피신해 온 '김수로 집단의 리더'를 가리킨다고 볼 수 있다.

그다음 살필 일은, 수로의 로(露)는 '이슬, 이슬에 젖다.'의 뜻이 있는데, 김수로가 왕이 된 후 '이슬 맞다'의 뉘앙스를 풍기고 '노숙 생활'을 연상시키는 이슬 로(露)를 왕의 이름 혹은 휘호에 차용했는지에 대해 설명을 못하고 있다. 앞에서 제시한 20여 년 동안 산악에서의 이슬을 맞으며 노숙 생활을 말하는 것 아닌가 한다.

여섯 번째 보충 설명은, 춘천의 우두산이나 고령의 우두봉(가야산)이라 명명된 지명이 김수로가 오랫동안 이곳에 머물렀다는 의미를 내포한 것으로 본다.

정견모주(正見母主) 설화에 의하면, 수로의 부친으로 추정되는 '이비가(夷毗訶)'가 이동 세력의 우두머리가 아닌가 하는 의문을 낳게 한다.

일곱 번째 보충 설명은, 난생설화를 차용했다는 점이다.

김수로를 지키는 호위무사들은 산 아래 마을에서 위장 취업이나 생활을 하면서 호위를 할 수 있어도, 9척 장신의 수로가 산꼭대기의 은밀한 노숙 장소를 쉽게 떠날 수는 없었을 것이다.

김수로왕의 난생설화는 김해 금관국의 정권을 장악하면서 리더(왕)의 과거 비밀, 즉 한나라에 대한 배반과 신나라 실패 등을 일거에 감추고 선진 문화를 등에 업고 새로운 정권을 창출하자기 위해 필요했던 것으로 본다.

지금까지 일곱 가지의 보충 설명은 김수로가 도피 과정에서 만주-한반도 산악 이동설을 증명하기 위한 탐색이었다.

금관국의 정세를 거머쥔 김수로지만, 진정한 가야인의 후손은 아니라고 본다.

김수로왕과 허황옥, 가야인인가?

이들에겐 인도에서 건너온 가야인들과는 다른 마인드, 즉 정치적 리더십이 있었다고 본다.

제5장
김부식은 왜 '가야사'를 제외했나?

삼국사(三國史)인데 왜 『삼국사기』가 되었나?

우리가 학창 시절에 배운 '국사 연대표'에는 건국 순서대로 신라(BC57), 고구려(BC37), 백제(BC18)에 가야(42)의 역사 연대가 있었다. 1960-70년대 교실 뒤편에 국사 연대표가 붙어있었는데, 그 연대표에도 4국의 역사 연대의 띠가 횡으로 이어져 있었다. 연대표에는 먼저 가야가 562년에 신라에 의해 소멸되어 그 대신에 신라의 띠가 넓어지고, 그로부터 약 100년 후에 백제의 멸망(660)과 고구려의 멸망(668)으로 통일신라의 띠가 더욱 넓어졌는데 북쪽의 대진(발해)국이 생겨 2국의 연대표의 띠가 10세기 초까지 이어진 그림이 지금도 기억에 생생히 남아있다.

최근에 서동인이 쓴 『미완의 제국 가야(加耶)』[67]에서 고구려, 백제, 신라와 함께 가야가 광개토왕에 의해 날개가 꺾여졌다고 하면서 삼국에 이어 '제4의 제국'으로 명명하고 있다.

서동인의 책을 골자로 하여 만든 '미완의 제국, 가야의 수수께끼'(YTN 사이언스)라는 youtube를 보다가 그 속에 등장하는 학자들의 불만 섞인 주장을 보게 되었다. '우리 역사에서 (가야가) 500년 이상 존재했고 독립된 체제를 유지했던 나라인데 왜 삼국사(『삼국사기』)에서 가야사를 빼놓았냐'는 것

---

67) 서동인, 『미완의 제국 가야(加耶)』, 주류성, 2017.11

이다. 독자를 포함하여 우리도 그동안 공통으로 느끼던 생각이었다.

『삼국유사』의 가락국기에 김수로가 가락을 건국한 내용과 그 이후의 왕력(王曆)이 있다. 그리고 제1권 왕력편(王曆篇)에 보면 중국 역사 연표와 나란히 신라, 고구려, 백제, 가락국 등 4국의 역사 연표가 있다.

삼국사를 편찬할 때, 가야사를 끼워 넣어주었더라면 지금에 와서 희미해진 가야사의 기록이 선명하게 남았을 것이라고 주장하는 학자도 있다.

학자들은 가야사 사료의 빈곤을 김부식에게 돌리고 있다.

필자는 이들의 주장을 보면서 '삼국사에서 가야사를 제외한 이유'를 정확히 이해하지 못하면 가야사를 제대로 쓸 수 없다는 결론을 얻었다. 아마도 누구든 가야사를 쓰려면 이 문제부터 이해하고 넘어가야 할 것으로 생각한다.

김부식은 '삼국사'를 쓰지 않고 편찬하였다

먼저 김부식이 편찬했다는 삼국의 역사 기록이 '삼국사기(三國史記)'가 맞나, '삼국사(三國史)'가 맞나부터 짚고 넘어가야 할 것 같다.

김부식의 '삼국사기'(三國史記)를 모르는 사람은 거의 없다. 국내에서 현전하는 가장 오래된 역사책이고, 국사학계에서는 한국 고대사의 '정본'(定本)으로 삼고 있다. 그러나 책의 표지는 '삼국사(三國史)'라 되어 있다는 것을 아는 사람은 그리 많지 않다.

국가 보물로 지정된 '삼국사기'는 고려 때의 창간 원본은 아니다. 조선 시대에 복제해서 만들어진 3개의 판본이 전해 내려온 것이다. 보물 525호는 1573년(선조 6년)에 경주에서 찍어낸 목판본이다. 옥산서원에 보관 중이어서 '옥산서원본'이라 한다. 722호로 지정된 '성암본'은 13세기 후반에 찍은 것으로 현전하는 것 중 가장 오래됐다고 한다. 723호는 1512년(중종 7년)에 간행됐는데 '정덕본'이라고도 한다. 세 판본 모두 표지에는 '삼국사(三國史)'라고 적혀 있다.[68]

이들 세 판본 내용이 모두 같은 것으로 보아 고려 때의 창간 원본을 가감 없이 그대로 복제한 것으로 보인다.

표지에는 분명 '삼국사'라고 되어 있는데 '삼국사기'라고 부르는 이유가 뭘까. 어느 곳에도 명쾌한 해명은 없다.

삼국사기라는 명칭이 처음 등장한 것은 1914년 일본 사람이 일본어로 번역한 '삼국사기 역'이고, 이것이 조선총독부가 편찬한 '조선사'로 이어져 최남선, 이병도의 책에서도 이를 따랐다. 이후 대다수 학자들이 별생각 없이 '삼국사기'라고 불렀고, 지금도 그렇다.

'삼국사'가 '삼국사기'로 바뀐 데는 일제의 의도가 숨겨져 있다. 문정창[69]에 의하면 그의 글 '광개토대왕훈적비문론'(1977)에서 "일본인 이마니시 류

---

68) 〈세계일보〉, "일본서기 하부 사서인 것처럼 폄하… '삼국사기'라 왜곡 가능성", 2015.05.03

69) 일제 강점기 부산 출신의 관료이자 재야 역사가. 광복 후 문정창의 한국사 연구는 일제 침략사와 한국 고대사에 초점이 맞추어져 있다. 이는 일제 식민사학에 대한 기성 사학계의 도전이 불충분하다는 비판의 차원에서 시도된 것이다. 예를 들어 일제가 날조한 '반도 사관'을 극복하기 위해 한사군이 한반도 내에 없었다거나, 백제의 활동 무대가 중국 대륙이었다고 주장하였다.

(今西龍)가 본국의 역사는 '紀'(기)인데, 제후국이나 속국의 역사를 '記'(기)라 했던 중국의 사례에 따라 본국의 역사인 '日本書紀'(일본서기·720년)의 '紀'에 따른 제후국의 역사책인 것처럼 보이게 하려고 '記'를 붙여 '三國史記(삼국사기)'로 왜곡했다"고 주장했다.

이처럼 '삼국사기'가 맞는지, '삼국사'가 맞는지를 살피는 것이 매우 중요한 일이다. 그렇지만, 필자의 저술에서는 두 가지 이름 중 어느 쪽을 선택하느냐에 따라 역사의 내용이 달라지는 것이 아니므로 이 논쟁에서 잠시 쉬어가기로 하고, 오늘날 독자들에게 익숙한 『삼국사기』라는 명칭을 사용하고 있다.

'삼국사기'라고 배웠고, 대부분의 책이 또한 그렇게 부르기 때문이다. 그렇다고 해서 '삼국사기'가 맞다고 하는 것은 아니다.

지금 시급한 것은 명칭을 바로 잡는 것보다 역사의 내용을 바로 잡는 일이다.

국사편찬위원회(국편)가 만든 한국사데이터베이스(DB)도 '삼국사기'라고 번역하고 있다. '삼국사'를 보물로 지정하면서도 명칭은 '삼국사기'라 하고 있다.

『삼국사기(삼국사)는』 고려 인종의 명에 의하여, 고려왕조의 국가적 지원 아래 1145년에 편찬되었다. 편찬 책임자는 김부식이고 그 외 보조 역할을 담당한 참고(參考) 8명과 행정사무를 전담한 관구(管句) 2명 등 총 11명이 편찬에 참여하였는데, 그 명단이 마지막 50권에 기록으로 남아있다.

『삼국사기』는 삼국시대와 통일신라, 그리고 후삼국시대의 역사를 다루고 있으며, 동아시아의 고전적 역사 서술방식인 기전체 형식을 따르고 있다.

김부식이 42세 때 송나라에 사신 문한관(文翰官)으로 쫓아갔다가 돌아올 때 송나라 휘종으로부터 『자치통감(資治通鑑)』 한 질을 선물로 받아왔는데, 이것이 『삼국사기』를 편찬하는데 서술방식 등 중요한 참고자료가 되었을 것으로 본다.

『삼국사기』는 본기 28권(신라12권, 고구려10권, 백제6권), 연표 3권, 지 9권, 열전 10권. 총 50권 9책으로 이루어져 있다.

이름은 '삼국사'이지만 신라가 삼국통일을 이룬 이후부터 고려 초까지, 즉 '3국'이 존재하지 않았던 약 260여 년의 역사도 같이 다루고 있다. '삼국사'는 신라가 아닌 고려에서 편찬한 것으로 아무래도 당시 고려인들의 시각으로 봤을 때 다시 나눠진 후삼국 시대를 고려가 재통일함으로써 삼국을 종결시켰다는 의미도 첨가된 것 같다. '삼국사'는 고대도 고대지만 당시 고려 왕조의 초기 현황까지 일부 엿볼 수 있는 역사책이다.

고려의 태조 왕건은 신라로부터 평화적 정권 이양을 받았다. 따라서 신라 귀족이 고려의 주요 직책을 도맡게 되었다.

이러한 배경 아래 신라 귀족의 후예라는 평을 받고 있는 김부식이 편찬한 책이다. 김부식은 역사책을 쓰기 전에 또 고려의 칭제건원(황제로 칭하고 연호를 사용할 것)과 서경 천도 운동을 하였던 묘청 일파에 반대하였고, 직접 묘청 일파를 진압한 일이 있다. 김부식이 후일 사직한 후 집필하였으므로 일부 학자들로부터 자주성이 약하다는 비판도 받고 있다. 특히 사대 식민 사관론과 관련하여 신채호 선생 등 민족주의 사관[70]을 지닌 역사가들로부터 비판을 받기도 하는 역사서이기도 하다.

---

70) 오운홍, 『한국사의 기준점 찾기』, 시간의물레, 2022. pp.168-174.(신채호 선생의 사관)

이에 대해 『삼국사기』 편찬(1145) 당시 삼국의 건국 연대와 비교하면 1,100년이 지난 때이고, 삼국을 통일한 668년과 비교해도 수백 년이 지난 시기였으니 김부식이 활동하던 시대에 이미 국내 사료가 많이 부족해진 상태라는 어쩔 수 없는 현실이라고 수긍하거나, 오히려 김부식은 당대 사회상을 감안하면 상당히 한반도 중심적이며, 민족주의적으로 기록했다고 보는 시각도 있다.

신라와 삼국의 위치와 관계

김부식이 중국 기록을 주로 참조했다고 비판하는 일부 학자의 주장에 대해, 최근 학계에서 추정하기로는 김부식은 삼국 초기 역사를 서술할 당시 삼국이 자체로 편찬한 사서를 기본으로 참조하고, 중국 측 기록과 삼국 자체 기록이 충돌할 시에는 무엇이 더 말이 되는지를 판단하고 둘 중 하나를 실었을 것이라고 한다.

실제로 〈고구려본기〉의 경우, 중국 측 기록과 고구려 자체 기록이 충돌할 경우 대부분을 고구려 자체 기록을 신뢰했다는 것이다. 중국을 섬기는 사대주의에 젖어 서술했다는 것은 오해에서 비롯됐다고 주장하는 학자도 있다.

김부식의 역사 인식에 대한 논의를 잠시 미루고, 본 장의 논지는 『삼국사기』에 가야사를 왜 포함하지 않았나 하는 점이다.

『삼국사기』의 기록을 보면 본기(本紀)를 이루는 주요 골격은 신라, 고구려, 백제의 역사이다.

〈신라본기〉, 〈고구려본기〉, 〈백제본기〉에 기록된 기사를 보면 삼국이 서로 겨루거나 연합한 사례가 많이 보인다. 그리고 지나(支那)의 여러 국가들이 삼국 중 어느 국가와 연관되어 있으며, 산발적으로 조연(助演)처럼 삼국과 관계를 맺고 있다.

그런데 가야는 삼국과의 관계에서, 〈신라본기〉에서는 산발적으로 몇 군데가 보일 뿐, 〈고구려본기〉나 〈백제본기〉에서는 보이지 않는다.

〈신라본기〉에 나온 가야와의 관계는 탈해이사금 21년(77), 파사이사금 18년(97)과 23년(102), 지마이사금 4년(115)과 5년(116), 법흥왕 9년(522)과 19년(532), 진흥왕 12년(551)과 23년(562)의 기사가 있다. 그런데 〈백제본기〉와 〈고구려본기〉에서는 가야와 관련된 기사를 찾아볼 수 없다.

이를 어떻게 설명해야 할까?

혹자는 〈광개토대왕릉비〉에 언급된 영락10년(400년)의 사건[71], 즉 신라 경계와 금성 사이가 가야와 왜병으로 가득하다는 신라의 호소를 들은 광개토태왕은 5만의 군사를 거느리고 직접 임나가야 종발성을 정벌한 후 곧장 되돌아간 것을 두고, 금관가야의 소멸로 이어졌다며 고구려와 가야가 관계가 있다고 주장한다.

이는 잘못 알고 있는 지식이다. 광개토왕이 고구려군을 직접 지휘하여 남정했다는 〈광개토대왕릉비〉에 기록된 남벌 코스는 한반도가 아니라 중국 동해안이며, 또한 수륙양면 작전으로 이뤄졌다[72]는 사실이다. 다시 말해 한반도 남동부에 있는 가야 땅과는 관련이 없는 내용이다.

---

71) 『삼국사기』나 『삼국유사』에는 언급되지 않았다.

72) 오운홍, 『한반도에 백제는 없었다』, 시간의물레, 2021. pp.186-208.

이게 무슨 말인가?

한마디로 말하면 가야는 한반도 남동부에 존재한 것이 사실인데, 신라, 고구려, 백제의 중심 세력은 한반도가 아니라 중국 대륙에 있었으므로 한반도의 동남부에 존재했던 가야와는 직접적인 연관이 거의 없었다고 봐야 한다.

필자는 '미스터리 한국사' 1, 2, 3, 4권을 통하여 이미 신라, 고구려, 백제가 중국 대륙에서 건국하였고, 백제와 고구려가 멸망한 곳도 중국 대륙임을 밝힌 바 있다. 천문학자 박창범 교수가 삼국의 일식 기록을 분석한 결과 중국 대륙에서 활동했음을 증명해 주었다.

필자가 보기에는 3국의 영토나 활동 범위가 한반도가 아닌 중국 대륙이 분명한데, 한반도의 남동부에 있는 가야를 끼워 넣는다는 것은 '삼국사'라는 역사서의 방향에 맞지 않다고 본다. 김부식도 이와 비슷한 생각을 했을 것으로 본다.

그렇다면 앞에서 〈신라본기〉에 나오는 가야와 관계가 있는 그 신라는 무엇이냐고 질문을 하게 된다.

한마디로 말해, 한반도의 동남부에 있는 석탈해 세력, 즉 '동신라(東新羅)'를 말한다. 우리가 아는 박혁거세가 건국했다는 '신라'는 대륙 신라를 말한다.

독자들이 어리둥절할 것 같아 신라에 대한 부연 설명이 필요할 것 같다.

신라가 진한을 이어 갔다는 기록이 있다. 『삼국사기』 제46권, 열전 제6의 최치원(崔致遠) 전에 '마한은 고구려요, 변한은 백제이며, 진한은 신라(馬韓則高麗 卞韓則百濟 辰韓則新羅也)'라 했다.

먼저 박혁거세가 건국한 대륙 신라에 주목하자.

신라가 건국했다는 진한의 땅은, 『후한서』의 〈동이열전〉 기록에 있는 '동쪽과 서쪽은 바다를 경계로 하니 모두 옛 진국의 땅이다(東西以海爲限 , 皆古 之辰國也)'라 했다. 여기서 말하는 진국의 동쪽 바다는 발해(渤海)를 말하고, 서쪽으로 경계를 이루는 바다는 해하(海河)를 말한다.

『구당서(舊唐書)』〈동이편(東夷篇)〉에 신라와 낙랑 땅이란 연결 고리가 있다.

'신라국은…한(漢)나라 때 낙랑의 땅이었다. 동남쪽으로는 큰 바다가 있고, 서쪽으로는 백제와 접해 있으며, 북쪽에는 고구려가 있다. 동서로 1천 리, 남북으로 2천리이다. 성과 읍, 촌락이 있었다. 왕이 있던 곳은 금성(金城)이다(新羅國…其國在漢時樂浪也. 東及南方俱限大海. 西接百濟. 北隣高麗. 東西千里. 南北二千里. 有城邑村落. 王之所居曰金城).'

이 기록으로 보아 '낙랑 땅= 신라= 진한 땅'이라는 등식이 성립된다.

'『한서』〈지리지〉에 이르기를 현토(군)와 낙랑군은 무제 때에 설치하였고, 이때 예맥(濊貊)과 고구려도 모두 조선이었다. 응소가 말하길 현토는 옛 진번국이었고 낙랑은 옛 조선국이었다(〈地理誌〉 雲 : 玄菟 樂浪 武帝時置 皆朝鮮 濊貊 句驪蠻夷 應劭曰 玄菟 故眞番國 樂浪 故朝鮮國也).'

한무제가 설치한 낙랑군은 낙랑 땅인데 그 땅이 옛날 조선국(진한) 땅이라는 것이다.

『북사[73]』에서 '백제의 동쪽 끝은 신라(北史云 百濟東極新羅)'라 했듯이 신라는 백제의 동쪽에 있었다. 이때 백제의 위례성은 베이징(北京)시 동부 지역[74]이다. 베이징 부근에 백제 위례성이 있다고 볼 때, 그 동쪽에 난하가 있는데

---

73) 북사(北史)는 중국 북조의 역사서로 당나라 이대사에 의해 편찬이 시작되었고, 그의 아들인 이연수에 의해 완성된 이십사사 중의 하나인 역사서이다.

74) 오운홍, 『한반도에 백제는 없었다』, 시간의물레, 2021. p.64.

그 강 중류에 온천지 청더가 있고, 그 하류에 있는 낙정(樂亭, E118°55′ N39° 25′)을 중심으로 낙랑군의 치소 낙랑부(樂浪府)가 있었다[75]고 본다. 바로 앞서 『구당서(舊唐書)』 〈동이편(東夷篇)〉에 신라가 낙랑 땅에서 건국했다 했으니 『북사』에서 '백제의 동쪽 끝은 신라'라는 기록과도 맞는 말이다.

그 후 신라의 중심 세력은 백제의 남쪽으로 이동하여 안후이성과 장쑤성 일대에 자리 잡았다는 기록이 있다.

『통전[76]』에 '백제는 남쪽으로 신라에 닿았고, 북쪽으로는 고구려에 이르고 서쪽으로는 큰 바다를 한계로 한다(通典云 百濟南接新羅 北距高麗 西限大海)'고 기록되어 있다. 이 기록상의 백제는 근초고왕 전후로 보이며, 당시 중국에서 '요서 백제'로 명명되던 때이다.

신라 초기에는 백제의 동쪽에 있다(『북사』의 기록)하였는데 그동안 신라의 중심부가 이동하여 백제 남쪽 강소성과 안휘성으로 옮긴 것이다.

독자들은 깜짝 놀랄 것이고 반신반의할 것이지만 이에 대한 증거가 있다.

숭실대학교 박물관에서 소장하고 있는 자료 중에 중국인들이 만든 목판본 지도가 있다. 그 지도에서 팔공산(八公山)을 찾을 수 있는데, 그 아래 수(壽)가 표시되어 있다. 수(壽)라는 지명은 〈천하고금대총편람도〉[77] 상의 '경주(慶州)'를

---

75) 오운홍, 〈진·한대의 요수·패수와 험독현·왕험성의 위치 탐색〉, 2023대한국제학술문화제 논문자료집.

76) 통전(通典)은 당(唐)의 두우(杜佑)가 저술한 책이다. 중국(中國) 역사상 최초로 형식이 완전히 갖추어진 정치 서적이다. 통전은 제순유우씨(帝舜有虞氏)의 시대에서부터 당(唐)의 현종 시기까지의 법령 제도와 그 제도의 연혁 그리고 정치의 대요(大要)를 연대순으로 하여 기록한 책이다.

77) 천하고금대총편람도(天下古今大總便覽圖)는 조선후기 문신 김수홍이 중국의 황하·양쯔

말한다고 한다. 목판 지도상에서 강소성 서편이므로 현 안휘성이 이라고 볼 수 있다.

현대 중국 지도 『China Road Atlas』 p.98의 안휘성 화이난(淮南)시에서 팔공산구(八公山區, E116°52′ N32°38′)를 찾을 수 있다. 팔공산구는 그 인근에 있는 팔공산국가지질공원(八公山國家地質公園)과 관련이 있다고 본다. 그리고 그 남쪽에 수현(壽縣)이 있는데, 그 인근에 수현 고성(古城, E116°47′ N32°33′)이 있다. 아마도 경주(慶州) 고성이 아닌가 한다.

필자의 주장을 명확히 밝혀줄 사료가 또 있다.
청나라 때 만든 지도, 대청광여도(大淸廣輿圖)[78]를 보면, 지금의 안휘성 화이난시 북쪽에 팔공산이 있고 동남쪽에 (토)함산(含山, E118°6′ N31°43′)이 있으며, 팔공산 남쪽 지금의 화이난시와 함산의 서쪽 허페이(合肥)를 묶어 '경주부(慶州府) 허페이(合肥)'로 표시되어 있다.(盧州會寧馬孟 大羅高松皆比)

이를 증명이나 하듯 박혁거세의 능은 화이난(淮南)시에서 가까운 장쑤성(江蘇省) 쑤저우(蘇州)에 있다. 박혁거세 능의 위치에 대해 『삼국사기』는 담암사(曇嚴寺), 『삼국유사』는 담엄사(曇嚴寺)라는 절[寺] 가까이 있다고 한다. 『세종

강·만리장성을 강조하여 1666년에 그린 목판본. 세로 142.5cm, 가로 89.5cm의 고지도이다. 숭실대학교 한국기독교박물관에 소장되어 있고, 개인 소장본도 있으며 필사본도 전하고 있다. 황하와 양쯔강, 만리장성이 강조된 중국의 역사 및 천문 분야의 지도이다. 우리나라 고지도의 대부분이 저자와 작성연대가 밝혀 있지 않으나 이 지도는 저자와 연대가 기록되어 있다(출처: 〈한국민족문화대백과사전〉)

78) 박창화, 김성겸 역, 『고구려의 숨겨진 역사를 찾아서』, 지샘, 2008. p.143.

실록지리지』에 나오는 운암사(雲岩寺)[79]가 강소성(江蘇省) 오현(吳縣)[80] 호구산(虎丘山)에 있다는 한 가닥 이정표를 따라 탐색해 보면, 중국 관광지도[81]에 나오는 강소성 쑤저우(蘇州)시 호구공원은 호구산(E120°35′ N31°20′)[82]에 있다.

현대의 운암사 탑은 피사의 사탑처럼 기울어져 있어 관광객의 눈길을 끈다. 관광 가이드는 이 산을 가리켜 옛날 신라 박혁거세 능과 김유신 장군 능이 있었다고 한다.

쑤저우는 당나라 때 신라방의 자리이기도 하다. 박혁거세의 시조묘는 현대에 와서 찾지 못했지만『세종실록지리지』에 기록된 호구산과 운암사의 위치를 어렵게 찾아냈다. 신라가 활동한 곳은 분명히 중국 대륙이다.

그렇다면 한반도 경주에 있는 오릉(五陵)과 사릉(蛇陵)은 무엇인가?

일본의 야마토 왜가 7세기 후반에 대륙 세력에 밀려나 아스카(飛鳥)시대 이후 일본 열도로 천도할 때 두고 온 천황묘를 일본 혼슈에 가묘로 조성한 것처럼 신라도 한반도로 밀려와 경주에 도읍을 정하면서 박혁거세 능이라는 오릉(五陵) 혹은 사릉(蛇陵)을 가묘로 조성한 것이라 본다.

---

79) 『삼국사기』의 담암사(曇巖寺), 『삼국유사』의 담엄사(曇嚴寺), 『세종실록지리지』의 운암사(雲岩寺)는 모두 같은 절로 보이며, 이사금으로 즉위하면 시조묘(박혁거세 능)에 제사를 올렸는데, 능의 위치를 찾는 지표로 삼은 것 같다.

80) 오현(吳縣)은 오월동주(吳越同舟)의 당사자인 오나라 도읍, 소주(蘇州)의 땅을 말한다.

81) 『China Road Atlas』, 산동성지도출판사, 2006.3. pp.82-83.

82) 호구산 호구공원 입구에 오중제일산(吳中第一山)이란 현판이 눈에 띤다. 옛 오나라에서 가장 높은 산이라 한다. 해발 3만8천㎜(38m)의 야트막한 산이다.

대륙 신라와 동신라의 관계

지금까지 살펴본 것을 종합하면, 신라의 중심 세력은 지금의 중국 대륙에 있었다는 것이고, 한반도의 (동)신라와 구분하기 위해 이 책에서는 '대륙신라'라는 명칭을 사용하고 있다.

그렇다면, 대륙 신라와 대비되는 명칭으로 필자가 새롭게 사용하는 '동신라(東新羅)'는 무엇인가?

경주 반월성을 중심으로 한 '석탈해 세력이 세운 신라'로 본다. 석탈해가 출생한 BC19년 이후에 경주지역에서 정권의 주도권을 잡았다고 본다. 동신라는 후일 대륙 신라가 경주로 천도할 때[83]까지 존속했던 정치 세력이라 할 수 있다.

첫 번째, 이를 입증할만한 유적이 있다.

1979년에 발견된 충주고구려비에서 파손된 비문의 글자를 판독하는 과정에서, 최근(2019년)에 첨단 기법인 3D 스캐닝 데이터와 RTI 촬영으로 판독한 결과, '영락7년세재정유(永樂七年歲在丁酉)'라는 비석 조성 시기가 밝혀졌다. 영락 7년(397년)이면 광개토왕이 중국 동해안의 백제를 토벌(영락 6년, 396년)하고, 백신(帛愼: 息愼, 肅愼) 토곡(土谷)을 관찰(觀察), 순시(영락 8년, 398년)하던 때이다. 왕이 친히 군대를 이끌고 그곳에서 정벌 전쟁에 참여했던 무렵이다. 그런데 충주고구려비는 광개토왕의 순시와 관련 없이 고구려 관리(官吏)인 신라토내당주(新羅土內幢主)가 조성한 것으로 학계는 보고 있다. '신라토내당주'란 신라에 주둔한 고구려군의 총사령관을 말한다. 광개토왕이 충주

---

83) 제나라(732-781)의 융성과 박창범 교수의 일식 기록 분석을 감안하여 대략 780년 전후로 본다.

비가 있는 이곳을 순행한 것도 아니고, 정벌한 곳도 아니다. 충주고구려비 비문에서 보듯이 속국인 신라와 그 경계를 관리하는 표시로 볼 수 있다.

이는 국제적으로 신라의 영토가 한반도 동남에도 존재한다는 것을 공인하는 것이 된다.

두 번째로 동신라의 존재를 가름하는 입증자료가 있다.

경상남·북도에 분포한 가야라는 지명을 살펴보면, 부산진구 가야동(伽倻洞)과 가야공원(伽倻公園), 경산시 진량읍 가야리(佳野里), 안동시 와룡면 가야리(佳野里), 예천군 용궁면 가야리(佳野里), 함안군 가야읍(伽倻邑) 가야리(伽倻里), 합천군 가야면(伽倻面), 고령군 대가야읍(大伽倻邑), 합천 가야산(伽倻山, 1,430m)이 있다. 가야(GAYA)라는 소리음은 같은데 '伽倻(가야)'와 '佳野(가야)'로 표기한 것이 다르다. 伽倻(가야)로 표기된 곳은 낙동강 서편에 있는 지명이고, 佳野(가야)로 표기된 3곳은 공교롭게도 낙동강 동편에 있는 경상북도 지역이다.

앞의 3장에서 GAYA를 伽耶(가야)로 표기한 것은 불교 전래를 뜻한다고 보았다. 이는 인도에서 온 가야인이 불교라는 종교 생활을 병행한 것이라 할 수 있다. 그런데 경상북도 동편 지역의 경산시 가야리, 안동시 가야리, 예천군 가야리는 불교가 허용되지 않았던 것이라 추론할 수 있다. 추론의 근거는 이차돈의 순교처럼 신라 불교 공인(527)이 삼국 중 가장 늦은 것은 선도성모[84] 이후 무속 신앙의 영향이라고 본다. 가야(伽耶)가 아니라 가야(佳野)인 것도 동신라의 영향권 안에 있었기 때문이라고 본다.

---

84) 박혁거세의 어머니

세 번째로 동신라가 철과 관련 있다는 입증자료가 있다.

『한국민족문화대백과사전』에 의하면 "경주시 황성동에 있는 널무덤(목관묘: 木棺墓)·돌방무덤(석실분: 石室墳) 유적에서 제철유구(製鐵遺構)가 발굴되었다(1991). 발굴 보고자는 부장된 토기의 기종과 형식을 기반으로 3세기 중반에서 후반에 이르는 것으로 보고 있다. 제철 유구에서 발견된 시료를 분석한 결과 자철광을 원료로 삼았고, 철에 비소(As)가 다량 함유된 것을 밝혀냈다. 이는 자철광이며, 비소가 다량 함유된 달천 광산의 철광석을 연상시킨다. 결국 경주 황성동에서 사용된 철광석은 '달천제'일 가능성이 높다"는 것이다.

동신라 영역에 있는 달천 광산은 자철 광산이다. 여기서 생산한 자철로 자침(磁針)을 만든다는 것은 상당한 시간을 거치면서 쌓은 노하우의 결정체라 할 수 있다. 동신라의 나침반(羅針盤)을 당나라에 보낸 기록이다. 『삼국사기』〈신라본기〉 문무왕 12년(672) 9월에 자침(磁針) 400매(針四百枚)[85]를 당에 보냈다는 기록이 있다. 당시 문무왕, 법민은 대륙 신라에 있었다고 본다.

이로써 동신라의 존재와 위치가 확실해졌다.

지금까지 동신라의 존재를 살펴보았는데, 대륙 신라와 어떻게 연결되는지 궁금하다. 석탈해의 동신라와 대륙 신라와의 연결 고리는 오릉(五陵) 혹은 사릉(蛇陵)의 사연을 보면 쉽게 이해할 수 있다.

중국 대륙에서 박혁거세가 묻힌 오릉(五陵)을 사릉(蛇陵)으로 불린 연유가 『삼국유사』에 있다.

'나라를 다스린 지 61년 만에 왕이 하늘로 올라갔는데, 이레(7일) 뒤에 유

---

85) 김부식, 이재효역, 『삼국사기』1, 솔, 1997. p.295.

해가 흩어져 땅에 떨어졌으며 왕후도 역시 죽었다. 나라 사람들이 왕과 왕후를 합장하려고 하였더니 큰 뱀이 나와서 방해를 하여 다섯 동강난 몸뚱아리를 다섯 능(五陵)에 각각 장사하고 이름을 사릉(蛇陵)이라 하였다. 담엄사 북쪽능이다(理國六十一年 王升于天 七日後 遺體散落于地 后亦云亡 國人欲合而葬之 有大蛇逐禁 各葬五體爲五陵 亦名蛇陵 曇嚴寺北陵是也).'

이 글에서 '하늘에 올라갔다가 흩어져 땅에 떨어졌다'는 것은 박혁거세의 시해 사건을 말하는 것이고, 이레(7일) 만에 시해 현장에서 주검을 발견한 것이고, 왕과 왕후(3대 알영 성모)를 합장하지 못하게 반대한 사람은 큰 뱀으로 지칭되는 용병 석탈해 일파이며, 합장 못 하게 한 그 자체가 성모(부인)의 정통성을 바로 잡고자 하는 운제성모(운제부인) 중심 세력이 일으킨 박혁거세 시해 사건의 전말이다.[86]

『삼국사기』에도 박혁거세 시해 사건을 암시하는 기록이 있다.

혁거세 거서간 '60년 9월 두 마리의 용이 금성 우물에 나타났다'(六十年 秋 九月 二龍見於金城井中)고 했다. 금성 '남문에서 치열한 싸움이 있었다(爆雷雨 震城南門).'는 기록이다.

뇌우(雷雨)와 진동은 두 세력의 충돌과 한 쪽 권력의 부서짐을 뜻한다.

두 마리의 용은 무엇을 말하는가? 권력을 다투는 두 세력을 의미한다.

두 마리의 용은 구체적으로 누구와 누구를 말하는가?

박창화의 필사본 〈상장돈장〉에 의하면, 1대 선도(仙桃)성모[87]와 2대 월광

---

86) 오운홍, 『고대사 뒤집어 보기』, 시간의물레, 2020. pp51-52. pp90-91.

87) 『삼국사기』 〈신라본기〉 경순왕 조 맨 마지막에 적어놓은 것을 보면, 김부식이 문필의 임무를 띠고 문한관(文翰官)으로서 상서(尙書) 이자량이 이끄는 송나라 조공 단을 따라 갔을 때

(月光: 선도성모의 딸)성모 때 박혁거세가 솟대를 세우고 관리하고 보위하는 마립(간)의 역할을 다 한 것으로 보인다. 그런데 월광의 대를 이을 3대 성모로 월광의 딸 월지(月知: 운제성모의 어머니)가 아니라 알영(閼英)부인이 그 자리에 앉은 것이다. 이는 박혁거세의 공작(工作)이라 본다. 알영은 신라가 아닌 낙랑국[88] 출신 여인이다.

이에 운제(雲帝)[89]를 앞세운 신라의 마고(麻姑) 세력이 남옥저로 넘어간 권력을 찾아오기 위해 '박혁거세 시해' 사건을 일으킨 것으로 보인다. 이때 박혁거세의 군권을 제거하기 위해 선진 철기 문명의 강력한 무기와 전투력을 동원할 수 있는 석탈해를 끌어들인 것이 아닌가 한다.[90]

석탈해의 키는 9척 5촌이고 머리 둘레는 3척 2촌의 거구[91]이며 당시로서는 첨단 철검을 갖춘 무리를 거느리고 있었다고 봐야 한다.

두 사서는 석탈해가 어떻게 신라의 정치 무대의 주인공이 됐는지, 석탈해가 거느리던 세력의 근거지가 동쪽인데 어떻게 해서 신라의 지위를 확보하게 되었는지 연유를 밝히고 있다.

(1116년), 카이펑(開封)의 우신관(佑神館)에 나아가 어떤 집에 모셔진 여선인상(女仙人像)을 보았는데, 안내자 관반학사(館伴學士) 왕보(王黼)가 "이 여선은 당신 나라의 신(神)으로, 옛날 중국 제실의 딸인데, 남편 없이 임신해 의심을 받아 바다를 건너 진한으로 가서 아이를 낳은 것이 해동 시조가 되고, (여선은) 지선(地仙)이 되어서 오랫동안 선도산(仙桃山)에 살았다"고 말했다. 김부식은 또한 송나라의 사신 왕양(王襄)이 지은 동신성모(東神聖母)에게 제사 드리는 글에, '현인을 낳아 나라를 처음으로 세웠다'는 구절을 보고 그제서야 동신이 곧 선도산의 신성(神聖) 임을 알았다고 했는데 그 여선(女仙)을 말한다.

88) 중국 역사에 등장하는 낙랑군이 아니라 남옥저의 자리를 차지한 시길(柴吉)의 낙랑이다.

89) 제3대 알영부인의 죽음 후에 제4대 성모가 되었다.

90) 오운홍, 『고대사 뒤집어 보기』, 시간의물레, 2020. pp.90-91.

91) 남무희, 『가락국기 평전』, 한국학술정보(주), 2018, p.54.

지금까지 대륙 신라와 동신라와의 관계를 살펴본 것이다.

한반도의 동신라는 경북 경주지역에 있는 석탈해의 세력이라고 본다.
박혁거세의 시해 사건 이후로 석탈해가 대륙 신라 정국을 주도하고 있었지만, 용병 석탈해의 정치적 근거지는 경북 수애마을과 토함산 등 경주 지역으로 볼 수 있다. 이에 따라 동서(東西) 신라가 존재하고 있었다고 봐야 한다. 동서 신라의 연결 끈은 석탈해와 그 이후 석씨 세력이다. 석탈해가 대륙 신라의 중앙 정부에 입성하기 전에는 한반도 동남부 지역에서 철 산업 기지를 운영했던 것으로 보인다.

『삼국사기』〈신라본기〉 탈해이사금 조 원년의 기록처럼 알을 실은 궤가 아진포(阿珍浦)에 닿은 때가 혁거세 39년(BC19)이고, 탈해를 한 노모가 데려다 길렀다고 했다. 이를 근거로 탈해가 태어난 해는 BC19년이다. 『삼국유사』 권1〈기이편〉에는 그 노모가 '아진의선(阿珍義先)'이라 명기[92]했다. 지금까지 남아있는 지명의 유래는 노모의 이름에서 비롯된다.

제철 기술자 집단인 석탈해 집안이 기원전에 이미 수애(水愛)마을[93]을 근거로 철제품을 생산하여 부를 쌓아 서라벌로 진출한 것으로 보인다. 그런 연유로 나아(羅兒, 낳아)리는 '신라의 아이(탈해)'가 태어난 고을이며, 나아에 속했던 모포(母浦)는 어린 석탈해를 키워준 아진의선이 살던 마을 이름이다. 현재는 나아리와 나아리의 수애만 남아있다.

'수애'를 한 음절로 발음하면 수애→쇄→쇠.....쇠(鐵)라는 말이 된다. 수애

---

92) 일연 저, 이재호 역, 『삼국유사』1, 솔, 2017. p.121.
93) 경상북도 경주시 양남면 나아(羅兒)리, 수애(水愛)마을 (『전국·도로·관광총람, 정밀도로지도』, 영진문화사, 2003.9.15. p.115. G3칸.)

에서 시작한 탈해의 제철사업은 번창하여 울산 북구에 있는 노천광산인 달천 광산[94]에까지 진출해 채광한 것으로 보인다.

달천은 원래는 탈해 혹은 탈내(川)였으나 구전되면서 탈내가 달내가 되고, 내는 천(川)으로 오기되었을 개연성이 있다. 울산 북구는 요즘도 '쇠불이 축제'를 하고 있다.[95]

김부식은 왜 가야사를 제외했나?

지금까지 상대(上代) 신라는 동서(東西) 신라를 뜻한다는 것을 밝혀냈고, 백제와 고구려의 위치도 중국 사서에 의해 중국 대륙에 있었음이 명확해졌다.

현대 중국 지도에 보면 『삼국사기』에 나오는 지명들이 군데군데 그대로 남아있다. 더 놀라운 사실은 구글맵을 통해 현 중국을 보면 『삼국사기』나 『삼국유사』의 지명을 쉽게 찾을 수 있다[96]는 것이다.

김부식은 지금처럼 후일 위치 논쟁이 있을 것을 우려하여, 삼국의 위치를 정확히 남기려고 애쓴 것이 보인다. 『삼국사기』 제34권, 제35권, 제36권에 나온 신라의 지리(地理)와 제37권에 나온 고구려, 백제의 지명에 분명히 중국 대륙의 땅임을 표시하고 있는데 학자들이 이를 알아보지 못하고 있다. 심지어는 지명의 위치를 한반도에서 찾고자 하였다.

---

94) 울산광역시 북구 달천동 달천교 옆 쇠곳이 있다.

95) 변정용, 서라벌신문, 2012년 10월 22일

96) 책보고, 〈왜곡된 한국사 복원(지도)〉, 유튜버 책보고, 2022.12.

예를 들면, 삼국사 권 제34 잡지 제3 지리1 신라(三國史 卷第三十四 雜志 第三 地理一 新羅)에서 언급한 지리(地理)를 땅의 거리를 표시하는 위치(位置) 개념으로 해석해야 할 것 같다.

제37권에 나온 고구려, 백제의 지명에 대해 한반도라는 선입관을 버리고 제대로 읽으면 중국 대륙의 땅임을 감지할 수 있다. 그런데 한반도에 그려 넣으려니 어색한 그림이 된 것이다.

김부식은 '삼국사(三國史)'를 집필한 것이 아니라 편찬(編纂)한 것이라 했다.
역사서의 편찬은 여러 사료를 모아 일정한 체계에 따라 책을 만드는 일이다.

『삼국사기』를 편찬할 때 인용된 국내 문헌은 『신라고기』, 『신라고사』, 『삼한고기』, 『해동고기』, 김대문의 『계림잡전』, 『화랑세기』, 『한산기』, 『악본』, 최치원의 『제왕연대력』과 문집, 『김유신행록』 등이다.

중국 문헌으로 『삼국지』, 『후한서』, 『위서』, 『송서』, 『남북사』, 『신당서』, 『구당서』, 『자치통감』, 『진서(晉書)』 등을 보았다는 인용 기록이 있다.

그렇지만 삼국사의 세부 기사는 고구려의 〈유기(留記)〉나 〈신집(新集)〉, 백제의 〈서기(書記)[97]〉, 그리고 『신라고기』와 『신라고사』에 의존했을 것으로 본다.

김부식은 〈고구려본기〉를 편찬하는 과정에서, 고구려 (6대) 태조대왕 70년 (122) 조에 마한이 등장하는 것에 대해, 이를 의심하는 사견을 적어놓았다.

'마한은 백제 온조왕 27년(9)에 멸망했는데, 지금 고구려왕과 함께 군사를 보냈다 하니 아마 멸망되었다가 다시 일어난 것인지?(馬韓而百濟溫祚王

---

[97] 박창화 필사, 하진규 번역, 책보고 교정·편집, 『백제서기(백제왕기)』와 『삼국사기』〈백제본기〉 내용을 비교해 보았다.

二十七年滅 今與麗王行兵者 蓋滅而復興者歟'라 첨언 했다.

〈신집〉에 있는 이 기록을 쉽게 이해할 수 없다는 의견으로 사족을 달아놓았다고 본다. 김부식은 중국 측 기록과 삼국 자체 기록이 충돌할 시에는 무엇이 더 말이 되는지를 판단하고 둘 중 하나를 실었는데, 동이의 기록을 버리지 않으려고 애쓴 것 같다.

이와 같은 고심이 나온 까닭은 〈백제본기〉의 사료가 된 〈서기〉의 기록 중에 온조왕이 마한을 멸망⑼시켰다는 세세한 기사를 이용한 것으로 보아 고구려와 백제의 국사(國史) 사료를 모아 편찬하는 과정에서 갈등했던 것이 사실이며 결국 고구려의 사료인 〈유기(留記)〉나 〈신집(新集)〉을 인용했음을 알 수 있다. 그 결과 고구려의 위치를 증명하는 사료가 하나 더 늘어난 셈이 된다.

이처럼 김부식은 이미 수집한 사료를 근거로 해서 중국의 역사 서술방식인 기전체(紀傳體) 형식으로 편찬한 것이다.

삼국사에서 〈가야본기〉가 없다 하여, 김부식이 가야를 전혀 생각하지 않은 것이 아니다. 삼국사를 쓸 무렵 고려의 수도는 개경이다.

한반도 동남부에 남아있는 가야의 유적에 대해 김부식은 알고 있었을 것이다.

그런데 가야와 신라와의 관계를 기록하면서 가야사를 포함하지 않은 이유를 몇 가지 측면에서 논의하려 한다.

첫째, 『삼국사기』의 〈신라본기〉, 〈고구려본기〉, 〈백제본기〉의 중심 구성을 보면 신라, 고구려, 백제가 역사의 주인공이라 할 수 있다. 그런데 '삼국사'라 하면서 통일신라와 후삼국을 거쳐 신라가 고려에 평화적 정권 이양을 한 것이나 〈신라본기〉를 삼국사의 근간으로 삼은 것으로 보아 신라가 삼국 중에 중심이라는 느낌이 든다. 그런데 가야는 고구려나 백제와 공존 관계가 아니었다. 만약에 4국이 공존 관계에 있었다면 '삼국사'가 아니라 '사국사(四國史)'가 되었을 것이다.

둘째, '삼국사'의 내용뿐만 아니라 편찬 책임자 김부식이 신라의 후예라는 점에서 역사의 편향성에 대해 지적하는 학자도 있다. 하지만, 나는 그렇게 생각하지 않는다. 삼국사의 주인공이라고 보는 (대륙) 신라가 중국에서 부딪히는 중국사서의 기록에도 많은 국가가 등장한다. 그런데 유독 삼국을 선정한 까닭은 신라가 백제와 고구려와는 언어가 통하고 비슷한 문화를 공유하면서, 대륙의 중원에서 동부지역, 즉 동이족이 분포한 지역에서 삼국이 어깨를 겨루면서 역사의 주류를 이룬다는 점이다. 그래서 신라가 고구려와 백제를 역사 기술의 주역으로 삼았을 것이라는 견해다.

이런 시각에서 볼 때 한반도 동남부에 있는 가야도 동신라와 가끔 부딪히는 정도의 나라로 보았으나 삼국에는 포함시킬 수 없었다고 본 것 같다.

셋째, 이와 다른 시각에서 접근할 수도 있다. 삼국은 사관(史官)을 두어 국사(國史)를 기록한 자료가 있는 데 반해 6가야나 마한 소국은 국사 자료를 남기지 않았다는 점이다. 그래서 편찬 작업에서 마한사나 가야사가 없었기 때문에 처음부터 삼국사에 끼워 넣을 생각이 없었다고 필자는 보고 있다.

그런데 이러한 접근은 또 다른 논란을 불러일으키게 된다. 국사 자료를 남기지 못했다면 국가의 기능을 제대로 갖추고 있었느냐의 새로운 논의를 거치게 된다. 이러한 논의는 자칫하면 삼국이 한반도에 있었다는 전제 아래 이루어지는 것처럼 보일 수 있다. 삼국이 중국 대륙에 존재한 것이 사실이고 보면 동떨어진 별개의 존재라 할 수 있다.

필자가 보기엔, 김부식이 삼국의 역사를 편찬하고자 하여 처음부터 주제를 잡고 편찬 작업을 했던 곳은 개경이라고 본다.

중국 대륙에서 경쟁하며 역사를 만들어 낸 삼국을 생각한 것이고, 삼국과 거의 무관하게 한반도에 존재하여 이들 삼국과 엮이지 않은 가야와 마한은 삼국사에서 제외한 것이 아닌가 한다.

서두에서 필자가 언급한 것처럼 '삼국사에서 가야사를 제외한 이유'를 풀지 못하면 가야사를 제대로 쓸 수 없을 것이라 했다. 아마도 누구든 가야사를 쓰려면 이 문제부터 다시 살펴야 할 것으로 본다.

제6장
'나라에서 철이 난다(國出鐵)'는 그 나라는?

『삼국지』〈위지〉에 나오는 국출철(國出鐵)의 나라?

가야사를 연구하는 학자들이 자주 인용하는 문헌 기록이 있다.

'나라에서 철(鐵)이 생산되는데 한(韓), 예(濊), 왜(倭) 모두가 와서 사간다. 시장에서는 철[98]을 중국의 화폐처럼 사용했고 또한 (낙랑군과 대방군) 2군(二郡)에도 공급했다(國出鐵韓濊倭皆從取之 諸市買皆用鐵如中國用錢 又以供給二郡)'

이 말은 3세기 중국의 위·촉·오 3국 중 낙양을 중심으로 존재했던 위(魏, 220-265)나라의 역사서, 『삼국지』〈위지〉'동이전의 변진조'에 나오는 기록이다.

필자가 '한국사의 미스터리 4권(『한국사의 기준점 찾기』)'을 쓰기 전까지는 이와 같은 〈위지〉의 변진조 기록을 보며, 가야사의 풀리지 않는 난제 중의 난제로 보았다.

왜냐면 국사계의 시각과 달리 필자가 몇 가지 이견을 갖고 있었기 때문이다.

첫째, 〈위지〉 동이전에 나오는 '나라(?)에서 철(鐵)을 생산한다(國出鐵)'는 기록이 있는데, 국사학계에서 그 '나라'가 어딘가를 명료하게 개념 정리해 주기를 바라는 마음이었다. 다시 말해 '변진조(弁辰條)'에 기록된 것으로 보아 철 생산국이 변한인지, 진한인지 또는 진국인지 아니면 두 나라 모두(변, 진)

---

98) 가야 고분에서 출토되는 덩이쇠(철정, 판상철부)라고 본다

에서 철을 생산했는지 명확히 해 둘 필요가 있다고 보았다.

둘째, 또 하나의 문제 제기는, 철을 수입하는 나라로서, 한(韓), 예(濊), 왜(倭)와 낙랑군, 대방군이라 했다. 여기서 한(韓)은 곧 3한(三韓)인데 마한, 진한, 변한을 포괄한다고 보면 수입국과 수출국에 변한(가야)이 포함되어 있다. 이에 대한 국사학계의 의견은 어떤지 궁금하였다. 또 왜(倭)가 일본 열도의 왜인지? 아니면 중국 동남부에 존재했던 야마토(왜)[99]를 말함인지? 그도 아니면 2곳의 왜를 말하는지 정리해야 한다고 보았고, 또한 예(濊)의 위치도 밝혀져야 한다고 보았다.

셋째, 철을 수입한다는 한(韓)을 국사계의 시각에서 보면, 3한(三韓) 즉 한반도의 마한과 진한과 변한으로 보고 있다. 다시 말해 앞서 말한 철의 생산국과 수입국이 같을 수 있느냐는 모순을 발견할 수 있다. 때문에 3한 중 어느 나라인지 구분할 필요가 있다고 보았다.

필자가 '한국사의 미스터리 4권(『한국사의 기준점 찾기』)'을 출간하면서 진한과 변진의 위치가 발해만 연안이라고 명확히 밝혀냄에 따라 그동안 난제로 삼았던 문제들이 자연스레 풀리게 되었지만 또 다른 문제를 안고 있었다.
그것은 철을 생산했다는 그 나라가 변진이든 진한이든 모두 한반도가 아닌 현재의 중국 땅에 존재했다는 것이다. 그 증거가 인용된 구절 안에 있다.
'시장에서는 철을 중국의 화폐처럼 사용했다(諸市買皆用鐵如中國用錢)'는 구절이다.

---

99) 오운홍, 『잘못 알고 있는 마한사』, 중에 '야마토 왜(倭)의 위치와 한반도 마한은 연관 없다'를 참조.

이 부분을 찬찬히 분석해 보면, '나라에서 철을 중국의 화폐처럼 사용했다'는 구절은 결국 중국 대륙이라는 강한 암시를 주고 있다. 만약 중국 대륙이 아니라 한반도의 어느 지역을 특정했더라면, '중국의 화폐처럼'이 아니고 그냥 '화폐처럼'으로 기술했어야 한다. 이처럼 중국의 화폐를 강조한 것은 '철을 생산하는 나라'가 중국 화폐를 철과 함께 동시에 사용하고 있다는 말이 된다.

당시 사용했던 중국 화폐는 한(漢)이 주조한 오수전이라고 본다.

한반도 가야 지역에서 오수전이 발견되었는데 경남 사천 늑도(1점), 창원(4점), 경산(3점), 영천(3점)이다. 이것을 가지고 한반도 동남부에서 오수전이 통용된 화폐라 할 수 없을 것이다. 우리 국사학계도 이 지역에서 통용화폐가 있었다는 기록이 전혀 없음을 인정하고 있다.

그런데 철을 '중국의 화폐처럼'이란 의미는 '중국의 화폐를 인정하고 함께 사용했다'는 의미라고 본다. 그렇다면 '변진'은 어디를 말함인가? 중국 화폐가 통용되지 않았던 한반도는 분명히 아닌 것이다.

필자의 해석, 즉 기록에 나오는 '변진'이 한반도가 아니라 중국 땅이라고 접근하는 방식과 달리 한반도의 '진한'으로 보는 학자들도 있다.

'이기환의 역사 스토리텔러'에서 이도학 교수는 "변한과 진한의 기사가 뒤섞인 『삼국지』 기사의 서술 차례를 살펴보라"고 권한다. '나라에 철이 생산된다'는 기사 뒤에 '변진은 진한과 섞여 산다'는 내용과 함께 변진의 풍속을 설명한다는 것이다. 이 교수는 "그렇다면 앞에 나온 '철이 생산되는 나라'의 주체는 변진이 아니라 진한을 가리키는 것"이라 풀이한다. 『삼국지』 〈위지〉 동이전의 서술을 꼼꼼히 살피면 다른 해석을 얻을 수 있다. 즉 '철이 생산되는 나라'는 변진이 아니라 진한(신라의 전신)이라는 것이다.

무엇보다 남북조 시대 송나라의 역사가인 범엽(396~445)이 편찬한 『후한서』 '동이전의 한조'는 "'나라에서 철을 생산한다(국출철·國出鐵)' 기사를 '진한'에 배치하고 '변진'은 따로 서술한다"고 말한다.

그리고 "진한에서는 철이 나오는데, 예(濊)·왜(倭)·마한(馬韓)이 철을 사들인다. 모든 무역과 교역에 모두 철을 화폐로 삼는다…변진은 진한과 섞여 살며, 성곽과 의복이 모두 같으나, 언어와 풍속은 다른 점이 있다…"

이 교수에 의하면, 『후한서』는 진한·변진(한)의 역사를 '섞어찌개'로 서술한 『삼국지』보다 150년 정도 뒤에 편찬된 역사서다. 아무래도 『삼국지』 내용을 제대로 정리해놓았을 것이다. 또 당나라 재상 두우(735-812)가 편찬한 『통전』과 『책부원구』, 『한원』과 『태평어람』 등에서도 예외 없이 '철을 생산한 나라=진한'으로 서술됐다고 한다.

이도학 교수가 중국 사서들의 기록 중에서 '철을 생산한 나라가 변한이 아니라 진한임'을 구분해 낸 것에 대해, 필자가 높이 평가하면서도 그 진한이 한반도의 땅이라 여기는 데는 동의하지 않는다.

필자가 쓴 앞의 책 제4권에서 중국 사서에 기록된 3한은 한반도에 있지 않았음을 밝힌 바 있다. 따라서 여기 나오는 마한도 한반도의 마한이 아니라 중국 대륙에 있는 마한을 말한다. 같은 기록에 있는 예(濊)와 왜(倭)도 중국 대륙에 있었다고 본다.

이 교수는 또, 진한의 후신인 신라의 제4대 탈해왕이 본래 대장장이 출신이었다는 『삼국유사』의 '탈해의 야장(冶匠)설화'가 있다. 진한의 철 생산 및 수출 기사는 조선 후기의 역사가인 순암 안정복(1712-1791)도 이어받았다.

즉 "경주는 진한의 옛터인데…이 나라에는 철이 나고 한·예·왜가 여기서 가져간다…"(『동사강목』)고 서술했다. 이도학 교수는 "심지어 1892년 간행된 일본 최초의 한국사 개설서인 임태보(林泰輔·하야시 다이호)의 〈조선사〉에서도 '철생산국을 진한'으로 지목했다"고 밝혔다. 그러나 일제감점기 조선총독부가 1933년 펴낸 『조선사』 이후 변진으로 바뀌기 시작했다는 것이다.[100]

국출철(國出鐵)의 나라는 변한이 아니고 진한이다

필자의 주장과 이도학 교수의 주장을 융합하여 보면, 국출철(國出鐵)의 나라를 찾아낼 수 있다.

① '시장에서는 철을 중국의 화폐처럼 사용했다(諸市買皆用鐵如中國用錢)'는 구절 즉 '나라에서 철을 중국의 화폐처럼 사용했다'는 의문은 결국 중국 대륙이라는 강한 암시를 주고 있다. 한반도 남부에서 오수전 몇 점이 출토되었으나 통용된 기록이 없다. 나라의 철이 전용 화폐로 쓰인 것이 아니라 중국 화폐와 병용하여 쓰였다는 해석으로 보아 그 나라는 중국 대륙에 있다고 할 수 있다.(필자의 주장☞ 중국 땅에 있는 나라다)

② 『삼국지』〈위지〉동이전 변진조에 '나라에 철이 생산된다'는 기사 뒤에 '변진은 진한과 섞여 산다'는 내용과 함께 변진의 풍속을 설명한 것으로 보아 '나라'의 철은 '진한'을 가리킨다.(이도학 교수의 주장 ☞ 그 나라는 진한이다)

---

100) 출처: 〈경향신문〉, 이기환의 역사 스토리텔러, 2019.2.1.

③ 『후한서』〈동이전〉'한(韓)조'는 "'나라에서 철을 생산한다(국출철·國出鐵)'의 기사를 '진한'에 배치하고 '변진' 사항은 따로 서술하였다.(이교수의 주장☞ 진한이 맞다)

④ 당나라 재상 두우(735~812)가 편찬한 『통전』과 『책부원구』, 『한원』과 『태평어람』 등에서도 예외 없이 '철을 생산한 나라는 진한'으로 서술하고 있다.(☞ 진한을 말한다)

⑤ 『후한서』의 〈동이열전〉에 '동쪽과 서쪽은 바다를 경계로 하니 모두 옛 진국(辰國)의 땅이다(東西以海爲限, 皆古之辰國也).'고 했다. 여기서 진국(辰國)의 한(韓)은 진한(辰韓)을 말하며, 동쪽과 서쪽의 바다는 발해만과 텐진 부근의 해하(海河)를 말한다. 진한의 위치는 중국 땅이다.(필자의 주장☞ 진한의 위치는 탕산 동쪽 난하 하류 지역이다)

⑥ 『삼국유사』〈기이편 상〉의 마한전에서 '최치원이 말하길 "마한은 고구려이고, 진한은 신라다(崔致遠云 馬韓 麗也 辰韓 羅也)."[101] 최치원은 신라가 진한을 계승했다고 한다.(진한=신라☞ 탕산 동쪽 난하 하류 지역이다)

⑦ 『수서(隋書)』〈동이전(東夷傳)〉의 기록을 보면, '신라는 고구려 동남에 살았는데, 이곳은 한(漢)나라 때의 낙랑 땅[102]이다(新羅國在高麗東南居 漢時樂浪之地).'(필자☞ 신라의 위치=낙랑 땅)

---

101) 일연, 이재효역, 『삼국유사』1, 솔, 2017. pp.78-80.
102) 오운홍, 『한국사의 기준점 찾기』, 시간의물레, 2022. pp.70-77.

⑧ 『구당서(舊唐書)』〈동이편(東夷篇)〉에 '신라국은…한(漢)나라 때 낙랑의 땅이다(新羅國…其國在漢時樂浪也).' 신라가 낙랑 땅에서 건국했다 한다.(필자의 주장☞ 신라의 위치=낙랑 땅)

⑨ 『사기(史記)』 권115 〈朝鮮列傳〉에 의하면, '서광(徐廣)이 말하기를 창려(昌黎)에 험독현(險瀆縣)이 있다. 중략 응초(應劭, 응소)가 주석하기를 〈한서지리지〉에서는 요동군(遼東郡)에 험독현(險瀆縣)이 있는데 조선(朝鮮)의 왕이 옛날에 도읍하던 곳이다. 또 주석하기를 왕험성(王險城)은 낙랑군(樂浪郡) 패수(浿水)[103]의 동쪽에 있다고 신찬(臣瓚)이 말했다고 한다.(徐廣曰 昌黎有險瀆縣也 중략 應劭注地理志云 遼東有險瀆縣 朝鮮王舊都 瓚云 王險城在樂浪郡浿水之東也).' 낙랑군(樂浪郡)에는 현 창려(昌黎, E119°10′ N39°40′)시가 있고 패수 동쪽에 험독현과 낙정(E118°55′ N39°25′)이 있다고 했다.(필자의 주장☞ 낙랑군의 위치-왕험성-패수의 동쪽)

⑩ 『전한서(전漢書)』 권28하(下)에 보면, '지리지 제8하 요동군(遼東郡)…중략… 험독현(險瀆縣)에 대하여 응초(應劭, 응소)가 주석을 달아 말하기를 조선(朝鮮)왕(王) 위만(衛滿)의 도읍이다. 물이 험한 것에 의지하였기에 험독이라 하였다. 신찬(臣瓚)이 말하기를 왕험성(王險城)은 낙랑군(樂浪郡) 패수(浿水)의 동쪽에 있다.《前漢書 卷二十八下》地理志 第八下 遼東郡…중략…險瀆, 應劭曰 朝鮮王滿都也 依水險故曰險瀆 臣瓚曰 王險城在樂浪郡浿水之東此自是險瀆也).' 낙랑군(樂浪郡)은 패수(浿水)가 흐르는 땅이라 했다.(낙랑군☞ 요동군)

---

103) 패수(浿水)는 지금의 난하(灤河)를 말한다. 오운홍, 『한국사의 기준점 찾기』, 시간의물레, 2022. pp.39-45.

⑪ 『북사』에 '백제의 동쪽 끝은 신라이고, 서쪽과 남쪽은 모두 큰 바다를 한계로 했으며, (백제의) 북쪽 끝은 한강에 접했다(北史云 百濟東極新羅 西南俱限 大海 北際漢江)'고 했다.(☞ 백제와 신라의 위치)

여기서 말하는 한강은 현 북경시를 감싸 안 듯 흐르는 대수(帶水)를 말한다.[104]

⑫ 『통전』에 '백제는 남쪽으로 신라에 닿았고, 북쪽으로는 고구려에 이르고 서쪽으로는 큰 바다를 한계로 한다(通典云 百濟南接新羅 北距高麗 西限大海)'고 기록되어 있다. 백제는 근초고왕 전후로 보이며, 당시 중국에서 요서 백제로 명명되던 때이다. 백제의 동쪽에 있다(『북사』)던 신라의 중심부가 이동하여 백제 남쪽 강소성과 안휘성으로 옮긴 것을 말함이다.(☞ 백제의 남쪽-신라의 이동)

⑬ 이사금에 즉위하고 시조묘(박혁거세 묘)를 찾아 고할 때, 『삼국사기』의 담암사(曇巖寺), 『삼국유사』의 담엄사(曇嚴寺), 『세종실록지리지』 운암사(雲岩寺)라는 절에서 찾으면 손쉬울 정도로 강소성(江蘇省) 오현(吳縣)[105] 호구산(虎丘山)에 있는 동일한 절 이름이다.(☞ 신라 시조묘의 위치는 강소성, 신라의 활동 무대)

⑭ 운제(雲帝)[106]가 4대 성모가 되기 전, 신라의 마고(麻姑) 세력이 남옥저로

---

104) 오운홍, 『고대사 뒤집어 보기』, 시간의물레, 2020. pp.112-113.
105) 오현(吳縣)은 오월동주(吳越同舟)의 당사자인 오나라 도읍, 소주(蘇州)의 땅을 말한다.
106) 운제성모(雲帝聖母)는 신라 2대 남해왕의 부인이다.

넘어간 권력(3대 성모 알영)을 찾아오기 위해 '박혁거세 시해[107]' 사건(AD3년)을 일으킨 것으로 보인다. 이때 박혁거세의 막강한 군권을 제거하기 위해 선진 철기 문명의 강력한 무기와 전투력을 동원할 수 있는 석탈해를 용병으로 끌어들인 것으로 본다.(필자의 주장☞ 대륙 신라와 동신라의 연결)

⑮ 탈해는 자신이 "숯과 숫돌을 쓰는 대장장이 집안"[108]이라고 밝혔듯이 그의 성(姓)인 '석(Sok)'은 타밀어로 '대장장이'를 뜻하는 '석갈린감(Sokalingam)'의 줄인 말로서 성과 직업이 일치한다. '석갈린감'의 '석' 혹은 '석가(Soka)' 등은 영어의 Blacksmith, Smith처럼 대장장이 집안의 이름으로 통용됐으며 여전히 타밀인의 남자 이름에 남아 있다.(☞ 동신라 석탈해와 철 생산)

---

107) 『삼국사기』 혁거세 조 '61년3월에, 거서간이 세상을 떠났다고 했다. 그가 묻힌 사릉은 담암사 북쪽이라 했다.'(六十一年 春三月 居西干升遐 葬蛇陵 在曇嚴寺北) 그 전 해 '60년9월 두 마리의 용이 금성 우물에 나타났다'(六十年 秋九月 二龍見於金城井中)고 했다. 금성(중국 산시성 린펀시 소재) '남문에서 치열한 싸움이 있었다.'(爆雷雨 震城南門)는 기록이다. 뇌우(雷雨)와 진동은 두 세력의 충돌과 한 쪽 권력의 부서짐을 뜻한다. 두 마리의 용은 무엇을 말하는가? 권력을 다투는 두 세력을 의미한다.
『삼국유사』에 보면 '나라를 다스린 지 61년 만에 왕이 하늘로 올라갔는데, 이레 뒤에 유해가 흩어져 땅에 떨어졌으며 왕후도 역시 죽었다. 나라 사람들이 왕과 왕후를 합장을 하려고 하였더니 큰 뱀이 나와서 방해를 하여 다섯 동강난 몸뚱아리를 다섯 능(五陵)에 각각 장사하고 이름을 사릉(蛇陵)이라 하였다. 담암사 북쪽능이다(理國六十一年 王升于天 七日後 遺體散落于地 后亦云亡 國人欲合而葬之 有大蛇逐禁 各葬五體爲五陵 亦名蛇陵 曇嚴寺北陵是也).' 알영부인의 합장을 막은 이유는 성모(聖母)체제의 유지를 위함이다.

108) 일연 저, 이재호 역, 『삼국유사』1, 솔, 2017. p.123.

⑯ 2천여 년 전 제철기술자 집단인 석탈해 집안이 수애(水愛)마을[109]을 근거로 해서 철제품을 생산하여 부를 쌓아 서라벌로 진출한 것으로 보인다. 그런 연유로 나아(羅兒)리는 신라의 아이가 태어난(낳은) 고을이며, 나아리에 속했던 모포(母浦)는 어린 석탈해를 키워준 아진의선이 살던 마을 이름이라 한다. 현재는 나아와 나아리의 수애마을만 남아있다.

향토 사학자 중에 '나아'리를 '나아(羅兒)'로 표기된 것을 보아 신라(羅)의 아이(兒)라 생각하고, '수애'를 '수아(收兒)'로 고쳐서 '아기(兒)를 거둔(收)' 곳(마을)이라고 생각한 것 같다. 이는 잘못된 해석이다.

첫째, 당시 이곳에는 한자 말, 거둘 수(收)를 몰랐고 그런 뜻으로 사용하지도 않았다. 둘째, 굳이 한자를 사용하여 우리 어순대로 지명을 붙이자면 아수(兒收)라 해야 한다. 당시 그곳은 한문식 언어문화가 아니었다. 셋째, 쇠는 소(牛)에서 연유한 것이다. 소는 가축 중에 가장 힘이 세고 강하다는 이미지가 있다. 쇠붙이 중에 가장 강한 것이 철(鐵)인데, 철이란 금속에 쇠(소)라는 명칭을 붙인 것이다. (고)조선 때는 물론이고 이전의 환웅 시대에도 '소(牛)'를 '우(牛)'라 했다. 마가(馬加), 우가(牛加) 등이 기록에 나온다. 또 춘천의 우두산(牛頭山), 가야산의 별칭 우두봉(牛頭峰) 등은 타밀인이 도래하기 전부터 있던 명칭으로서 '우'라 했다. 넷째, 엄밀히 말하면 '나아리'도 한자 말 羅兒里(나아리)가 아니다. '낳았다-나아따'는 곳(마을 里)이란 의미로 '나아(生) 곳'이다. '수애'도 '수애-쇠' 곳이다. 석탈해의 선친이 자리 잡을 때, 그곳은 한자를 사용하지 않았다고 본다.

---

[109] 경상북도 양남면 나아(羅兒)리, 수애(水愛)마을, 나아해수욕장, 나아교(羅兒橋) 등 명칭이 남아있다.

수애를 한 음절로 발음하면 수애→쇄→쇠……쇠(鐵)라는 말이 된다. 수애에서 시작한 탈해의 제철사업은 번창하여 울산 북구에 있는 노천광산인 달천 광산[110]으로 확대된 것으로 보인다. 달천은 원래는 탈해 혹은 탈내(川)였으나 구전되면서 탈내가 달내가 되고 내는 천(川)으로 오기되었을 개연성이 있다. 울산 북구는 요즘도 '쇠불이 축제'를 하고 있다.(☞ 석탈해 고향 수애마을과 쇠불이 축제)

지금까지 나열한 ①에서 ⑯까지의 근거자료를 종합하면, 중국에서 진한을 이어받은 신라가 경주-울산지역과 연결된 것은 석탈해의 정계 진출에 따른 것이다.

그리고 기원전부터 경주-울산지역에 석탈해 집안을 중심으로 한 제철 산업이 번창했다. 이에 따라 동신라에서 생산된 철이 대륙 신라(진한)의 상표로 판매되는 상황을 기록한 것으로 보인다.

동신라에서 철을 생산했다는 증거가 있나?

가야사를 연구하는 학자들은 앞에서 나열한 ①에서 ⑯까지의 근거자료에 대해 일부는 인정하면서도, 경주의 수애마을과 달천 광산을 잇는 삼각지역에서 로(爐)가 발견되지 않았고 철을 생산했다는 구체적 증거가 없다는

---

110) 울산광역시 북구 달천동 달천교 옆 쇠곳이 있다.

것이다. 특히 경주 황성동 철·철기 생산 유구(隍城洞 鐵·鐵器生産遺構)에서 철광석이나 기타 철 원료를 환원시켜 철을 생산하는 공정이 이루어졌지만, 노(爐)는 확인하지 못하였으므로 엄격한 의미에서는 제철 유적이라고 보기 어렵다는 것이다.

이 말은 신라에서 철을 생산했는지 의문이라는 불확실성을 내포하고 있다. 이에 따라 다음의 세 가지 키를 제시하고자 한다.

첫 번째 키는 연오랑세오녀의 설화가 노(爐)의 존재를 뒷받침한다.

일본에 철기 문명을 전한 '연오랑세오녀 연구소' 개소식[111]이 2009년 12월에 포항시에서 있었다. 일본인들이 숭배하는 카라쿠니(한국)신사와 마쓰에(松江)시와 연결된다.

『삼국유사』에 나오는 연오랑세오녀 설화(延烏郎細烏女說話)[112]에 의하면, 신라의 '제8대 아달라왕(阿達羅王) 즉위 4년 정유(157), 동해 바닷가(현 포항시 세계동)에 연오랑(延烏郎)과 세오녀(細烏女)가 살고 있었다.(중략) 이때 신라에서는 해와 달이 빛이 없어지니, 일관(日官)이 말했다. "해와 달의 정기가 우리나라에 있었던 것이 지금 일본으로 가 버렸기 때문에 이런 괴변이 일어났습니다." 왕은 사자(使者)를 일본에 보내어 두 사람을 찾았다.(중략) 이에 그 비단을 주었다. 사자가 돌아와 아뢰었다. 그 말대로 제사를 지냈더니 해와 달이 그전과 같아졌다. 그 비단을 임금의 창고에 간직하여 국보로 삼고, 그 창고를 귀비고(貴妃庫)라 하며, 하늘에 제사 지낸 곳을 영일현(迎日縣) 또는 도기야(都祈野)라 했다.(第八 阿達羅王卽位四年丁酉 東海濱 有延烏郎 細烏女 중

---

111) 경북일보, '연오랑세오녀 연구소' 개소식, 2009.12.08.

112) 일연, 전게서. PP.130-131.

략...是時新羅日月無光 日者奏云 日月之精 降在我國 今去日本 故 致斯怪 王遣使求二人 중 략... 仍賜其綃 使人來奏 依其言而祭之 然後日月如舊 藏其綃於御庫爲國寶 名其庫爲貴妃庫 祭天所名迎日縣 又都祈野).'

이 역사 기록은 우리에게 몇 가지 시사점을 준다.

첫째, 연오랑과 세(쇠)오녀가 일본으로 건너간 후, 낮(해)과 밤(달)의 밝은 빛이 어두워졌다고 했다. 신라에서는 사람을 보내 세오녀가 짠 비단을 가지고 와서 빛을 되살렸다고 한다.

연오와 세(쇠)오녀가 일본에서 말하는 대로 제철 기술자가 맞다 하면, 밤낮으로 밝은 빛을 유지해야 하는 것은 철광석을 녹이는 용광로의 온도 유지이고, 세(쇠)오녀가 보내준 비단 속에는 용광로의 적정 온도를 유지하는 비법이 들어있었을 것이다.

신라에서도 철을 제련하는 노가 있었나 하는 논란이 있는데 문헌사적 증거로 채택할 수 있다고 본다.

둘째, 연오(延烏)와 세오(細烏)라는 이름의 공통점은 이름 속에 까마귀 오(烏; 검을 오)가 들어있다는 점이다. 까마귀의 빛깔처럼 피부색이 어두운 남방계열, 타밀 지역에서 온 제철 기술을 가진 부부일 수 있다.

경상도 방언에 남아있는 타밀 언어와 함께 검은색 피부를 가진 타밀인들의 진출을 추론할 수 있는 또 하나의 증거가 될 수 있다.

셋째, 연오랑과 세(쇠)오녀가 일본으로 떠난 이유가 대우 등 조건에 있었던 것 같다. 일본에서는 연오를 왕(변읍邊邑의 소왕小王)으로, 세오를 귀비(貴妃)로 삼았다. 일본인들의 말처럼 당시 신라의 제철 기술이 일본 열도보다 앞섰던 것이 분명하다. 한마디로 연오랑세오녀의 설화는 선진 기술 유출의 표본이라 할 수 있다.

여기서 선진 기술이란 노(爐)의 적정 온도와 선철을 뽑아내는 기술이라고 본다.

두 번째 키는 석탈해와 가야인의 제철 기술을 견주어보는 기록이 있다.
『삼국유사』 '가락국기'에 보면, 탈해가 수로왕을 찾아가 대결했다는 (전설 같은) 기록이다.

'탈해가 바다를 따라 가락국으로 오니 그의 키는 다섯 자였고 머리의 둘레는 한 자나 되었다. 흔연히 대궐에 나아가서 왕에게 말하였다. "나는 왕의 자리를 빼앗으러 왔소." 왕이 답했다. "하늘이 나에게 명하여 왕위에 오르게 했고, 나는 장차 나라 안을 안정시키고 백성을 편안하게 하려 한다. 나는 감히 천명을 어기어 왕위를 남에게 줄 수 없으며, 또 감히 우리나라와 백성을 너에게 맡길 수도 없다." (탈해가) "그렇다면 기술로써 승부를 결정하자."(從海而來 身長五尺 頭圍一尺 悅焉詣闕 語於王云 我欲奪王之位 故來耳王答曰 天命我俾卽于位 將令安中國而綏下民 不敢違天之命 以與之位 又不敢以吾國吾民 付屬於汝 解云 若爾可爭其術)'[113]

이 일은 수로왕이 가락국을 세우고 임금으로 즉위한 지 3년째인 44년[114]의 일로 추정된다. 당시 탈해는 신라 3대 유리왕(21년) 때 대보로 임명(10년)되어 국무총리직을 수행할 때라고 본다. 당시 가야와 신라는 철 상품을 생

---

113) 상게서. p.372.
114) 남무희, 『가락국기 평전』, 한국학술정보(주), 2018. p.54.

산하고 대외 무역에서 경쟁 관계였을 것이다. "기술로써 승부하자."는 제안 뒤에, 탈해가 매가 되니 수로왕이 독수리가 되고, 탈해가 변하여 참새가 되니 수로왕이 새매로 변하는 데 촌음도 걸리지 않았다고 한다. 이것은 제철 기술의 비교를 말하는 우회적 표현으로 본다. 김해 가야 수로왕과의 담판에서 탈해가 졌다는 것은, 철 상품의 품평 전에서 지고, 철 상권의 주도권도 가야의 김수로왕에게 뺏긴 것으로 본다.

이는 석탈해의 동신라 제품이 품평회에서 채택되지 않았지만 철광석을 녹이는 제철 과정이 있었음을 증거하는 것이다.

세 번째 키는 신라의 나침반(羅針盤)을 당나라에 보낸 기록이다.

『삼국사기』〈신라본기〉문무왕 12년(672) 9월에 자침(磁針) 400매(針四百枚)[115]를 당에 보냈다는 기록이 있다. 당시 문무왕, 법민은 대륙 신라에 있었다고 본다.

이 자침을 받은 당나라에서는 이를 가리켜 신라침반(新羅針盤)이라 부르다가 나중에는 신(新)을 빼고 나침반(羅針盤)으로 불렀다고 한다.

여기서 나침반의 바늘은 자석(磁石)을 만드는 자철(磁鐵)이 있어야 한다.

동신라 영역에 있는 달천 광산은 자철 광산이다. 여기서 생산한 자철로 자침(磁針)을 만든다는 것은 상당한 시간을 거치면서 쌓은 노하우의 결정이다. 또 자침을 물 위에 띄우면 남북의 방향을 가리킨다는 것을 발견하고 이 원리를 대륙 신라와 동신라 간에 항해에 활용하면서 제품화하기까지 상당한 기간이 소요되었을 것이다. 어쨌든 동신라에서 자철을 생산하는 노(爐)가 존재했음을 증거하는 기록으로 볼 수 있다.

---

115) 김부식, 이재효역, 『삼국사기』1, 솔, 1997. p.295.

앞에서 말한 경주 황성동 제철 유물 출토, 달천 노천광산에서 달천(탈해 내)의 내력, 탈해의 정착지 수애마을, 연오랑세(쇠)오녀의 설화, 그리고 가락국 김수로왕과의 대결, 나침반의 생산과 활용 등을 종합하면, 석탈해 집안은 석탈해(아기) 출생 이전에 이미 한반도의 동남부와 일본(규슈)에 진출한 인도 타밀 계열의 선진 철기 상인 세력이며, 진한의 철 생산으로 볼 수 있다.

국출철을 변한으로 잘못 보게 된 배경

그동안 학계가 국출철(國出鐵)의 나라를 변한으로 알고 있고 가야사를 언급할 때는 의례적으로 인용하여 왔다. 필자가 '변한'이 아니라 '진한'으로 굳이 바로잡는 까닭은 지금까지의 가야사를 다시 한번 새롭게 살펴보자는 뜻이다.

그런데 우리 학자들은 '변진의 국출철(國出鐵)'을 왜 가야 땅, 변한으로 보았을까? 그것도 변진이 아닌 변한으로 보는 까닭이 무엇일까?

이도학 교수의 말대로 일제강점기 조선총독부가 1933년 펴낸 『조선사』 이후 변진으로 바뀌기 시작했다는 것이다. 『조선사』를 그대로 이어받은 『한국사』 탓을 해야 할 것 같다.

필자가 앞의 책[116]에서 밝힌 대로 한반도에 없는 변한을 가야 땅에 배치한 한백겸의 역사 왜곡 탓에서 찾을 수 있다고 볼 수 있다.

---

116) 오운홍, 『한국사의 기준점 찾기』, 시간의물레, 2020.6. pp.165-168.

『동국지리지』의 내용을 보면, 1)중국 사서(史書)의 열전(列傳)에 기록된 부족 국가에 대한 서술을 인용하여 쓴 부분, 2)삼국(三國)에 대한 서술 및 부록으로 붙인 서술 부분, 3)고려에 대한 서술 부분 등 세 부분으로 이루어졌다.

한백겸은 삼국(三國)을 서술하는 중에 마한을 백제, 진한을 신라, 변한은 가야 지역이라 하면서 그 나름대로 해서 한반도 남부에 배치하였다.

한백겸의 『동국지리지』는 조선 후기에 역사 지리를 연구하는 학자들에게 지대한 영향을 주었다고 본다.

오운(吳澐)의 역사서 『동사찬요(東史纂要)』의 지리지, 유형원(柳馨遠)의 『동국여지지(東國輿地誌)』, 신경준(申景濬)의 『강계고(疆界考)』와 『동국문헌비고(東國文獻備考)』의 여지고(輿地考), 안정복의 『동사강목(東史綱目)』, 정약용의 『강역고(疆域考)』, 한진서(韓鎭書)의 『해동역사속(海東繹史續)』의 지리고(地理考) 등에 영향을 미쳤다.〈출처; 온라인 나무위키(2021.10.7.)의 '동국지리지'〉

한백겸은 왜 변진에서 변한을 분리해서 가야 땅에 배치한 것일까?

우선 한백겸은 당시에 많은 사서를 읽었을 것이다. 온라인 나무위키에 의하면, 『동국지리지』의 부족국가에 대한 기록은 『전한서(前漢書)』〈조선전(朝鮮傳)〉, 『후한서(後漢書)』의 〈고구려전(高句麗傳)〉, 〈동옥저전(東沃沮傳)〉, 〈예전(濊傳)〉, 〈부여전(扶餘傳)〉 등의 원전을 약간 생략하여 거의 그대로 인용하였으며, 그 밖에 『위씨춘추(魏氏春秋)』, 『통전(通典)』, 『동관서(東觀書)』 등이 인용되었다고 한다. 삼국에 관한 부분은 고구려·백제·신라의 순서로 서술했는데, 『문헌통고(文獻通考)』, 『송사(宋史)』, 『한서』 등의 중국 문헌 말고도 『동사(東史)』, 『삼국사기』, 『고구려지(高句麗志)』, 『고려사』, 『동국여지승람』 등의 한국 문헌도 인용되었다. 하지만, 사서의 인용 없이 서술한 부분도 많다. 고려 시대에 대하여서는 『고려사』 본기(本紀), 『동국여지승람』의 인용이 한두 차례 있을 뿐 사서의 인용 없이 서술되고 있다고 보았다.

한백겸(1552-1615년)이 읽었다는 『후한서』〈동이열전〉에서 '동쪽과 서쪽은 바다를 경계로 하니 모두 옛 진국의 땅이다(東西以海爲限, 皆古之辰國也)'란 기록이 있다. 백겸은 중국 대륙에는 서해가 없으니 3면으로 둘러싸인 한반도에 맞는 기록이라고 생각했던 것 같다. 그리고 〈동이열전〉에서 동해는 발해를, 서해는 해하를 가리키는 것임을 모르는 것 같다.

또 『후한서』의 〈동이열전〉의 '한(韓)에는 마한(馬韓), 진한(辰韓), 변진(弁辰)의 3종(種)이 있다. 마한(馬韓)은 서쪽에 있는데 54개국이 있다. 북쪽으로 낙랑, 남쪽으로 왜(倭)와 접한다.(韓有三種 一曰馬韓 二曰辰韓 三曰弁辰 馬韓在西 有五十四國 其北與樂浪 南與倭接)'를 두고, 한반도로 확정 지은 것 같다. 백겸은 왜의 위치를 일본 열도라고 생각했는데, 우리의 삼국시대에 해당하는 시기에 야마토 왜가 있던 위치는 중국 남동해안에 있었다. 한백겸이 임진왜란 때 체험했던 '왜'군은 710년 겐메이 덴노가 현 나라현의 헤이조쿄(平城京)에 수도를 세우고 천도한[117] 후 일본 열도를 통일한 왜임을 모르고 있었다.

한반도 남쪽 바다 건너 일본이 있고, 한강 북쪽에 평양 대동강 유역에 한사군인 낙랑군이 있었다 하니 한강 이남에 진국이 있었다고 생각했었던 것 같다. 그 진국의 땅에 마한(馬韓), 진한(辰韓), 변진(弁辰)의 3종(種)을 배치하고자 했다.

---

117) 오운홍, 『한국사의 기준점 찾기』, 2022. pp.121-128.

한백겸보다 이전에 권근(權近, 1352-1409)이 최치원의 주장과 달리 마한-백제, 변한-고구려, 진한-신라로 삼한의 개념을 정리하면서 한반도의 서남부에 마한이 있었고 백제가 이를 흡수했다(백제계승론)고 주장했다.

 한백겸은 이를 굳게 믿고, 『후한서』에서 서쪽에 있다는 마한을 한반도 서남부에 배치하고, 신라가 계승했다는 진한을 경주 유적지 근처에 배치했다. 그런데 이들 신라의 일식 기록을 20세기에 와서 천문학자 박창범 교수가 분석해 본 결과 백제와 상대 신라의 위치가 중국 땅에 존재한 것이 밝혀졌는데 당시 한백겸은 이런 줄을 미처 몰랐을 것이다.

 백겸은 진한을 변진에서 빼내어 경주에 배치하고 나서, 나머지 변한을 가야 땅에 배치한 것이 아닌가 한다. 그리고 그는 삼한의 명칭을 잘못 이해한 것으로 본다. 단군왕검이 처음(BC2241) 사용한 삼한의 명칭은 조선(진조선=진한) 외에 마한(馬韓)과 번한(番韓)을 둔 것으로 시작된다.

 (고)조선 후기(BC263)에 번한인 수한(水韓)이 죽고 기후(箕詡)가 이어받으니 훗날 '변한(弁韓)'이라고 불렸다.

 『후한서』의 〈동이 열전〉에서 말하는 삼한은 마한(馬韓), 진한(辰韓), 변진(弁辰)이다. 여기서 변진은 변한과 진한인데, 진한 땅의 남쪽, 허베이성(河北省)과 그 남쪽으로 변한과 진한이 뒤섞여 있음을 기록한 것이다.

 그리고 왕험성은 번한(변한)의 도읍인데, 진한의 도읍과 구분 없이 애매하게 비정하고 있다. 그리고 그는 역사 지도를 자기 나름대로 자신 있게 그려가기 시작했다.

 한반도 대동강 유역에 낙랑군이 있다고 가정하고, 그 북쪽에 있는 청천강을 패수로 비정[118]했다. 한백겸은 패수(浿水)가 중국의 난하(灤河)임을 몰 랐다. 그렇기 때문에 패수(浿水)를 한반도의 청천강으로 비정했었다. 그런데 훗날 안정복이 한반도 청천강을 살수로 보고 한백겸이 본 패수가 잘못되었 다고 살수라고 정정했다. 필자가 제4권에서 밝힌 대로 '한국사의 기준점'인 살수는 중국의 대릉하이고, 패수는 하북성을 흐르는 중국의 난하이다.

두 사학자의 비정은 잘못된 것임이 밝혀지고 있다.

그는 또 북쪽의 압록강과 그 너머 랴오허(요하)를 중국의 한(漢)나라와 (고) 조선의 대치 경계로 보았다. 이는 위(魏)의 관구검과 연(燕)의 모용이 고구려 의 혼동강(混同江, 압록수=요하)까지 진격한 사실을 가지고 송나라 때 지나(支 那)의 국경을 랴오허까지 확대한 소동파(蘇東坡)의 〈화이도(華夷圖)〉를 따른 것으로 본다.

요동(遼東)과 요서(遼西)의 개념을 처음 도입한 진한(秦漢)대의 요수, 그리고 『삼국사기』의 요수가 필자의 책(제4권)에서 조선하(朝鮮河)임을 밝혔다.

그런데 한백겸은 결국 마한→백제, 진한→신라, 변한→가야로 비정하여 한반도 중부 이남으로 보았다. 최치원이 말한 삼한은 마한→고구려, 진한 →신라, 변한→백제이고 중국의 사서가 증명하고 있는데도 바꾸어 놓은 것 이다. 삼한의 위치는 한반도가 아닌 중국 발해만 연안이다. 한백겸의 삼한 론은 틀린 이론이 된다.

이러한 구상 아래 만든 『동국지리지』는 (고)조선의 영역을 압록강과 한강 사이에 있는 소국으로 만들고, 우리의 국혼을 좁은 한반도에 가둔 옹졸한

---

118) 후일, 안정복은 『동사강목(東史綱目)』에서 청천강을 살수라 비정했다.

반도 사관을 만든 장본인이다. 『동국지리지』는 왜곡된 역사이고 위서(僞書)임이 틀림없다.

그런데 『동국지리지』를 금과옥조로 여기는 강단사학계에서 가야를 변한의 땅이라 굳게 믿으며, 가야에서 생산된 철의 상당 부분이 중국 대륙으로 갈 수밖에 없다고 당연하게 생각하고 판단한 것으로 본다.

지금까지를 종합하면, 한백겸의 『동국지리지』는 사실과 전혀 다른 역사이론이라 할 수 있다. 그는 우리 한국사의 상고대 마당을 기울게 한 장본인이다.

『동국지리지』는 우리 한국사에서 지워내야 할 왜곡된 역사서임이 틀림없다.

우선 그가 한반도에 끌어들인 '변한' 또는 '변진'이란 용어를 가야사에서 사용하지 말아야 할 것이다. 다시 말해 한반도에는 '가야'는 있어도 '변한'은 없었으므로 우리 국사계가 국출철을 변한으로 본 것은 잘못된 일이다.

본론에서 제기한 '나라에서 철이 난다'는 국출철(國出鐵)은 진한을 말하며, 동신라에서 산출된 철이 대륙 신라로 연결되어 팔려나간 것으로 본다.

그렇다면 가야의 철은 어디로 갔을까?

다음의 제10장 '금관이라는 지칭과 해상 교역'의 장에서 다루겠다.

제3부

일본 열도와 가야와의 관계

가야인, 나라 세우러 온 것 아니다

제7장 | 일본 열도로 건너간 가락인의 흔적

제8장 | 만엽집으로 본 신라와 규슈와 가야의 언어 관계

제9장 | 역사 페이지가 아까운 임나일본부설

제3부

일본 열도와 가야와의 관계

제7장
일본 열도로 건너간 가락인의 흔적

일본 열도에 남아있는 가야 관련 지명

일본 열도에 가야 관련 지명들이 상당히 많이 있다. 지명을 표기하는 한자의 훈(訓)은 다르지만 읽고 들리는 소리(音)는 대부분 한반도의 가야 땅과 관련 있음을 보여준다.

가야사를 연구해 온 북한 학자 조희승[119]에 의하면, 이들 지명은 6가야의 명칭인 가야, 가라, 아라, 아야, 아나 등과 관련 있다고 한다. 기본 국호(지명)가 세월의 흐름 속에서 약간씩 전화되었다 하면서, 가요(가야), 아요(아야), 아노(아나) 등의 가야 관련 지명의 음(音)은 그대로 두고 중세기 일인들이 한자로 표기할 때 적당히 돌려막았다고 보고 있다.

---

119) 조희승은 재일교포 출신으로 북한으로 건너가 한일고대사 연구에 매진했다. 임나는 가야계가 일본 열도에 건설한 소국, 분국이라는 김석형의 분국설을 계승한 학자다.

그의 '가야계통 지명분포 일람표(큐슈지구)'[120]에 의하면, 가라노가미(이끼섬)는 당신(唐神)으로, 가라노사끼(나가사키현)는 산기(韓埼)로, 가라수시(나가사키현)를 당주지(唐舟志)로, 가라사끼(나가사키현)를 간기(桿埼), 가라(후쿠오카현)는 가라(加羅), 가라시마(후쿠오카현)는 신도(辛島)로 표기했다고 한다.

필자가 보기엔 같은 '가라'라는 음은 같은데, 당(唐, 가라), 한(韓, 가라), 간(桿, 가라), 가라(加羅), 신(辛, 가라)으로 표기하고 있다. 그런데 '가라'는 가야를 지칭하는 것이 아니라 '가야의 땅'을 의미한다.[121] 이들 지명은 한반도 가야에서 살다가 왔다는 표시를 내포한다고 볼 수 있다.

가야의 땅(가라)에서 왔다는 의미를 표기하는 과정에서 가라를 당(唐), 한(韓), 간(桿), 가라(加羅), 신(辛)으로 표기하고 있는데, 읽는 소리는 다르지만 모두 '가야의 땅(가라)'로 인식하고 있다

이밖에도 가야의 땅을 나타내는 지명이 있는데 후쿠오카현에 있는 아라기(荒木), 오오아라(大荒), 고아라(小荒), 아라또야마(荒戸山), 아라히또(良人), 아야하따(綾幡), 아야베(漢部), 아나시(穴石), 아라따(新田), 아라수끼(阿良須岐) 등이 있다.

이들 지명이 대가야나 소가야, 아라가야의 지명과 관련이 있다고 보고 있다. 한마디로 말하면 이들 가야 관련 지명이 한자로 표기된 명칭은 다르나,

---

120) 조희승, 『북한계의 가야사 연구』, 말, 2020. pp.265-266.

121) 본책 2장에서 가야(加耶)와 가라(加羅)의 개념이 다르고 사용처가 다른 말임을 밝혔다. 가야는 국가를 가리키는 고유 명사이고, 가라는 가야 사람이 여기저기 '물고기가 있는 웅덩이' 즉 장소, 가야의 땅을 말하는 보통 명사임이 밝혔다. 다시 말해 가라는 가야의 땅이라는 개념이다.

대체로 가야 땅에서 살다가 왔다는 자부심이 서려 있는 지명으로 보인다.

조희승이 그의 책[122]에서 밝힌 가야 계통 지명 일람표에 의하면, 일본 열도에서 발견된 가야 관련 지명 115곳 중 '가야'라는 지명은 12곳으로 약 10%에 해당한다. 이를 어떻게 해석해야 할까?

다시 말해, 왜(why) '가야'라는 지명보다 '가야 땅'과 관련된 지명이 많을까?

본책 3장에서 살폈듯이 한반도에서는 가야라는 명칭이 17곳이고 가라, 가락이라는 명칭은 흔하지 않다. 일본 열도의 지명은 한반도와 양상이 다르다.

필자가 보기엔, 앞의 제3장에서 보듯 동남아시아 각 곳에 흩어져 있는 가야라는 지명은 인도 가야에서 출발한 이들이 머문 곳에서 자신들의 고향을 밝힌 것으로 보인다. 또 한반도의 가야 지명도 같은 맥락에서 이해할 수 있다.

한편 일본의 가야 관련 지명이 '가야 땅'을 표시하고 있는데, 이는 인도 가야가 아니라 한반도 가야 땅에서 왔다는 고향 땅을 밝힌 것으로 보인다.

그런데 일본 열도에서 가야 관련 지명 중에 '가야'라는 지명이 뚜렷한 12곳(115곳 중)이 새로운 흥미를 끌게 한다. 이곳 역시 앞에서 언급한 것처럼 인도 가야에서 떠나온 사람들이 정착한 곳이 아닌가 하는 의문이 앞선다.

여기서 또 하나의 흥미로운 사실을 발견하게 된다. 일본 열도에서 찾은 '가야'라는 지명이 규슈에는 없고, 세토나이카이(瀬戶內海)에 3곳, 긴키 지역에 5곳, 혼슈 서부 동해안 지역에 4곳이 있다. 다시 말해 규슈에는 가야라는 지명이 없다. 이 또한 흥미로운 사실이다.

---

122) 조희승, 『북한계의 가야사 연구』, 말, 2020. pp.265-270.

같은 논점으로 본다면 인도에서 출발한 가야인은 규슈에 정착하지 않았다고 봐야 한다.

그렇게 보는 이유는, 기원전 당시 철 생산 기술자인 소수의 인도 가야인들이 열악한 채광 기술에 비해 손쉽게 채광할 수 있는 한반도 동남부의 노천 철광 단지에 큰 매력을 느낀 나머지 규슈를 패싱하여 한반도로 직행한 것으로 볼 수 있다. 그리고 그 후에 인도에서 떠나온 가야의 제철 기술자들도 규슈를 패싱한 것으로 보인다.

규슈에는 이미 자리잡고 있는 인도 남부의 타밀인이 철 상품을 다루고 있었고, 고구려에서 온 고마족이 자리잡고 있어, 후발 가야인들이 정착하지 못했다고 볼 수 있다. 또 하나 세토나이카이나 긴키 지역과 혼슈의 서부 동해안 지역은 당시 규슈 지역에 비해 상대적으로 덜 개발되고 덜 조밀한 지역으로 인도 가야인이 정착하기에 손쉬웠을 것으로 보인다.

앞서 말한 가야의 지명 관련, 세토나이카이의 3곳 중 오카야마현의 가야(賀陽)를 살펴보자. 가야(賀陽)는 기비(吉備)군에 있다. 오늘날은 기비군이지만 옛날에는 가야군이라고 하였는데 이 곳에는 가야 계통 지명들이 존재한다.[123] 일본 지도를 보면, 오카야마현 중부에는 해발 400-600m의 기비고원[吉備高原]이 펼쳐지고, 일본 제1의 황화철광인 야나하라철광(柵原鐵鑛) 외에 기비고원 북부의 석회석, 미쓰이시(三石)의 납석, 닌교고개(人形峠)의 우라늄광 등이 있다. 가야(賀陽)가 있다는 기비(吉備)군은 상고 시대에도 철광석이 있어 인도 가야인이 정착한 것으로 보인다. 이처럼 가야(GAYA)의 음(音)이 남아 있는 곳들 가까이에 철광 산지가 있었는지는 더 연구해볼 과제로 본다.

---

123) 조희승, 『북한계의 가야사 연구』, 말, 2020. p.272.

일본으로 건너간 7왕자의 행적

가야사를 쓰는 과정에서 가장 힘들었던 일은 가야의 사료가 일본 문헌사에는 꽤 있는데 국내 문헌사에 별로 없다는 점이다. 『삼국사기』에는 단 몇 줄, 『삼국유사』에는 몇 페이지에 불과하여 가야사를 완성하기엔 너무나 빈약한 역사 자료라고 할 수 있다. 혹자는 현대 사학자 중에 가야사를 연구하는 학자들이 많고 저술도 많은데 무슨 말이냐고 되물을 수 있다.

필자는 현대 사학자들이 고고학적으로 발굴한 성과와 연구를 찬사와 함께 인용하고 있지만, 그들의 역사 인식에는 공감하지 않는다. 왜냐면 한백겸 이후 조선 후기 실학자는 물론 현대 사학자들이 가야의 뿌리가 『동국지리지』에서 말하는 '변한'에 있다고 보고 있는데, 실제로 변한은 한반도에 존재하지 않았기[124] 때문이다. 또 하나는 백제가 한반도에 존재한 적이 없었고, 이에 따라 광개토왕이 남정(南征)했던 코스도 한반도가 아니라는 점이다. 따라서 한백겸 이후 조선 후기의 역사서나 현대 사학자의 역사서들은 허구적 소설에 불과하기 때문에 필자가 보기엔 국내 자료 중 참고할 자료는 빈약하다고 생각한다.

그런 와중에 다행히 현대에 와서 김해 김씨 족보, 보첩(譜牒, 가계 역사서)이 공개되고 이를 인용해 배종덕이 쓴 역사 칼럼이 있기에 잠깐 일부분을 소개하면,

"수로왕과 왕비 허(許)씨 사이에 십씨(十氏=10명의 왕자)를 낳았다. 장자는 태자로서 대를 이어 (2대) 거등왕(居登王)이 되고, 그 차남은 왕후의 국성에

---

124) 오운홍, 『한국사의 기준점 찾기』, 시간의물레, 2022. pp.163-167.

따라 허(許)씨 성을 하사받았다. 또 한 아들 거첨(去尖)은 군(君)에 봉해져 거첨군(去尖君)이 된다. 7명의 왕자는 염세상계(厭世上界)… 성불(性佛)하여 승운이거(乘雲移去)하였다.'고 기록되어 있다. 김수로왕과 인도 아유타국에서 건너온 공주 허황옥(許黃玉)은 한반도에서 최초로 국제결혼을 한 인물이다. 이 두 분은 모두 12명의 자녀를 두었다. 10명의 왕자와 2명의 공주를 낳았다. 장남인 거등왕은 수로왕의 대를 잇게 했고, 둘째 허석과 셋째 허명은 허 왕후의 성을 받아 김해 허(許)씨의 시조가 되었다. 이 때문에 지금도 김해 김씨와 김해 허씨는 서로 결혼하지 않는다.

왕위 계승에서 밀려난 7왕자 즉 넷째 혜진(니니기 추정), 다섯째 각초, 여섯째 지감, 일곱째 등연, 여덟째 주순, 아홉째 정영, 열째 계영은 가야산에서 3년 수도를 끝내고 지리산으로 갔다. 뒤에 허 왕후가 아들들을 찾아 헤매었는데 보옥(寶玉) 선사가 모두 생불이 되어 승천했다고 전한다. '보옥 선사'는 함께 인도에서 건너온 허 왕후의 오빠이며 가야에 불교를 최초로 전한 인물이라 한다.

그렇다면 7왕자는 구름을 타고 어디로 간 것일까? 이들 일곱 왕자는 새 나라를 세우기 위해 바다를 건너 일본 열도의 규슈로 떠난다. 남규슈(南九州)에는 7왕자가 도항 후 부족 국가를 세우고 7개 거점에 쌓았다는 산성 터가 남아있다. 고대 남규슈에 있었던 구노국(狗奴國)은 김해 지방 금관가야국의 별칭인 구야국(狗倻國)의 분신이자 형제 국가였다. 금관가야를 비롯한 6가야국이 건국된 해가 서기 42년이므로 7왕자가 규슈로 도항해간 시기는

2세기[125] 초(?후)반으로 추정된다."[126]

보첩에는 이 밖에도 '서기 199년 거등왕(居登王)은 선견(仙見)이란 이름의 왕자가 신녀와 함께 구름을 타고 떠나자(승운이거) 왕이 돌섬에 올라 선견 왕자를 새겼다'고 한다.

필자는 선견(仙見) 왕자를 김수로의 넷째 왕자 혜진으로 보며, 일본 역사에 나오는 니니기(니니기노미코토)로 추정하고 있다.

이종기에 의하면, '서기 199년에 즉위한 거등왕은 선견이라는 이름의 왕자가 이 세상이 허무하여 신녀와 더불어 구름을 타고 떠나매, (거등)왕이 왕도의 강(江) 중에 있는 돌섬에 올라 선견 왕자를 부르려 하였으니, 바위에 그 모습을 새겨 〈왕초선대〉라 속전 되는지라. 수로왕의 왕녀 비미호는 신녀였다. 그녀는 신녀로 교육받았고 일찍이 왜지(倭地)로 건너가 그 심령적인 능력이 여러 부족 우두머리들에게 차츰 알려지면서, 마침내 끝없는 상쟁(相爭)을 조정하고 그들을 연합해서 다스릴 왕으로 추대되었다(183)'[127].

비미호는 신녀였기에 미혼이었고, 세력이 커질수록 그녀를 가까이 보좌할 역량 있는 남성의 필요성을 절감하게 되었다. 드디어 그의 오빠 거등왕이 즉위하던 해(199)에 가락국으로 가서 남동생 선견 왕자를 데리고, 구름처럼 바람을 타는 범선에 실려 왜국으로 돌아왔다.(출처; 이종기, 『일본의 첫 왕은 한국인이었다』, 동아일보사 1997년 초판 4쇄, p.165, pp.166-168)

---

125) 7왕자가 모두 도일한 것은 거등왕 즉위(199) 이후 200년대 초로 볼 때 3세기 초라 할 수 있다.

126) 배종덕, 〈울산제일일보〉, 역사칼럼 '기리시마 신궁의 천손강림 어신화제(御神火祭)' 2022.01.19.

127) 179년으로 보는 주장이 있다.

『대쥬신제국사』를 쓴 김산호는 선견 왕자가 왕권 쟁탈전에서 밀려나면서 가락국에 남기 보다는 선녀인 누님, 묘견 공주를 따라 배를 타고 망명했다고 한다. 그리고 나머지 6 왕자도 그 후에 합류했다고 한다.

그는 책에서 태자 거등(居登)이 소심하여 형제 왕자들이 자기 자리를 노릴까 하여 경계가 심하므로, 허왕후가 왕자 간에 피비린내 나는 골육상쟁을 염려하여 둘째와 셋째 왕자에게 왕위 계승권을 포기한다는 뜻으로 김씨 성을 어머니의 성인 허씨로 바꾸어주었다고 한다.

필자가 보기엔 거등 왕자의 소심은 의심으로 이어졌고, 위기감을 느낀 허왕후가 왕자들을 보호하려고 노력했던 것 같다.

허 왕후의 성을 받아 김해 허(許)씨의 시조가 된 둘째 허석과 셋째 허명이 허씨 성을 갖게 한 것도 다른 측면에서 바라보면, 첫째 왕자와 나이 차이가 많지않은 둘째와 셋째를 김씨 성에서 제외함으로써 장남인 거등이 불미스러운 일 없이 수로왕의 대를 잇게 하려는 방책이라고 볼 수 있다.

7왕자도 자라나면서 거등이 왕위를 잇는데 경계의 대상이 되었을 것이다. 7왕자 또한 경계의 대상인지라 가야산에서 3년 수도를 받으러 간 것이나 수도를 끝내고 지리산으로 간 것도 피신한 것으로 보인다.

지리산 밑자락에 있는 경남 하동군 화개면 봉황리에 있는 칠불사(七佛寺)의 전설에도 7왕자가 나오는데 하동 역시 그들이 피신한 곳이라고 본다. 때문에 7왕자의 규슈 도항은 이곳 하동포구에서 출발했을 개연성이 있다.

후일 일본 규슈의 남부 지역으로 자리를 옮긴 후, 천손 니니기노미코토(천황가의 황조)가 고국을 바라보기 위해 카라쿠니다케에 올라가서 고국을 그리워했다는 것으로 보아 그가 자발적으로 떠나온 것이 아니라 피신한 것이 확실해 보이며, '7왕자의 피신론'을 제기한다.

따라서 이들이 도피하는 입장에서 도항 인원은 안내하는 시종 외에 그리 많지 않았을 것으로 짐작할 수 있다.

이와 관련해서 보면, 김수로왕과 7왕자에 대한 역사적 정보가 국내 사서에는 별로 없는데, 일본 역사서에서는 찾을 수 있다.

일본 사학계의 권위자인 에카미 나미오(江上波夫, 동경대 명예교수)는 "천황의 조상은 …… 기마 민족으로서 왕권을 수립했다"고 주장하여 일본 사학계를 놀라게 했다.

에카미(江上) 교수의 학설에 견해를 같이하는 학자도 많다.

"천손(天孫)이 츠쿠시(築紫)의 히우가(日向, 후대 용어는 히무까)의 나라에 강림했다. 이 천손은 현해탄을 건너온 것으로 해석된다. 천손, 즉 천황가의 조상은 바다를 건너 북규슈로 왔다. 일본 신화를 전파한 도항인이며 낙동강 하류에 살던 사람이 건너왔다. ……천손 강림 신화와 관련한 소국(小國)을 수립한 것 같다"고 했다(上垣外憲一 카미가이토 겐이치의 『천손강림의 길』에서).[128]

카미가이토가 말하는 천손은 낙동강 하류의 김해에 근거를 둔 김수로왕의 아들인 7왕자를 가리키며, 이들 중에 현대 천황가의 조상이 있다는 것이다. 이와 같은 천손 강림설은 7왕자의 승운이거 설과도 같은 맥락이다.

카미가이토의 말대로 낙동강 하류에 있는 가락국에서 일본 열도에 도착하려면 반드시 거쳐야 할 쓰시마(대마도)의 남·북도를 거쳐 규슈에 도착한 것을 암시한다.

---

128) 최성규, 『일본왕가의 뿌리는 가야왕족』, 을지서적, 1993. pp.14-15.

일본 왕가를 대표하는 정치가이며 역사가인 미카사노미아 다카히토(三笠宮崇仁)가 쓴 『일본의 여명』에 의하면, "천손 니니기노미코토(천황가의 황조)가 많은 시종을 거느리고 삼종(三種)의 신기(神器)를 가지고 '히우가(日向)의 나라'[129] 다카지호노미네(高千穗峰)의 '구지후루'에 강림했다는 일본의 개국신화는 …… 단목하(檀木下)에 강림했다는 조선(한국) 개국의 단군신화, 또한 6가야의 건국 시조가 구지(龜旨) 또는 구시라는 산에 강림했다는 고대 조선의 건국신화와 똑같은 계통의 것이다."[130] 여기서 비록 일본 천황가의 시조가 가야 왕손이라고 직설하지는 않았지만, 남규슈의 '구지후루'와 김해의 '구지봉'을 대칭하고 '똑같은 계통(탄생)의 것'이라고 규정한 것은 일본 왕가의 조상이 가야에서 왔다는 사실을 긍정적으로 이해한다는 견해임이 분명하다.

　일본 『고사기』에 "니니기노미코토는 강림한 후 '…… 이곳[131]은 카라구니를 향하여 ……'"라고 한 대목도 중요한 뜻이 있다. 카라쿠니(韓國)란 현재의 한국이 아니라 가락(駕洛, 伽倻=加羅)을 말한다. '니니기노미코토'가 가야인이었기에 조국 혹은 고국을 향하여 ……라고 해석해야 할 것 같다. 해발 1,700m의 한국악(韓國岳)을 일본어로 '카라쿠니다케'라 하는데, 카라는 가라(伽羅) 땅 또는 가락(駕洛)이고, 쿠니는 국(國)이며, 다케는 악(岳 산)을 뜻한다. 일본에서는

---

129) '히우가의 나라'는 카라쿠니다케(韓國岳)다카지호노미네를 중심으로 현 가고시마 북부와 미야짜끼 지방, 즉 규슈의 중앙산지 이남의 광대한 지역 전반의 통칭을 말한다. (출처; 최성규, p.30)

130) 최성규, 『일본왕가의 뿌리는 가야왕족』, 을지서적, 1993 p.16.

131) 해발 1700m의 한국악(韓國岳)을 말하는데, 일본어로 '카라쿠니다케'라고 한다.

'카라쿠니'를 한자로 한국(韓國)[132]이라고 쓴다. 당시 도래인들이 이 산(카라쿠니다케)의 정상에서 고국을 그리워했다는 것으로 보아 가락국에서 이곳으로 도항했다는 신빙성이 더욱 높아진다.

7왕자는 왜 규슈 남단을 택했을까?

남규슈에 가면 '가야족은 천손이다', '천손은 도항인이다.'라는 전설이 있는데, 김수로왕의 7왕자가 구름을 타고 도달해서 산성을 쌓았다는 궁지(宮趾)도 보존되어 있다.[133]

일본 남규슈 지방은 가야의 문물과 신화, 전설의 집중지이다.

7왕자가 천손이라 한 것은 김수로의 난생설화에서 유래된 것으로 보인다.

7왕자가 일본으로 떠난 때를 김수로왕의 장남 거등왕(居登王, 199~254) 때로 본다면 필자는 3세기 초라고 보고 있다.

남규슈 지방에는 최초 상륙지로 보는 가사사(笠沙) 해변을 드나든 유적과 궁적(宮跡), 가고시마신궁, 한국악(韓國岳)이 있다.

---

132) 일본에서는 보통 한국(韓國)을 '칸코쿠'로 읽는데 이는 20세기 대한민국을 일컫는 한국을 나타내는 것이고, '카라쿠니'로 읽는 고대사의 한국(韓國)은 가락국 또는 가야국을 말하는 것이다.

133) 최성규, 『일본왕가의 뿌리는 가야왕족』, 을지서적, 1993. pp.17~19.

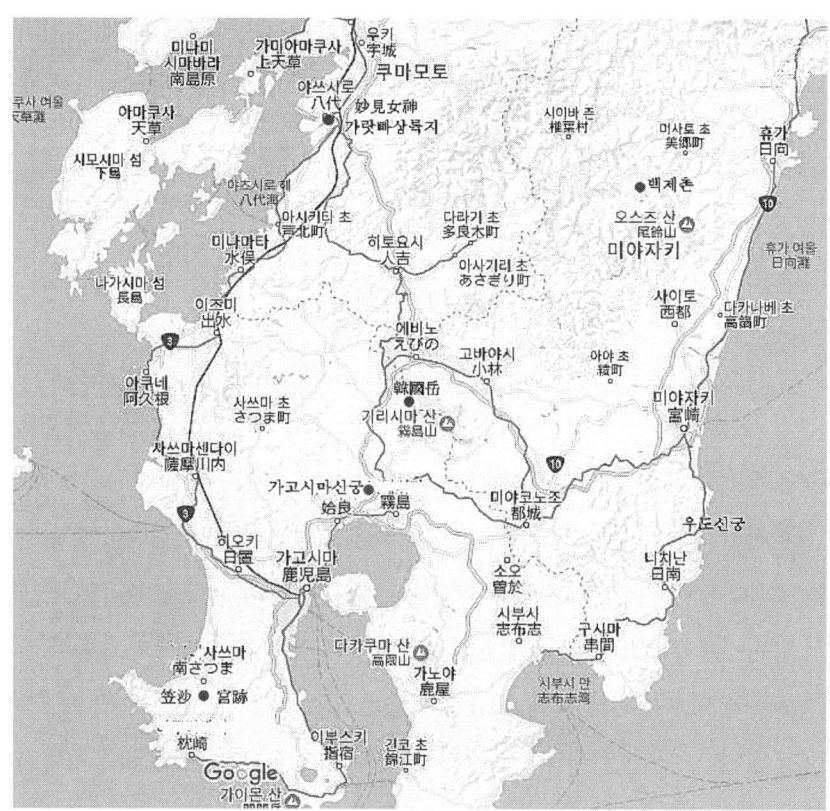

▲ 남규슈 지도〈출처; 구글지도〉

그런데 7왕자의 도항 경로를 보면, 규슈 원주민과의 마찰을 피해 우회로를 선택해 규슈 남단에 닿았다[134]는 점에 주목할 필요가 있다.

규슈의 북부나 중부에는 누가 있기에 이들은 이곳을 피해 남단을 택했을까?

당시 규슈에는 구마모토(熊本)를 중심으로 가야와는 이질적인 집단인 다파나국(多婆那國)이 있었다고 본다. 다파나국에 대한 역사 기록이 있다.

『삼국사기』 권1 〈신라본기〉 탈해이사금 조에 "탈해이사금(脫解尼師今)이

---

134) 최성규, 『일본왕가의 뿌리는 가야왕족』, 을지서적, 1993. pp.134~136.

즉위했다. 토해(吐解)라고도 한다. 당시 나이가 62세였다. 성은 석(昔)씨이고, 비(妃)는 아효부인(阿孝夫人)이다. 탈해는 본래 다파나국(多婆那國)에서 태어났다. 그 나라는 왜국의 동북쪽 1천리 되는 곳에 있다(脫解尼師今立 一云吐解 時年六十二 姓昔妃阿孝夫人 脫解本多婆那國所生也 其國在倭國東北一千里)."

탈해는 다파나국 출생이라 했다. 그 다파나국과 1천리 가량 떨어져 있는 기점인 '왜국(倭國)'은 중국 양쯔강 이남을 말한다.

『삼국사기』는 다파나국(多婆那國)에 대해 한 줄로 설명하지만 이와 동음으로 들리는 다파라국(多婆羅國)에 대해 자세한 역사 기록이 또 있다.

『환단고기』〈태백일사〉고구려본기 제6에 보면, '주몽이 성장하여 사방을 주유하다가 가섭원(迦葉原; 동부여)을 택하여 거기서 살다가 관가에 뽑혀서 말지기로 임명되었다. 얼마 안 되어 관가의 미움을 사서 오이(烏伊)와 마리(摩離)와 협보(陝父)와 함께 도망하여 졸본으로 왔다. 때마침 부여왕은 후사가 없었다. 주몽이 마침내 사위가 되어 대통을 이으니 이를 고구려의 시조라 한다.'[135]

협보가 오이와 마리와 함께 주몽을 도와 고구려를 건국하는데 주역이었다는 것은 한국사를 공부한 사람이라면 누구나 아는 상식이다. 그런데 협보가 AD3년(유리왕 22), 대보(大輔)라는 직책에 있을 때 정사를 소홀히 하는 유리왕을 간하다가 노여움을 사 좌천되어, 관원(官園)의 일을 맡게 되었고, 이에 분개하여 남쪽 한(韓)으로 이주해 갔다가 다시 규슈로 가서 다파라국(多婆羅國)을 건국했다는 역사 기록은 처음 듣는 이가 많을 것이다.

---

135) 임승국, 『한단고기』. 정신세계사, 2016. pp.259-261.

'협보(陜父)는 남한(南韓)[136]으로 도망쳐 마한의 산중에 살았다. (중략) 협보(陜父)는 장혁(將革)을 알고 무리를 유혹하여 양곡을 도둑질하여 배에 싣고 패수(浿水)를 따라 내려와 해포(海浦)로부터 몰래 항해하여 곧바로 구야한국(狗耶韓國)에 이르니, 곧 가라해(加羅海)의 북안(北岸)이다. 여기서 수개월 동안 살다가 아소산(阿蘇山)으로 옮겨가서 기거했다. 이를 다파라국(多婆羅國)의 시조라 한다.〔陜父奔南韓居馬韓山中 (중략) 陜父乃知將革誘衆裹糧舟從浿水而下由海浦而潛航直到狗耶韓國乃加羅海北岸也數月轉徙于阿蘇山而居之是爲多婆羅國之始祖也〕'[137]

이와 같은 협보의 행적은 쉽사리 믿기 어려운 게 사실이다.

그렇지만 지금이라도 일본 규슈에 있는 아소산박물관에 가면 '고구려의 협보가 세웠다는 다파라국' 유적을 만나볼 수 있다.

구마모토(熊本)나 '구마'의 어원[138]은 이때와 관련 있는 것으로 보여진다.

협보가 다파라국의 시조가 되었을 즈음, 석탈해는 박혁거세 시해(AD4)에 성공하고, 남해왕 때부터 군권을 장악하여 대륙 신라의 도읍에 있었다. 다시 말해 석탈해와 협보는 동시대 인물이라고 볼 수 있다.

---

136) 나중에 패수(浿水, 지금의 난하)를 이용하여 일본으로 갔다는 기록으로 보아 남한(南韓)은 고구려 남쪽에 있었다는 난하의 중류 지역의 (만리) 산성 부근, 마한(馬韓)의 옛 땅이라 본다.

137) 임승국, 전게서. pp.265-266.

138) 곰은 일본어로 '구마'라고 한다. 곰(熊=구마), 가미(神), 김(金=기무)은 동원(同源)이며, 한문 표기만 다를 뿐이다. '곰'의 읽기가 '고무', '구마'로 변한 것이다.(출처; 최성규의 『일본왕가의 뿌리는 가야왕족』, p.65.

규슈 중부는 타밀인과 고구려인이 차지하고 있었다

여기서 우리는 놀라운 시사점을 얻게 된다.

그 첫째가 『환단고기』의 기록이 위서가 아니라 사실을 기록했다는 점이다. 『삼국사기』에만 나오는 단 한 줄의 '다파나국'에 대한 기록을 국내외 다른 사서에서 찾을 수 없었는데, '환단고기' 기록에서 그 위치까지 정확히 알 수 있어 삼국사기를 해석하는 해결의 실마리를 얻었다는 점에서 놀라운 일이다.

그 둘째가 다파라국(환단고기)의 '다파라'와 다파나국(삼국사기)의 '다파나'는 고구려의 북방 언어가 아니고 석탈해의 선조가 쓰던 타밀어[139]라는 점이다.

'다파나'는 산스크리트어와 고대 타밀어로 '태양'을 뜻하는 다파나(Tapana) 또는 다파난(Tapanan)과 일치한다.[140] 태양국(太陽國)은 해가 뜨는 나라를 가리킨다. 일본 열도의 일본(日本)이란 어원도 여기서 비롯되지 않았나 한다. 그렇다고 당시 그 땅(다파나)에 왜인(倭人)이 가 있었던 것은 아니다.

그런데 협보가 다파라국의 시조가 되었다는 점에 몇 가지 의문점이 남는다.

협보의 행적 기록에 따르면 그가 규슈에 도착하여 한동안 구야 한국에서 살다가 때를 보아 아소산 밑에 있는 자리에서 구마모토(熊本)라는 이름으로

---

139) 타밀어는 남인도 타밀나두 지역을 본거지로 하는 드라비다어족에 속하는 인도의 언어로, 인도 타밀나두주, 연방직할령 푸두체리에서 공용어로 사용되며, 인도 이외의 지역에서는 스리랑카와 싱가포르에서 각각 공용어의 하나로 지정되어 있다. 말레이시아에도 남인도계가 많아서 널리 사용된다.

140) 이글에서 타밀어 관련 음가 분석 및 동음(同音) 해석은 김정남(한국타밀연구회, Korean Society of Tamil Studies 회장)의 글에 근거한다. 야후 코리아나 네이버 등 검색엔진에 들어가서 '토론토 김정남'을 넣으면 찾을 수 있다.

평정하고 국가의 기틀을 마련한 것으로 보인다. 그런데 구마모토라는 국명 대신에 그 전부터 불리던 타밀어의 지명, '다파나'를 국명 그대로 이어간 것이 바로 의문점이다.

협보가 국명을 바꾸지 않고 '다파나' 지명을 국명으로 차용한 이유가 무엇일까? 아마도 '다파나'라는 브랜드의 가치를 인정했기 때문이라고 본다.

그 셋째가 사관(史官)이 기록한 '다파나국'은 이두식 표기라는 점이다.

석탈해가 정계에 입문하면서 자신이 어디서 왔는지 소개할 때, Tapana(다파나; 태양이 뜨는 곳)에서 왔다 하였을 것이다. 그 말을 들은 신라의 행정관리인 이서(吏胥)나 국사를 기록하는 사관(史官)이 탈해의 발음을 듣고 그대로 多婆那(다파나)로 표기했을 것이다. 그래서 多婆那國所生也(다파나국에서 태어났다)라 기록했다.

多婆那(다파나)의 '婆(파)'[141]에는 석탈해의 기이한 탄생 설화가 들어있고, '那(나)'에는 그곳이라는 장소의 의미를 담고 있다. '多(다)'는 '파도가 많다, 멀다'라는 뉘앙스가 배어 있다.

그 넷째가 가야의 7왕자가 규슈에서 사용했을 가락국의 언어와 다파나국의 언어가 다르고, 그들은 서로 이질 집단이라는 것이다. 그래서 7왕자가 규슈의 중부지역 주민과의 마찰을 피해 우회로를 선택하여 규슈 남단에 닿았을 것으로 보인다. 이 글 끝부분에서 소개하겠지만 진무(神武)가 규슈에서 동정(東征)을 했던 코스를 보면 다파나국을 피해 규슈의 동안을 따라 혼슈로 진입한 경로를 볼 수 있다.

---

141) 바닷가에 닿은 탈해를 노파(老婆) 아진이선이 거두어주었고, 그의 아버지는 함달파왕(含達婆王)이다.

이글을 통해 '다파나국'이 규슈의 중심지로 파악되었지만 '용성국'에 대한 해답은 찾지 못했다.

『삼국유사』〈기이편〉에 아진포(현 경상북도 나아리)의 한 노파(老婆)가 바닷가에서 탈해를 실은 궤를 발견한다. 궤에서 나온 사내아이가 "나는 용성국(龍成國)의 왕자다. (중략) 나의 아버지는 함달파왕(含達婆王)이다."라 했다.

여기서 용성국이 나온다.

한 가지 해결책을 연다면, 앞에서 언급했듯이 타파나(태양)가 타밀어라는 점, 석탈해의 아버지 함달파가 용성국의 왕이라는 점을 근거로 그 해답을 인도 타밀지역에서 찾을 수 있다.

『삼국유사』에서 말하는 용성국(龍城國)의 '용성'은 당시 촐라왕국 도시들 가운데 대장간과 철기 제작으로 잘 알려진 항구도시 나가파티남(Nagappattinam)[142]을 가리킨다고 주장하는 사람[143]이 있다. 김정남의 해석에 따르면, 나가파티남(Nagappattinam)의 나가(Naga)는 본래 타밀어로 '코브라'를 뜻하지만, 힌두교도들에겐 코브라가 용으로 전화되어 숭배 대상이 됐기 때문에 '용'으로도 일컬어진다. 파티남(pattinam)은 '도시'를 뜻해 '나가파티남'은 '용성(龍城, CIity of Dragon)'을 의미한다. 따라서 석탈해가 철기 생산 및 해상무역으로 번성했던 국제도시 나가파티남, 즉 용성에 있었던 촐라 왕국을 용성국으로 지칭한 것으로 보인다.

---

142) 인도 남동부 타밀나두 주 탄자부르 행정구에 있는 도시. 벵골 만 연안에 있는데, 스리랑카섬 북쪽 곶에 있는 자프나 도시에서 보면 포크 해협(Paik Str.) 건너편에 있다. 고대 항구도시로 그리스 로마 시대에는 유럽과 교역을 했다고 한다. 주산업은 선박수리, 어업, 압연, 강철·금속제품 제조 등이다.

143) 김정남(한국타밀연구회, Korean Society of Tamil Studies 회장)

나가파티남에는 대장장이를 뜻하는 '석'('석갈린감'의 줄인 말)이라는 이름을 가진 사람들이 대거 거주했었고, 동시에 타밀인들의 해외 진출 전진 기지였던 만큼 대장장이 가문인 석탈해의 선친과 가족들이 이곳에서 동아시아를 향해 떠났을 것으로 추정된다. 이같이 다파나국과 인도 타밀니두의 나가파티남을 연결하는 것은 타밀인에 의한 가야의 해상 교역과도 관련이 있기 때문이다.

지금까지 타밀인들이 규슈의 중부지방인 구마모토를 중심으로 다파나국과 같이 존재하고 있었음을 소개한 까닭은 가락의 7왕자가 왜 규슈의 남단에 가서 자리 잡았는지 그 이유를 찾기 위해서다.

최성규의 주장처럼, 규슈 원주민과 마찰을 피해 우회로를 선택해 규슈 남단에 닿았다[144]고 볼 수 있다.

그런데 다른 주장이 있다. 규슈의 가야계통 지명 35곳[145]이 규슈의 북단 이토시마(糸島)반도를 중심으로 밀접하게 분포해 있음을 볼 때, 7왕자들도 이곳에 정착할 수 있었을 텐데, 규슈 남단까지 가게 된 이유는 김해에서 (거등왕) 손이 닿지 않는 완전한 피신처를 찾는 데 있지 않았나 추론할 수 있다.

---

144) 최성규, 전게서, pp.134-136.

145) 조희승, 전게서, pp.265-266.

세토나이카이로 진출한 가야의 후예

일본의 저명한 사학자인 아라타 에이세이(荒田營誠)는 구름을 타고 떠났다(乘雲離去)는 7왕자가 현해탄을 건너 일본 규슈에 도착하여, 일본 신대(神代)의 건국 주역이 되었다는 논문을 발표한 바 있다.

그가 말하는 신대(神代), 즉 「신의 시대」에 활동했던 무대는 규슈 남쪽 미야자키(宮崎)현에 자리잡은 쿠지후루다케(久土布流多氣=龜旨峯, 또는 다카치호미네, 1,574m)와 바로 인근의 카라쿠니다케(韓國岳, 1,700m)라는 산이다. 쿠지후루다케는 김수로왕의 강림 장소인 경남 김해의 구지촌봉(龜旨村峯)과 똑같다는 말이고, 카라쿠니다케의 카라쿠니는 「가락국」의 일본어 발음인데 거기서 고국인 가락국이 보인다는 산이다.

일본 최고(最古)의 역사서인 『일본서기』와 『고사기』에는 두 산을 배경으로 「천손강림(天孫降臨)」신화, 즉 일본 건국의 시조 신화를 등장시키고 있다. 『고사기』에는 일본의 초대 왕인 진무(神武)천왕의 증조부이자 가야국 7왕자의 화신(化神)으로 표현되는 니니기노미코토가 쿠지후루다케에 강림하여 제천 의식을 올린 후 인근 카라쿠니다케로 올라가 북쪽의 한반도를 바라보며 "여기는 좋은 곳이다. 왜냐하면 카라쿠니(가락국; 한국)를 바라보고 있기 때문이다"라는 조칙을 남겼다고 기록하고 있다. 즉 니니기노미코토의 조국이 카라쿠니, 즉 가락국임을 강력하게 시사하고 있는 것이다.

또 일본 동경대 명예교수이자 동대학 오리엔트 박물관장인 에카미 나미오(江上波夫) 교수는 지난 세기, 91년 김해 대성동의 가야 고분 유물 등을 확인하고 귀국한 뒤 〈월간 아사히〉를 통해 '김해 구지봉에서 시작되는 가야의 건국신화와 구지봉과 동일한 의미의 규슈 쿠지후루다케의 일본 건국신화에서 도저히 우연이라고 말할 수 없는 일치된 점을 일찍이 발견했던 미시나 아키히데씨의 설에 동의한다'는 요지로 장문의 글을 발표한 바 있다.

그는 더 나아가 가야인들의 규슈 이주와 니니기노미코토의 등장, 그의 증손자[146]인 진무(神武)가 규슈에서 동정(東征)을 시작하여 야마토(大和)를 평정한 뒤 일본의 초대 왕이 되었다고 발표함으로써 일본 사학계에 엄청난 충격을 던져 주었다.

왜냐면 일본 역사에서 초대 진무(神武) 천황은 BC660년 즉위를 기정사실로 보고 있는데, 니니기노미코토의 증손자인 진무(神武)로 보면 4세기 이후의 인물이 되어 약 1,000년의 연대 차이가 생기고, 그들의 자랑스런 천황의 연대표가 꼬이기 때문에 커다란 충격이 아닐 수 없었다.

그렇지만 필자가 보기엔 일본 학계에서 내놓은 진무의 동진 코스와 관련된 유물과 유적에 대한 연대 조작과 상관없이 그간 고고학적으로 추론한 진무의 코스 자체는 신뢰할 만하다.

진무(神武) 천황의 진출 경로는 규슈의 동해안을 따라 북상하여 북규슈에서 다시 동진하여 세토나이카이(瀨戶內海) 북안의 해로 즉 혼슈의 남단을 제압하면서 오사카와 나라에 이른 것으로 본다.

이 과정에서 구마모토를 중심으로 한 규슈의 타파나국을 비켜가면서 당시 규슈의 정치와 문화에는 영향을 주지 못한 것으로 본다. 진무 천황이

---

146) 최성규, 전게서, pp.58-63.에 의하면, 일본의 『고사기』에서 말하는 니니기노미코토(니니기)가 선주민 오야마쓰미의 딸 고노하나사쿠야히메와 결혼하여 세 명의 황자, 호데리, 호수세리, 호오리를 낳았는데, 그 중 호오리는 황자 우가야후키아에즈(니니기의 손자)를 낳고, 아에즈는 또 아들(니니기의 증손)을 낳았는데 이가 곧 진무 동정의 대업을 이룬 진무(神武)천황이다.

진출할 당시 일본 열도에서 규슈가 다른 지역보다 문명 발전이 앞서 있었다고 할 수 있다.

▲ 신무천왕의 동천 코스

불을 다루는 가락인들의 일본 열도 진입

일본으로 건너간 가락인은 인구 증가요인이 되었다. 그러나 인구 증가요인은 7왕자의 도일보다는 다른 곳에서 찾아야 할 것 같다.

오사카에 있는 국립민족학박물관(国立民族学博物館)의 고야마 슈우조(小山修三) 박사가 야요이 시대 이전 시기인 조몬 시대(縄文時代) 후기의 추정 인구를 약 7만 6천 명, 그리고 1천 년 후인 7세기의 추정 인구는 5백 4십만 명이라고 밝혀놓은 연구 결과가 있다. 이것을 연평균 인구 증가율로 계산하면 이 사이의 평균 증가율이 0.4%를 넘는다는 수치가 나온다.

그런데 기원 1년부터 1천 년간의 세계 인구 증가율의 평균치는 1년에 0.1% 이하라는 것이 세계적 통설이다. 이런 추세로 보면, 유독 일본에서만 인구 폭발에 가까운 0.4%의 인구 증가율이 있을 수 없기 때문에 결국 대량 이주에 의한 사회 구성원 증가가 있었다고 생각할 수밖에 없다.

이밖에도 일본에서 발굴되는 도자기 등 고고학적 유물이 한반도 전래설을 입증해 주고 있다.

박천수는 『가야문명사』에서, 일본 열도에서 발굴된 가야 문물들, 관식(冠飾)과 이식(耳飾) 등의 장신구, 토기, 철정과 농·공구 등의 철기, 무기(武器), 화살통과 판갑 등의 무구(武具), 말과 마구 등을 볼 때, '일본 열도와의 교류'를 넘어 일본 열도의 문명화에 기여한 것으로 판단하고 있다.

그의 저서에 의하면, '오사카부 오바데라유적의 가마유구인 TG231, TG232요(窯) 출토 토기는 일본 열도에서 지금까지 최고 형식으로 설명되었던 스에무라(陶邑) TK73 형식보다 확실히 한 단계 선행되는 초기 스에키[147]로 평가된다(朴天秀 1993). 즉 일본 열도에서 최초로 회청색 경질토기를 생산하는 가마가 오사카 남부에서 조업을 개시한 것이다. 이 유적에서는 여러 기종의 토기가 출토되었으나 그 가운데 특히 고배(高杯)의 개(蓋)는 (금관) 가야 지역의 출토품과 구별이 되지 않을 정도로 흡사한 제작기법으로 만들어졌다.'[148]고 한다.

필자가 보기에는 일본 열도에서 제작 기술을 수입한 것이 아니라 생산 기술자(공인)가 그곳에 이주한 것으로 본다.

---

147) 스에키(sueki)는 일본 토기의 하나. 회색 또는 회갈색으로, 단단하며 모양이 정연하고 치밀하다. 가야토기의 직접적인 영향을 받았다.

148) 박천수, 『가야문명사』, 진인진, 2018. p.219.

'5세기 전엽 일본 열도에서 확인된 가장 이른 스에키요인 오사카부 오바데라 유적에 이어 시코쿠(四國) 지방에서도 초기 스에키요의 조업이 개시된다. 시코쿠 지방의 초기 스에키 가마인 카가와현(香川縣) 미야야마(宮山)요, 미타니사부로이케(三谷三郞池)요에서는 통형 각부에 능형 혹은 원형의 투공을 가진 통형 고배가 출토되고 같은 시코쿠의 에이메현 사루카타니(猿ヶ谷) 2호분과 후나카타니(船ヶ谷) 유적에서 집중적으로 아라가야 양식 토기가 출토되고 있어 이 지역 초기 스에키 생산 공인은 함안지역의 공인(工人)일 가능성이 더욱 높아졌다. 더욱이 교토부(京都府) 우지시가이(宇治市街) 유적 출토, 389년을 전후한 시기의 초기 스에키는 발형기대가 소형인 점과 시문된 삼각거치문이 함안군 오곡리 3호묘 마갑총 출토품과 유사한 점에서 기나이(畿內)지역에서 아라가야계의 공인이 제작한 것으로 본다.

　일본 열도에 이입된 아라가야 문물은 5세기 전엽 가가와현(香川縣) 미아야마(宮山)요(窯), 미타나사부로이케(三谷三郞池)요에서 보이는 바와 같은 새로운 토기인 회청색경질토기를 제작하는 제도(製陶)기술을 들 수 있다. 그리고 나라현(奈良縣) 신토(新堂) 유적에서는 유로에서 화염형투창고배가 송풍관, 노재(爐滓), 시루 등의 한식계 토기와 함께 출토된 것에서 이 시기 일본 열도에 아라가야로부터 철기 제작 공인이 이주한 것으로 본다. 이러한 점에서 5세기 전엽 아라가야의 제도(製陶), 철기 제작 기술이 일본 열도에 이입된 것으로 본다.'

　도자기의 제도(製陶) 기술은 철기 제작 기술과 함께 높은 온도를 유지해야 하는 노와 송풍구 등의 제작 기술을 공유한다는 점에서 떨어질 수 없는 상관관계를 맺고 있었다고 본다.

　다음의 12장에서 논의하겠지만, 한반도 아라가야에서 철광석의 고갈로 인해, 철 생산 기지를 옮겨야 할 상황에서 경상남도 내륙 지역으로 진출한 세력도 있고 일본 열도로 이입한 세력도 있었다고 본다.

일본 열도로 건너간 이주민 중에는, 가라 혹은 아라와 같은 지명을 쓰는 가락에서 이입한 사람들, 가야의 지명을 쓰는 인도 가야에서 온 사람들, 연오랑세오녀처럼 신라에서 넘어간 사람, 중국 전란과 진시황의 폭정을 피해 서불의 도항과 같이 대탈출한 사람, 전한을 무너뜨렸다가 후한의 광무제에 쫓긴 신나라 지지 세력들이 있다. 이들의 이주는 일본의 야요이 시대와 고훈(古墳) 시대에 집중적으로 이루어졌고 일본 열도 인구 증가의 원인이라고 할 수 있다.

제8장
만엽집으로 본 신라와 규슈와 가야의 언어 관계

난해한 만엽집을 이두식으로 풀다

지난 세기말, 이영희 교수(포스코 미래창조아카데미)가 일본의 고서 '만엽집'(萬葉集)을 이두식으로 새롭게 해석하여 한·일 고대사에 새로운 물꼬를 텄다.

만엽집을 잠시 소개하면, 노래 가사 4천 5백 16수를 모은 책으로 8세기 초에 간행된 것으로 보고 있다.

일본 학자들은 '만엽집'을 그동안 중세 일본어와 현대 일본어의 틀에서 해독하려고 무진 애를 써 왔다. 그러나 고대 한국어로 쓰인 것이 중세 일본어로 읽힐 리가 없었다. 그래서 일본인들은 정체불명의 문장으로 여겨 왔고 그저 연애시나 당시 풍속을 그린 옛 노래라며 풀어내기 힘든 글로 여겨왔다.

1989년까지 일본 대학입시에는 항상 난해한 '만엽집' 문제가 출제됐다. 참고서업계가 수많은 책자를 내놓고 학자들이 연구논문을 냈으나 명쾌하지 않은 내용을 공부하기 위해 학생들은 괴로움을 감수했다고 한다. 그런데 이영희 교수가 '만엽집'을 우리 고대어로 새롭게 해석하여 '또 하나의 만엽집'을 일본에서 출간했고, 출간하자마자 베스트셀러가 되면서 일대 파란을 일으켰다. 그동안 일본 학계의 해석을 정면으로 뒤집은 것이다. 당연히 일본 학계와 참고서 출판업자들의 반발이 거셌다. 그러나 이 교수는 "제대로 해석하지도 못한 만엽집 문제로 인해 입시에서 낙방한 학생과 학부모가 재판을 제기했을 때 명확하게 밝힐 수 있겠냐?"고 반박했다. 이 책 발간 후 일본 대학입시에서 만엽집에 관한 문제가 빠졌다고 한다.

만엽집을 해석한 이영희 교수의 저서 『노래하는 역사』에서 가장 난해하기로 유명한 한시 가사 하나를 골라 살펴보자.

누카타노 오키미(額田王)가 지었다는 단가 한 수가 있다. 만엽집(萬葉集) 총 4,516수 중 그녀의 작품은 장가 3수 단가 10수가 실렸다. 아홉 번째로 등장하는 이 단가는 난해하기로 유명하여 일본인이 손도 못대는 구절이다.

누카타노 오키미는 7세기 후반에 활동한 유명한 가인(歌人)이다. 천황 두 명과 대를 이어 사랑을 나눈 여자였으니 절세가인(絶世佳人)이었을 것이다.

행우기온천지시(幸于紀溫泉之時) 액전왕작가(額田王作歌)
-기(紀) 온천에 행차했을 때 액전왕이 지은 노래-

막효원인지(莫囂圓隣之)

대상칠형조알기(大相七兄爪謁氣)

오뢰자지사립위겸(吾瀨子之射立爲兼)

오가신하본(五可新何本)

이 노래는 25자인데 한시(漢詩)라기 보다 단가라 할 수 있다. 밑줄 친 12자는 지금까지 일본 학계가 해독하지 못하고 완전히 포기한 구절이다. 일본 학자들은 앞의 12자는 손도 대지 못하고, 뒤 13자만 음률을 맞춰 '나의 님께서(5)/ 서서 계시었겠지(7)/ 저 감탕나무 밑에(7)'라고 옮길 정도였다. 그들은 무슨 의미인지 감조차 잡히지 못한 상태에서 말이다.

이영희 교수가 해석한 것을 보자.

莫囂圓隣之: 마게 동굴리지 [남근(마게)[149]) (끼우고) 돌리고 굴리지]

大相七兄爪謁氣: 큰 샅이레 쪼메 알게 [큰 두 다리 사이를 알고 싶어]

吾瀨子之射立爲兼:오라 자지 소스이까네 [오(어)라, 남근(子之) 섰으니까네]

五可新何本: 오가세 뫼 아래 [오고 가고(入出) 하세, 여근(女根) 아래 여러 번]

---

149) 莫, 우리식 음독으로 「막」이라 읽힌다. 받침인 「기역」은 없애고 「마」로 쓰고 있다. 이두는 이와 같이 받침을 잘라서 쓰는 경우가 적지 않다. 「莫」은 일본식 음독으로도 우리와 비슷한 「마쿠」(마쿠)다. 그중 첫소리만 따면 역시 「마」가 된다. 囂는 우리식 음독으로 「효」라 읽힌다. 그러나 일본식 음독으로는 「고우」(고우)다. 옛음으로는 「게우」(게우)라고도 읽었다. 그 첫소리만 따면 「고」 또는 「게」다. 그래서 「莫囂」 두자는 「마고」「마게」라 읽어진다. 마고, 마게란 대체 무엇인가.

단재 신채호(申采浩) 선생의 「조선상고사」 등에 의하면 껍질을 벗긴 삼대, 즉 겨릅대를 우리 옛말로 「저릅」 또는 「삼게」라 불렀는데, 이것을 「계립(鷄立)」 또는 마목(痲木), 「마계(痲稽)」라 이두 표기했다 한다. 껍질을 벗긴 삼대가 남근 모양같다 해서, 「저릅」 또는 「삼게」는 「남근」의 뜻으로 쓰인 우리 옛말이다. 경상북도 문경(聞慶)의 북산 이름은 계립령(鷄立嶺·옛 이름은 「저릅재」)이다. 이것은 산 모습이 마치 남성의 성기 같다 해서 붙여진 것이라고 한다. 「저릅」, 「계릅」이란 소리를 「계립(鷄立)」이란 한자로 옮겨 쓴 이두 표기라 할 수 있다.

한편, 「삼게」는 「마게」라고도 불렸다. 712년에 편찬된 일본의 또 하나의 고대 역사책 「고사기」(古事記)의 신화편에는 「마구하히」(痲具波比·마구하히)라는 말이 자주 등장한다. 「성행위」를 뜻하는 낱말이다. 「마구」(痲具)는 「마게」와 같은 말, 즉 「남근」. 「하히」(波比)는 「부비」의 우리 옛말 「바비」를 일본식으로 읽은 것으로, 「마구 바비」는 「남근 부비」라는 성행위를 뜻하는 우리 옛말임이 밝혀진다.

액전왕은 「莫囂」(막효)라는 두 자로 이 「마게」 즉 「마구」(「마고」라고도 발음되었음)를 표현하려 한 것이다. 「마게」를 표기하는데, 하필이면 왜 이렇게도 어려운 한자를 골라 썼을까. 여기에는 나름대로의 이유가 있다. 해독을 다 한 후에 설명하기로 하자. 「圓隣之원린지」3자는 「동글리지」 말을 이두식으로 표기한 글자이다 .즉 「동굴리지」(돌리고 굴리 지)의 뜻. 「마게 동글리지」. 노래는 이렇게 첫 구절부터 심상치 않게 시작된다.

〈출처 – 이영희 – 노래하는 역사〉

온천에 한가히 휴양차 행차한 천왕 옆에서 액전왕(額田王)이 흥을 돋우기 위해 즉흥적으로 붓을 들고 지어 부른 노래 가사로 본다. 마치 남녀 간의 성애(性愛) 행위를 상징하는 듯한, 살아있는 예술적 권주가(勸酒歌)라 할 수 있다.

이영희 교수는 일본 동경으로 유학간 아버지와 어머니 사이에서 태어나 해방 전에 초등학교까지 철저한 일본 교육을 받아 현지인의 정확한 일본어 발음을 습득하고 귀국했다. 해방 이후 중학교 시절 포항에서 살면서 경상도 사투리를 익히고 한국일보 문화부 차장 시절 우리 역사와 일본 역사에 관심을 가지고 역사 공부를 시작했다 한다.

우리 고대어는 사투리가 잘 살아있기에 고구려 언어계통인 북한 사투리, 마한계(?) 언어인 전라도 사투리, 신라와 가야계 언어인 경상도 사투리, 그리고 우리식 이두, 일본식 이두를 공부해 한일 역사 연구의 새 지평을 연 것이다.

다음은 아남그룹 명예회장 김향수의 〈한일 문화유적 탐방기〉에서 발췌한 내용이다.

일본 규슈(九州)의 중부지방 구마모토(熊本)현 야쓰시로(八代)시에 가 보면, 야쓰시로시를 흐르는 구마천(球磨川) 센가와교 바로 옆에 세워진 하동도래비(河童渡來碑)가 있다. 화강암에 새겨진 비문에는 '지금으로부터 일천 수백 년 전 3천여 명의 하동(河童)이 이곳에 와서 바위가 닳아 없어질 때까지 축제를 베풀었다. 이 축제가 오늘날까지 전해오는 '오레오레데―라이타(オレオレテ――ライタ)이다'라는 구절이 있다. 나(김향수)는 이 비문을 읽어보면서 매우 (해독함에) 흐뭇함을 느꼈다. 일본인들은 알 수 없어 했지만 '오레오레데―라이타'라는 말이 무슨 뜻인지를, 한국 사람들 특히 영남지역 사람 들은

이것을 읽으면 금방 무슨 말인지를 안다. '오래오래 되었다'라는 영남지방 사투리이기 때문이다. 또 일본인들은 '하동'에 대해서도 해석을 덧붙이고 있었다. 중국 구천방(九千坊)의 하동 집단이 양자강 하구로부터 황해로 나와 일본까지 헤엄쳐 와 결국 구마모토현 야쓰시로에 상륙했다는 것이다. 또 하동의 조각상도 만들어 놓았는데 얼굴은 원숭이 얼굴에 코와 입은 돼지처럼 만들어 놓았다. 게다가 하동이 중국에서 일본까지 헤엄쳐왔다는 것을 합리화시키기 위해 손가락과 발가락 사이는 오리발처럼 물갈퀴를 만들어 놓기도 했다.

필자가 보기에는 김향수가 본 하동도래비(河童渡來碑)의 '오레오레데─라이타(オレオレテ--ライタ)이다'를 '오래오래 되었다'라는 영남지방 사투리로 읽은 것이 이두식 해석이라고 본다.

김향수는 '하동'에 대해 원래 '가라(가야)에서 온 무리'를 뜻하는 말이라고 보았다. 그런데 필자는 제4권[150] 제5장의 '서복 동도'의 일행으로 본다.[151] 가야인이 도항하기 이전의 일이다.

또 하동도래비의 '일천 수백 년 전'을 보는 '지금'이라는 기점에 대해, 정한론이 대두된 18세기가 아니라, 『일본서기』가 쓰여진 후 지명(地名) 정리를 하던 헤이안(平安)시대로 본다.

이두식 표기는 아직도 한반도의 우리 역사와 생활 속 곳곳에 남아있다.
필자의 책, 『고대사 뒤집어 보기』에서 신라의 '이사금(尼師今, Nisagum)',

---

150) 오운홍, 『한국사의 기준점 찾기』, 시간의물레, 2022. pp.275-290.

151) 사마천의 『사기』에 '60척의 배와 5,000명의 일행에는 3,000명의 동남동녀와 각각 다른 분야의 장인들이 동반했다.'는 기록이 있다.

대비마마의 '대비(大妃, Devi=God dess)', '각간(角干, Kokkan)' 등이 타밀어에 뿌리를 둔 이두식 명칭임을 밝힌 바 있다.[152]

건축용어에도 '廻欄竹(회란죽)', '耳機石(이기석)' 등이 남아있다.
'廻欄竹'을 보며 난간 둘레에 대나무를 심었다는 뜻인가?로 볼 수도 있다.
'耳機石'은 건축용어라는데 이석(耳石)은 아닐테고……?
실제로 '廻欄竹'을 '회란죽'으로 읽지 않고 건축가는 '돌란대'로 읽는다. 廻(돌 회)+欄(난간 란)+竹(대 죽)에서 훈이나 음을 따서 돌란대로 읽는 것이다.
돌란대는 팔각정(八角亭)이나 육각정(六角亭)의 정자(亭子) 마루 바닥에 올라가 보면, 정자 지붕을 떠받히는 6~8개의 기둥 밖으로 돌아가며 난간대가 있는데 이를 말한다.

'耳機石'도 '이기석'으로 읽지 않고 '귀틀석'으로 읽는다. 耳(귀 이)+機(틀 기)+石(돌 석)의 합성어인데, 정자나 기와집 기둥을 받히는 주춧돌이 있는 평지 기단이 벽돌이나 판석으로 깔려 있다면, 사각형 기단의 모서리에 ㄱ자 모양의 돌이나 벽돌로 마감하여 물러나지 않게 틀어막는 장치를 귀틀석이라고 한다.

이두식 표기란 순우리말을 한자로 표기한 것이다. 다시 말해 우리말+한자 표기라고 할 수 있다. 돌란대(廻欄竹)나 귀틀석(耳機石)을 제대로 읽으려면 건축에 대한 상식이 있어야 한다.
이영희 교수가 '만엽집'을 제대로 읽을 수 있었던 데는 경상도 방언(신라어)

---

152) 오운홍, 『고대사 뒤집어 보기』, 시간의물레, 2020. pp.64-67.

을 알았기에 가능한 일이라고 본다. 이 교수가 해석한 이두는 동이어(東夷語)+한자+경상도 방언이다.

필자가 경상도 방언이라 하면서 신라어를 강조하는 데는 이유가 있다.

다파나국과 동신라는 타밀어를 공유했다

앞의 7장에서 '다파나국'의 중심지가 규슈임을 파악할 수 있었다.

『삼국사기』에 석탈해의 출생지 '다파나국'의 어원은 타밀어인 타파나(태양)에서 찾을 수 있다 하였다.

『삼국유사』에 따르면 석탈해의 아버지 함달파가 용성국의 왕이라는 점, 그 용성국(龍城國)의 '용성'은 당시 인도 남부의 촐라왕국 도시들 가운데 대장간과 철기 제작으로 잘 알려진 항구도시 나가파티남(Nagappattinam)을 가리킨다고 소개했다.

나가파티남이 있는 타밀나두주는 타밀어를 사용하는 지역이다.

타밀어를 소개하기 전에 독자에게 한 가지 질문할 것이 있다.

귀하(독자)가 어느 날 갑자기 외국 땅에 혼자 서 있다고 가정해 보자.

한국어 말고는 영어를 비롯하여 외국어를 하나도 못하는 언어 수준이라고 할 때 생존을 위해 존재할 수 있는 곳이 이 지구상에 어느 곳이 있겠는가?

중국 조선족이 살고 있는 지린성이나 흑룡강성이면 가능할 수 있다. 우선 의사소통이 가능하기 때문이다. 이곳 조선족은 남의 족속이 아니라 고려나 조선시대에 압록강과 두만강을 넘나들던 우리 족속의 일부인 것이다.

언어가 통하는 것은 당연한 일이다.

언어가 통하는 곳이 또 있다.
혼자 불안한 모습으로 서 있는데 이런 소리가 들린다.
"헤이(Hey, 이봐), 잉(인)게 봐!"
"헤이, 잉(인)게 와!"
'잉(인)게 봐'는 '이리(여기)로 봐', '잉(인)게 와'는 '이리로 와'란 뜻이다.
돌아봤더니 이쪽(자기 쪽)으로 오라고 손짓을 하고 있다.
정말 신기하고 놀라운 일이다.
이렇게 소리 지른 사람은 피부가 회색인 인도 타밀나두주의 사람이다.
김정남(한국타밀연구회 회장)에 의하면, 우리와 타밀간의 유사성은 언어 및 전통민속놀이 등에서 상당수가 발견된다고 한다.

첫째, 현대 타밀어에서 우리말과 똑같은 말이 속속 포착되고 있다. ( )안은 우리 말의 뜻이다.
"아버치(아버지), 아빠(아빠), 암마(엄마), 안니, 언네(언니, 형), 에자마니(아주머니), 왕(왕, 王)"
"난(나는), 니(니, 너), 니, 인거 바!(너, 이거 봐!), 니, 인거 와!(너, 이리 와!), 가다(가다), 사남(사람)"
"난, 우람(난, 우람하다), 갈비(갈비), 난, 닝 갈비다 우람(난, 니 가슴보다 우람하다)"
"난, 비루뿜(난, 빌다), 바나깜(반갑다), 난, 서울꾸 완담(난, 서울로 왔다)"
"모땅(몽땅), 빨(이빨), 무크(코), 깐(눈깔), 코풀(배꼽), 궁디(궁디, 궁둥이)" 등 거의 똑같은 단어와 어귀들이 적지 않다.

둘째, 농업용어 중에 특히 똑같은 말이 많다. 우리말의 비단, 삼, 길쌈, 벼, 풀(草) 등은 고대 타밀어와 그 발음과 뜻이 완전히 일치한다. 다만 쌀을 '쏘루'로 발음하는데 지금도 경상도에서는 '살' '설'이라고 발음한다.

경악할 정도로 너무나 똑같은 농경사회의 주요 명칭들이다.

셋째, 농경사회에서 발생한 우리의 전통 민속놀이의 형태와 명칭이 타밀의 그것과 일치한다.

새해 첫 날 우리들이 즐기는 윷놀이, 제기놀이(또는 제기차기), 쥐불놀이, 팽이놀이 등 민속놀이도 당시 타밀어로 각각 '윷노리(Yuddh, Yuth Nori)', '제기노리(Jegi Nori, 제기차기)', '추불 노리(Chupul Nori, 쥐불놀이)', '팡이 노리(Pamgi Nori, 팽이 치기 놀이)'로 불리며 그 형태도 완전히 똑같다.

'놀이'는 고대 타밀어로 노리(Noori), 또는 노루(Nooru)로 불렸으며, 현재 타밀어로는 빌햐야들(Vilaiyattu)로 불리고 있다. 타밀인들이 피부색만 다를 뿐이지 바로 이웃 사람으로 느껴진다.

넷째, 아기를 키울 때, 혹은 달랠 때 용어가 너무도 일치한다.

도리도리, 짝자꿍, 곤지곤지, 죔죔, 어부바, 까꿍 등 너무나 닮은 판박이다.

이 정도로 타밀인들의 언어와 생활문화가 우리와 닮았는데, 어떻게 한반도로 연결된 것인가?

만엽집에 쓰인 일본 고대어는 한반도에서 간 것 아니다

　만엽집을 한국 고대어로 해석한 것을 보며, 당시 한·일 학자들은 비상한 관심을 갖게 되었다. 특히 한국의 학자들은 1세기 즈음부터 본격적으로 일본으로 건너간 한국 고대어가 일본어의 뼈대가 됐다는 사실을 발견했다고 결론을 내리고 있다. 학자들은 가야와 신라의 제철 기술이 일본으로 전파되는 과정에서 일본 열도의 언어에 영향을 주었다고 보고 있다.

　이에 대해 필자는 다른 의견을 갖고 있다.
　일본 열도 특히 혼슈에까지 영향을 준 규슈의 타밀어 계통의 언어문화 배경은 해양국가지대인 만큼 항행로에서 찾을 수 있다.
　기원 전후, 규슈에 자리 잡았다는 다파라국의 정체성(identity)이 무엇인지 먼저 살펴야 할 것 같다.
　다파라 주민 중 주도세력이 타밀인이라고 할 수 있다.
　인도 남부의 타밀인들이 규슈에 진출한 이유는 통상과 교역에 있었다고 본다.
　예나 지금이나 삶의 변화와 질 향상은 자급자족이 아니라 교역과 통상에 의한 선진 문화 향유와 외래 문화와의 소통을 통한 새로운 문화 발전에 달려있다고 할 수 있다.
　고대의 동서 경제 교역로[153]를 보면, 육상 교통로로 타클라마칸 사막을 건너는 '사막길'과 그 북쪽의 '초원길'이 있었지만 편한 교역로는 아니었다.
　이와 상대적으로 인도양과 태평양 북안을 항해하는 '바닷길'이 있었다.

---

153) 이병희 외, 『고등학교 역사부도』, ㈜금성출판사, 2010.7. P.63.

바닷길은 해난 사고 등 어려운 점이 있지만 바람을 잘 읽으면 철 상품과 같이 중량이 무거운 물품을 실어 나를 수 있어 나름대로 장점이 있다.

인도의 타밀나두주를 중심으로 한 고대 항로를 살펴보면, 서역 지중해 항로와 연결하기 위해, 아라비아해의 호르무즈 해협을 지나 소아시아의 바스라 항구에 이르거나 카이로를 거쳐 가기 위해 수에즈에 이른다. 아라비아해나 수에즈를 거치는 코스에 중동의 육로를 지나는 어려움이 있다고 보니, 상인 중에 무역선 중심주의자들은 아프리카 동해안을 따라 대서양과 지중해에 이르기도 했다.

반대로 동쪽 항로는 인도 남단의 만나르만과 나가파티남이 있는 포크 해협을 지나 벵골만의 연안과 말레이 남단을 돌아 동남아 연안을 따라 광저우를 거치면서 두 갈래 항로가 나뉜다.

하나는 중국 동해안을 따라 북상하여 텐진 앞바다에서 요수[遼水=고수(沽水)]를 거슬러 올라, 국제 무역도시 연경(燕京, 北京)에 이르는 것이고, 다른 하나는 철 제품 루트로서 대만과 난세이제도를 따라 규슈의 다파라국에 도달하는 것이다.

원래 타밀 지역은 인도 대륙 남단에 위치하여 동서 항행의 필수 경유지가 되었다. 이 지역 주민에게는 몇천 년을 거치는 동안 장사꾼의 DNA가 형성되었다고 본다. 타밀인들은 철 제품을 취급하는 상인 집단이다.

동남아 각지에 흩어져 있는 가야의 철 생산 기지를 연결하는 장사꾼으로 보인다.

가야인이 동남아 각지에서 철광석을 채굴하고 제련과 단야 과정을 거치는 1차, 2차산업에 종사했다고 보면, 타밀인은 철 상품을 취급하는 3차산업에 종사했다고 할 수 있다.

이와 관련하여 떠오르는 것이 있다.

타밀인들은 철 상품을 취급하면서 보다 나은 상품을 추구했을 것이다.

앞서 6장에서 소개하였던 『삼국유사』 '가락국기'의 기록, '탈해가 수로왕을 찾아가 대결한 부분'을 다시 살펴보자.

이때 가야가 탈해의 동신라보다 제철 기술에 한해서는 우위에 있었고, 가야가 철 상권을 거머쥘 수 있었던 배경은 무엇인가?

그 첫째가 가야가 기원전 4세기[154]부터 진출한 데 반해 석탈해 세력은 기원전 1세기에 진출한 것으로 보이는데, 진출 시기를 비교할 때, 제철 기술에 대한 노하우를 가야인이 더 많이 쌓았을 것으로 보인다.

그 둘째가 금관 가야국은 1차 제련 작업으로 얻은 판상철부를 2차 단야 작업 을 거치면서 우수한 강철을 만드는 금관(金官) 체제(體制)가 있었다는 것이다. 이 부분은 다음 10장에서 자세히 언급할 예정이다.

그 셋째가 탈해 세력은 비소(As)를 많이 함유한 달천 철광석을 주원료로 쓴 데 반해, 가야 세력은 달천 철광산을 버리고 우수한 철광석을 찾아 경상도 내륙과 서부로 이동했고, 우수한 철정을 생산했다는 점이다.

이와 같은 이유에서 볼 때 가야의 철 제품이 국제적으로 우수함이 인정되어 철 상권의 주도권을 잡을 수 있었다고 본다.

---

154) 이진아 기자, 〈주간조선〉 [2668호], 고천문학 지도 한 장에서 출발한 '가야'를 바라보는 새로운 시각, 2021.07.26. 2010년 일본 총합연구대학원대학 이창희 박사가 업그레이드된 방사성 탄소 동위원소 측정법(AMS dating)으로 한반도 남해안의 철기유물 100여 점을 분석한 결과 보고서다. 한반도 철기 중 가장 오래된 것이 기원전 4세기의 것임을 밝혀냈다. (종전에는 기원전 2세기 중국으로부터의 전래설이 대세였다.)

여기서 잠깐, 가야가 신라와 겨루어 '철 상권의 주도권'을 잡았다 하여 가야의 기술자가 주도권을 잡은 주역이라고 말하는 것이 아니다. 가야인의 우수한 철 생산 기술을 상권으로 연결하여 주도권을 잡은 상인 집단을 말한다.

당시 철 상품의 집산지인 김해에 타파나국 상인들이 들어가서 집단을 이루어 거주하고 있었다고 봐야 한다. 그 상인 집단은 가까운 규슈에 본점을 두고 있으며, 그곳에 살고 있는 그들의 가족들 역시 대부분 타밀인이라고 본다.

본 책 4장에서 소개했듯이, 서울대 의대 서정선 교수의 유전자 분석 연구팀에 의해 1세기경 가야 시대 '왕족'의 것으로 추정되는 김해 예안리 고분의 유골 DNA를 검사한 결과 순장자가 인도 타밀 지역의 유전자를 가진 것으로 확인되었다. 이는 타밀인들이 가야의 김해 지역까지 진출한 것을 증명하고 있다.

한반도에 진출한 가야인은 철을 다루는 기술자로서, 또 다른 타밀인들은 장사의 귀재로서 각기 다른 삶을 살아간 것으로 보인다.

타밀인은 장사를 했기 때문에 사용되는 일상 용어가 타밀어일 수밖에 없다. 그리고 다파라국에서 타밀인이 상권을 주도했기에 타밀어가 통용되었을 개연성이 있다. 다시 말해 타밀어의 동방 진출이라고 할 수 있다.

만엽집의 한자는 어디서 전래된 것인가

8세기 초에 쓰여진 만엽집이라 했으니, 적어도 7세기 말까지 일본에서는 만엽집에 나와 있는 언어와 한자 등 신라 방언과 유사한 언어를 사용하고 있었다고 봐야 한다.

만엽집은(=) ① '신라 방언과 유사한 언어'와(+) ② '한자(이두식) 표기'라는 등식으로 성립된다.

① '신라 방언과 유사한 언어'는 앞에서 살핀 대로 기원 전후의 다파나국에서 사용한 언어가 타밀어라는 공통점을 가지고 있다.

② '한자(이두식) 표기'는 한반도를 통한 유입이 아니라고 본다.

만엽집이 노래하는 한자가 다양하고 정교한 것으로 보아 한반도를 거쳐 가지 않았다고 본다.

그 이유는 7-8세기 초에 해당하는 한반도 동남부에서 발굴되는 유적과 유물 중에서 상당히 심오한 수준의 한자 표기나 문장을 찾을 수 없었기 때문이다. 당시 한반도의 문화와 생활 환경으로 보아 한자가 전래 되었다면 이렇게 다양하고 정확하게 이어질 수 있는 여건이 아니라고 본다. 그리고 8세기 이전에 쓰여졌다고 보는 한문자(漢文字)의 유물이 나온 것도 없다.

이에 덧붙이면, 백제의 〈서기〉나 신라의 〈국사〉 등이 쓰여진 장소가 한반도가 아니라 중국 대륙에 있는 왕의 도읍지라는 점이다. 따라서 한반도를 통해서 일본 열도로의 한자 전래의 가능성은 희박한 일이다.

혹자는 4세기 후반, 백제의 왕인 박사가 왜국에 논어와 천자문을 전했다 하지 않느냐고 반문할지 모른다. 그런데 왕인 박사가 천자문을 전했다는 야마토 왜는 중국 동남부에 있었고[155], 그 당시 백제는 한반도가 아닌 중국 대륙에 있었다.

---

155) 오운홍, 『한국사의 기준점 찾기』, 시간의물레, 2022. pp.121-124.

따라서 한반도에서 건너간 한자 문화가 아니라고 본다.

8세기 초에 쓰여진 만엽집이라 했는데, 중국 동남부에 있던 왜(倭)가 710년 나라현에 있는 헤이조쿄(平城京)로 천도한 시기와 비교할 때 비슷한 시기이거나 그 이후에 쓰여졌다고 본다.

이 시기는 일본 열도에 선진 문화와 한자가 전래 될 여건이 조성되어 있었다. 왜냐면 왕도 건설의 사명을 띤 쇼토쿠 태자의 진입을 592년으로 보면, 710년은 이로부터 120년이 지난 때이다. 이 기간이라면 일본의 상류층과 교류하던 만엽집의 저자를 포함한 풍류 계층도 한자 문화를 재빨리, 그리고 정확하게 흡수했을 것으로 여겨진다.

이두식 한자 문화는 어디서 형성된 것일까?

한자를 빌려 쓰는 한족 중심의 중국에서는 이해하기 힘들겠지만, 한자를 만들어 쓴 동이족[156]의 자연스러운 언어문화라고 본다.

이두식 표현은 삼국 초기 석탈해의 정치 구조[157]에서 찾을 수 있듯이 예부터 중국 동해안에 자리 잡고 있는 동이족의 언어 문화였다고 본다.

『삼국사기』 제46권, 열전 제6 최치원 전(傳)에 보면,

'고구려와 백제는 전성기에 강한 군사가 백만이어서 남으로는 오(吳)·월(越)의 나라를 침공하였고, 북으로는 유주(幽州)와 연(燕)·제(齊)·노(魯)나라를 휘어잡아 중국에 커다란 좀(위협)이 되었다.(高麗百濟全盛之時 強兵百萬 南侵吳越 北撓幽燕齊魯 爲中國巨蠹)'라는 글이 있다.

여기서 최치원이 말하는 지역은 중국 중원에서 동해안에 이르기까지 광

---

156) 오운홍, 『고대사 뒤집어 보기』, 시간의물레, 2020. PP.273-283.

157) 오운홍, 『고대사 뒤집어 보기』, 시간의물레, 2020. PP.62-68.

범위한 지역이다. 당시 이곳 주민들은 대부분 동이 문화를 가지고 있어서 당시 수나라나 당나라의 영향력이 크지 않았고 고구려, 백제, 신라가 서로 겨루던 땅이었다. 이곳 주민들의 언어문화는 동이어순(東夷語順)[158]의 문화였고 동이가 만든 한자를 이두식으로 표현하기에 익숙했다고 볼 수 있다.

이곳에 뿌리를 둔 백제와 밀접히 교류했던 중국 동남부의 야마토 왜[159]에도 백제의 영향으로 동이어의 언어문화가 퍼져 있었다고 본다. 그리고 쇼토쿠 태자의 진입에 따라서 일본 열도로 이두식 한자 문화가 들어갔다고 본다. 이러한 한자 문화가 타밀 계통의 언어문화와 결합되어 꽃을 피운 것이 만엽집이라 할 수 있다.

타밀인과 인도 가야인의 언어적 영향 비교

인도 대륙에서 온 가야인의 고향 부다가야와 타밀인이 출발한 나가파티남은 같은 인도이지만 거리는 대략 1,500㎞나 멀리 떨어져 있다. 더 큰 차이는 두 지역이 사용하는 언어와 가치 추구가 다르다는 점이다.

가야인이 사용한 고대 인도 언어는 산스크리트(Sanskrit)어에 뿌리를 두고 있다. 부다가야에서 떠나온 시기는 (불교 탄압을 피해) 기원전 4세기경으로

---

158) 고사성어 중 춘추전국시대 출전(天高馬肥 천고마비 등)은 어순의 문장구조가 우리말과 같은 SOV(주어+목적어+동사)형인데 이를 동이어순으로 본다. 진한(秦漢) 이후의 고사성어(焚書坑儒 분서갱유 등)는 우리와 어순이 다르다. 오운홍, 『고대사 뒤집어 보기』, P.276. 참조.
159) 오운홍, 『한국사의 기준점 찾기』, 시간의물레, 2022. pp.121-128.

보고 있는데, 당시 사용했던 언어는 고대 인도어와 불경을 기록하는 데 사용된 범어와 비슷한 언어가 아닌가 한다.

그런데 이들 가야인이 사용하는 언어가 정착되지 못한 이유가 무엇일까?
첫째, 인도 가야인은 규슈에 정착하지 않았다. 가까운 한반도 남부에 노천 철광석이 있었기 때문이다. 규슈에 정착하지 않은 가야인은 규슈에 가야의 언어를 남길 기회가 없었다고 본다.

둘째, 인도 가야인이 철광산을 찾아 나설 때는 한 팀을 이루는 팀원들이 가족을 두고 혈혈단신으로 참여하는 것이 보통이다. 인도에 남겨 둔 가족과는 너무나 멀리 떨어져 있어서 정착한 후라 하더라도 데려온다는 것은 거의 어려운 일이다.
철광산을 찾아 나선 원팀은 물주(자본주)와 고급 기술자로 구성되기 때문에 한반도 가야에 많은 사람이 진출했다고 할 수 없다. 그리고 철광산이 야산이나 산속에 있어 인적이 드문 곳에서 현지에서 구한 다수의 노동 인력과 생활하게 된다. 가야인들이 현지 언어에 적응하거나 동화되었을 것으로 본다.
또 이들이 한반도에서 부를 축적하고 생활의 안정을 얻으며 현지인 아내를 얻고 자녀를 두어 가족이 늘어난다 해도 현지 언어를 사용했을 것이다.

셋째, 다수의 노동 인력이 사용하는 생활 용어에 적응했다 하더라도 전문적 기술 용어는 가야인의 용어를 사용했을 것이다. 그러나 전문적 기술 용어는 생활 언어에 영향을 주지 못한 것으로 본다.

이에 비해 상업을 위주로 하는 타밀인들은 시장이 형성된 도시에서 생활하게 된다. 장사꾼은 이문으로 풍족한 삶을 영위하면서 새로운 가족이 구성되거나 안정적일 때 두고 온 가족을 데려와서 상업적 세를 넓혀간다.

또 상업적 생활 언어가 타밀어이기 때문에 타밀인 수가 늘어나고 세력이 커지면서 주도권을 갖게 되자 언어의 영향력은 더욱 커졌다고 볼 수 있다.

만엽집을 해석하는데, 타밀어의 영향을 받은 경상도 방언이 열쇠가 되는 이유가 여기에 있다.

제9장
역사 페이지가 아까운 임나일본부설

임나일본부설은 음흉한 기획이다

가야사를 쓰거나 논하려면 반드시 넘어야 할 산이 몇 개 있다. 그중에는 한반도 남부에 있었다는 임나일본부설(任那日本府說)이라는 가상의 산이 있다.

임나일본부설에 대해, 필자의 책(역사평론) 2권과 4권에서 기회가 있을 때마다 전개한 바 있다. 이번에는 '용병'이라는 결정적 증거를 더하여 '임나일본부설'의 위치를 교정하고, 음흉한 의도를 밝힘으로써 일본 사학계가 더 이상의 주장을 하지 못하게 하려 한다.

독자들과 사학도가 임나일본부설에 대한 개념 정리를 확실히 하지 않으면 이 책은 물론이고 다른 가야사를 읽더라도 이해하는데 혼란이 있을 수 있다고 본다.

'임나일본부설'은 그들이 근세에 한반도 침략을 위해 세운 정한론(征韓論)을 정당화하기 위해 일본 사학자가 기획한 역사 이론이라 할 수 있다. 그래서 필자가 보기에는 동양사 범주 안에서 페이지 할애가 아깝지만 지피지기 차원에서 한 번쯤 논의해야 할 주제라고 생각한다.

'임나일본부설'에 대해 『한국민족문화대백과사전』에 정리된 글(온라인 닷컴, 2020.2.9.)이 있다.

백과사전에 따르면, "임나일본부설을 '남선경영론(南鮮經營論)'이라고도 한다. 이는 일제가 그들의 한국 침략과 지배를 역사적으로 정당화하기 위해 조작해 낸 식민사관으로서 한국사의 전개 과정이 고대부터 외세의 간섭과 압제 속에서 이루어졌다는 타율성 이론의 대표적 산물의 하나이다.

에도시대[江戶時代, 1603-1867]에 『고사기(古事記)』와 『일본서기』 등의 일본 고전을 연구하는 학자들에 의해, 태고 때부터 일본이 조선을 지배했다는 이론이다.

그 뒤 메이지 연간(明治年間, 1868-1911)에 문헌 고증의 근대 역사학이 성립되면서, 일본 국학 연구의 전통을 이어받은 간[菅政友], 쓰다[津田左右吉], 이마니시[今西龍], 아유가이[鮎貝房之進] 등은 일본의 임나 지배를 전제하고 주로 임나 관련 지명 고증 작업을 행하였다고 한다.

이어 스에마쓰[末松保和]는 『대일본사(大日本史)』(1933) 한 편으로 「일한관계(日韓關係)」를 정리했다가, 제2차 세계대전 후에 학문적 체계를 갖춘 남선경영론을 완성시켰으니, 그것이 『임나흥망사(任那興亡史)』(1949)였다.

스에마쓰의 임나일본부설을 요약하면 다음과 같다.

첫째, 『삼국지』「위지」〈왜인전〉 서두의 문구로 보아, 3세기 중엽에 이미 변진구야국(弁辰狗邪國), 즉 임나가라를 점유하고, 왜왕은 그 중계지를 통해 삼한에 통제력을 미치고 있었다고 한다.

둘째, 『일본서기』 '진쿠황후(神功皇后)'[160]의 7국 및 4읍 평정 기사로 보아,

---

160) 진쿠황후(神功皇后)는 14대 주아이(仲哀) 천왕의 제3의 비(妃)이다. 김정기, 『일본천황 그는 누구인가』, (푸른사상, 2018. p.289)에 의하면, 천황 칭호는 7세기 후반, 40대 덴무(天武) 왕정(672-686) 때 성립되었다 한다. 이보다 앞선 14대 仲哀王에게 천왕의 호칭은 맞지 않다고 본다. 따라서 진쿠황후가 아니라 진쿠왕후가 맞다. 그런데 일본 학계와 우리 학계에서 진쿠황후로 많이 쓰고 있어, 호칭 때문에 일어날 수 있는 논쟁을 줄이기 위해 본 책에서는 그대로 진쿠황후로 사용한다.

369년 당시 왜는 지금의 경상남북도 대부분을 평정하고, 전라남북도와 충청남도 일부를 귀복시켜 임나 지배체제를 성립시키고, 백제왕의 조공을 서약받았다고 한다.

셋째, 광개토왕비문의 기사로 보아, 왜는 400년 전후해서 고구려군과 전쟁을 통해 임나를 공고히 하고 백제에 대한 복속 관계를 강화하였다고 한다.

넷째, 『송서(宋書)』 왜국전에 나오는 왜 5왕의 작호로 보아, 일본은 5세기에 외교적인 수단으로 왜·신라·임나·가라에 대한 영유권을 중국 남조로부터 인정받았으며, 백제의 지배까지 송나라로부터 인정받고자 하였다고 한다.

다섯째, 『남제서(南齊書)』 가라국전 및 『일본서기』 게이타이왕[繼體王] 때의 기사들로 보아, 일본은 5세기 후반에 임나에 대한 통제력이 완화되기 시작해 6세기 초반에는 백제에게 전라남북도 일대의 임나 땅을 할양해 주기도 하고, 신라에게 남가라(南加羅) 등을 약탈당하기도 하면서 임나가 쇠퇴하였다고 한다.

여섯째, 『일본서기』 긴메이왕(欽明王) 때의 기사들로 보아, 540년대 이후 백제와 임나일본부는 임나의 부흥을 꾀했으나, 결국 562년에 신라가 임나 관가를 토멸함으로써 임나가 멸망하였다고 한다.

일곱째, 그 뒤에도 일본은 임나 고지에 대한 연고권을 가져서 646년까지 신라에게 임나의 조(調)를 요구해 받아내었다고 한다.

즉, 임나일본부는 왜왕권이 한반도의 임나지역을 정벌해 현지에 설치한

직할통치기관으로서, 왜는 이를 기반으로 하여 4세기 중엽부터 6세기 중엽까지 200년간 가야를 비롯해 백제·신라 등의 한반도 남부를 경영했다는 것이다."(출처: 한국민족문화대백과사전)

이어서 동 대백과사전은 스에마쓰의 임나일본부설에 대해 이의를 제기하고 있다.

"임나일본부설의 주요 근거 사료인 『일본서기』는 8세기 초에 일본 왕가를 미화하기 위해 편찬된 책으로서, 원사료 편찬 과정에 상당한 조작이 가해졌다. 특히 5세기 이전의 기록은 대체로 신빙성을 인정하기 어려우며, 「광개토왕비문」이나 『송서』 왜국전의 문헌 기록이 과장되게 해석된 것으로 보인다고 했다.

이러한 문헌 사료상의 문제점 외에 그 주장의 사실 관계만 검토해 보아도 임나일본부설의 한계성은 곧 드러난다. (북한 학자) 김석형(金錫亨)의 연구에 따르면, 기나이[畿內]의 야마토 세력[大和勢力]이 주변의 일본 열도를 통합하기 시작한 것은 6세기에 들어서야 겨우 가능했다고 하며, 이러한 견해는 일본학계에서도 이제 통설화되어 있다.

그렇다면 야마토 국가가 멀리 떨어진 남한을 4세기부터 경영했다는 점은 인정할 수 없는 것이며, 이는 내부 성장 과정을 고려하지 않고 대외 관계를 우선적으로 언급한 일본 고대사 자체에 맹점이 있다 하겠다.

또한, 왜가 한반도의 임나를 200년 동안이나 군사적으로 지배했다면 그 지역에 일본 문화 유물의 요소가 강하게 나타나야 하는데, 가야 지역 고분 발굴 자료들에 의하면 4세기 이전의 유물 문화가 5, 6세기까지도 연속적으로 계승되는 양상이 나타난다. 즉, 일본에 의해 지배당했다는 증거가 문화 유물에 반영된 바 없으므로, 임나일본부설에서의 문헌 사료 해석이 크게 잘못되었음이 입증된다고 할 수 있다."

'안라왜신관(安羅倭臣館)'이라고 보는 국내 학자들의 인식

국내 학자들은 일반적으로 스에마쓰의 임나일본부설을 금기시해 외면하고 체계적 반론을 펴지 않고 있다가 1970년대 후반 이후 문제를 제기하기 시작하였다.

"천관우(千寬宇)는 『일본서기』의 임나 관련 기록들을 재해석하여, 기록의 주어를 왜왕이 아닌 백제왕으로 봄으로서 '왜의 임나 지배'가 아닌 '백제의 가야 지배'라는 시각으로 가야사를 복원하고자 하였다.

그는 근초고왕이 369년에 가야 지역을 정벌해 백제권에 편입시킨 후, 가야 지배를 위해 설치한 '파견군사령부'가 이른바 임나일본부라는 것이다.

그리고 5세기부터 6세기 초에는 군사령부가 김천·달성 등의 낙동강 중·상류 방면에 있었고, 530년대 이후에는 진주·함안 등 낙동강 하류 방면에 있었다는 것이다.

김현구(金鉉球)는 『일본서기』 긴메이기(欽明紀)를 이용해, 임나일본부는 백제가 가야 통치를 위해 설치한 기관이었다는 천관우와 같은 결론을 내렸다. 그리고 한 걸음 더 나아가 6, 7세기 백제와 야마토 사이의 외교 관계의 특징을 용병관계(傭兵關係)로 파악하였다.

즉, 4세기 후반 이후 백제는 임나에 직할령을 두고 군령(郡令)·성주(城主)를 파견해 다스렸는데, 6세기 전반에는 일본인 계통의 백제 관료와 야마토 정권으로부터의 용병을 배치시켰다는 것이다.

이근우(李根雨)는 게이타이기(継体紀) 이전의 4, 5세기의 상황에 대해서는 천관우의 이론을 수용하면서, 일본 열도 내의 세력 주체가 6세기 초에 구주(九州)

의 왜왕조에서 기나이의 야마토 세력으로 바뀌었다는 점에 주목하였다.
 그러므로 임나일본부는 원래 구주의 왜왕조와 관련이 있는 문물 수용의 통로였고, 야마토 세력과는 무관한 것이었는데, 6세기 전반에 야마토 세력이 임나일본부에 대한 연고권이 있는 것처럼 인식하게 된 것은 백제의 외교적 술수에 의한 것이라고 하였다."(출처: 한국민족문화대백과사전)

『한국민족문화대백과사전』은 계속하여, "근래에 국내 학자들의 임나 관련 연구 경향은 백제의 역할을 강조한다는 점에서 공통적인 인식을 보이고 있다고 한다. 특히, 540년대 이후로 가야 지역이 백제의 영향력 아래에 있었다고 지적한 연구성과는 존중되어야 할 것이며, 임나일본부를 구주의 왜왕조와 관련시킨 것도 주목된다고 하였다.
 그러나 4세기 중엽부터 6세기 중엽까지 가야가 백제의 지배 아래에 놓여 있었다고 추정한 점은, 앞에 서술한 가야문화의 전대(前代) 계승적인 경향과 어긋난다. 이것은 기본적으로 가야사 및 가야의 문화 능력에 대한 몰이해로부터 나오는 것이다."

국내 학자들이 임나일본부를 '안라왜신관(安羅倭臣館)'으로 보는 경향이다. 한반도 남부에서 임나 세력의 미치는 지역과 임나의 영역이 축소되었다고 주장하는 야마오 유키히사의 지도까지 받아들여 소개하는 학자도 있다.

한국민족문화대백과사전에 의하면, "한일간에 근래의 연구 동향에서 『일본서기』의 신공황후 관련 기사를 모두 조작된 전설로 보기 때문에 이를 토대로 임나의 성립을 말하는 사람은 없다. 다만 『백제본기』가 인용된 『일본서기』의 기사들을 통해, 6세기 전반에 이른바 '임나일본부'라는 기구가 가야연맹의 강국 중 하나였던 안라국(安羅國: 지금 경상남도 함안)에 있었다는 것은 인정된다.

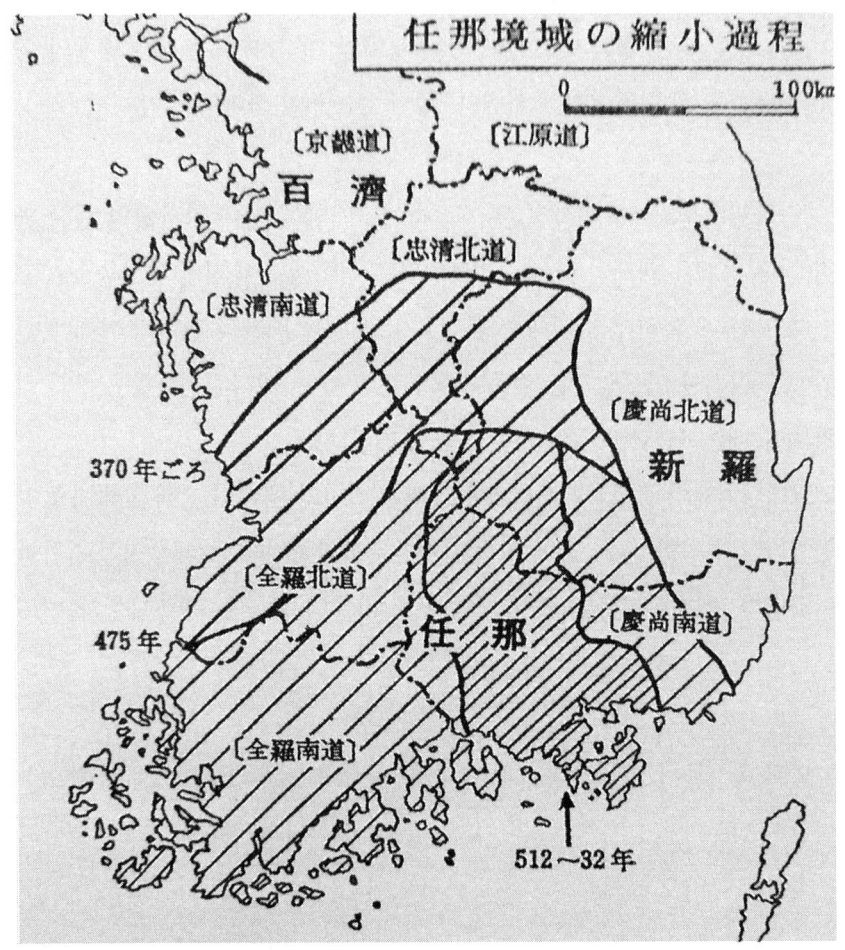

출처: 박천수, 『가야문명사』, p.24, 야마오 유키히사의 생각

530년대는 가야연맹이 신라와 백제의 복속 압력을 받아 맹주국인 대가야의 영도력이 흔들리던 시기였다. 당시 '임나일본부'를 안라국에 설치한 것은 백제였고, 관리들은 친 백제계 왜인들로 구성되었다.

성립 초기의 안라 왜신관은 백제·왜 사이의 교역 대행 기관의 성격을 가지며, 백제는 이를 통해 안라국(함안)·탁순국(창원)을 거쳐 왜국으로 향하는 교역로를 확보하려고 한 듯하다.

반면에 안라는 '일본부'의 존재를 이용해 대왜 교역 중개 기지의 역할을 수행하면서, 가야연맹 내에서 북부의 대가야에 버금가는 또 하나의 중심 세력으로 대두할 수 있었다.

그러다가 안라는 530년대 후반 국제관계의 혼란을 틈타 백제의 의사와 관계없이 '임나일본부'의 왜인 관리들을 재편성함으로써 기구를 장악하였다.

그러므로 540년대 이후의 사료상에 나타나는 '임나일본부'는 안라왕의 통제를 받는 대왜(對倭) 외무관서로 성격이 변질된 것이며, 그곳의 관리들은 친 안라계 왜인 또는 그들과 가야인 사이의 혼혈계의 인물들로서 안라를 비롯한 가야연맹을 위해 일하고 있었다.

가야연맹의 제2인자였던 안라국은 왜와의 교역에서 유리한 입지 조건을 차지하고 있는 이점을 살려 자신을 중심으로 한 중앙집권 체제를 도모하기 위해 이를 운영했던 것이다.

그런 과정에서 이 외무관서는 실제와 달리 '왜국 사절들의 주재관'처럼 표방되어, 가야연맹을 병합하려고 도모하는 백제·신라의 외교적 공세로부터 가야의 독립성을 연장시키는 데에 일정한 기여를 했다.

550년을 전후해 안라의 왜인 관료 기구가 백제의 압력으로 해체되고 다시 백제의 교역 대행 기관으로 변모되었다. 이에 가야의 세력은 점차 약화되었고, 560년경 안라국이 신라에 병합되면서 결국 이른바 '임나일본부'는 완전히 해체되었다는 것이다.

그런데 '일본(日本)'이라는 국명은 7세기 중엽 이후에 성립된 것이므로

6세기 전반에 '일본부(日本府)'라는 명칭은 있을 수 없다고 할 수 있다.

그러므로 '왜의 임나 지배'라는 선입견이 들어있는 '임나일본부'라는 용어는 폐기하고, 앞으로는 '안라에 있던 안라의 왜인 신하들이 일을 보던 곳'이라는 관점에서 '안라왜신관(安羅倭臣館)'이라는 이름으로 고쳐 부르는 것이 타당하다고 보는 학자들이 있다."

지금까지 임나일본부설에 대한 학자들의 이론은 『한국민족문화대백과사전』에서 발췌한 것이다.

스에마쓰 이론에 대한 대응 방식의 문제점

스에마쓰(末松保和)의 '임나설'에 대한 우리 국사학계의 대응을 보면서 필자의 의견을 덧붙이고자 한다. 국사학계의 대응 논리에 대해 필자가 의견을 냈다고 해서 스에마쓰의 임나설을 인정하는 것은 아니다.

첫째, 〈광개토왕비문〉의 신묘년 기사는 매우 불분명한 것이어서 왜의 임나 지배에 대한 증빙 자료로 활용될 수는 없다[161]는 것이다. 비문 해석상의 문제를 들어 근거 자료의 가치를 학계는 인정하지 않고 있다. 다음에 소개하겠지만 일본 군부에 의한 비문 조작을 염두에 둔 것 같다.

---

161) 예를 들어, 비문의 2면 9행에 –전략–急追至任那 加羅從拔城 城卽歸服安(급히 쫓아 임나 가라에 이르러 성을 치니 성은 귀복 하였다)는 기사가 있는데, 비문 해석에 이견(異見)이 있다 하더라도 임나(任那)의 존재는 분명한 것 아닌가 한다.

둘째, 『삼국사기』 등 우리 문헌사에 일본에 의해 지배당했다는 기사가 없고, 왜의 문화가 한반도 유물에 반영된 바 없다는 것이다. 그래서 임나일본부설을 인정할 수 없다는 주장이다. 『삼국사기』에 왜의 임나 지배 기사가 분명히 없다는 사실에 필자도 공감한다.

그런데 『삼국사기』의 기록에는 한반도 남부에 있는 마한의 기록도 없고, 학자들이 제4국으로 보는 가야사를 3국의 역사에 포함한 것도 아니다.

우리 기록에 없다고 해서 이웃 나라 역사의 존재를 무조건 부정할 것이 아니라 의심되는 외국(外國)의 역사, 즉 왜국(倭國)의 역사를 조목조목 따져야 할 것으로 본다.

셋째, 『일본서기』에는 진쿠황후(神功皇后) 기사가 49년(249년)으로 돼 있다. 이런 연대로는 한·중·일의 동양사 연구와도 맞지 않는다.

일본 국학계는 이주갑인상(二周甲引上, +120년)이라는 연대 복원 방식을 쓰고 있다. 이를 보고 우리 사학계는 진쿠황후 기사를 모두 조작된 전설로 보고 있다. 필자도 이 방식에 대해 못마땅하게 여기고 있다.

그런데 『일본서기』는 덴무천황의 명을 받은 도네리 친왕이 680년경에 시작하여 720년에 완성했는데, 역사 연대를 늘리는 잘못된 습성 때문에 빚어진 오류로 보고 있다. 필자는 역사의 연대는 잘못되었다고 보지만 진쿠황후의 존재는 인정해야 한다고 본다.

넷째, 〈백제본기〉를 인용한 『일본서기』의 기사들을 통해, 6세기 전반에 이른바 '임나일본부'라는 기구가 가야연맹의 강국 중 하나였던 안라국(安羅國: 지금 경상남도 함안)에 있었다는 것은 국사학계가 인정하는 것으로 보고 있다.

이러한 견해는, 스에마쓰의 두 번째 주장인, 『일본서기』 '진쿠황후' 49년 (249) 조의 7국 및 4읍 평정 기사로 보아, 369년 당시 왜는 지금의 경상남북도 대부분을 평정하고, 전라남북도와 충청남도 일부를 귀복시켜 임나 지배 체제를 성립시키고, 백제왕의 조공을 서약받았다는 주장에 대한 일부 불인정 혹은 거부와 일부 인정이라는 모양새가 된다.

국사학계는 스에마쓰의 임나일본부를 일부 수정하는 선에서 일부 인정하여, 결국 임나일본부설을 인정하는 결과를 초래하고 있다.

다섯째, '일본(日本)'이라는 국명이 7세기 중엽 이후에 성립된 것이므로, 6세기 전반에 '일본부(日本府)'라는 명칭은 있을 수도 없다는 것이다. 따라서 '왜의 임나 지배'라는 선입견이 들어있는 '임나일본부'라는 용어는 폐기하고, 앞으로는 '안라에 있던 안라의 왜인 신하들이 일을 보던 곳'이라는 관점에서 '안라왜신관(安羅倭臣館)'이라는 이름으로 고쳐 부르는 것이 타당하다는 제안까지 했다. 이는 한반도의 '임나설'을 수정해주고 일부 인정한다는 것과 같다. 이같이 우리 국사계의 대응을 보면 답답하다는 생각이 든다.

임나일본부설은 한·일 역사 논쟁의 중심에 있으며 우리를 곤혹스럽게 하고 있다. 임나일본부설(任那日本府說)을 엄밀히 말하면, 일본의 '야마토 왜(倭)'가 4세기 후반에 한반도 남부 지역에 진출하여 백제, 신라, 가야를 지배하고, 특히 가야에 일본부(日本府)라는 관청을 두어 6세기 중엽까지 약 200년간 직접 지배하였다'는 설이다.

야마토가 한반도에 진출했다는 4세기 후반이라면 고구려 광개토왕이 즉위(392)하기 바로 전의 일이다.

일본 역사 교과서에 이 내용을 그대로 수록하여 '한국에 대한 일본인의 우월감'을 은근히 부추기고 있다.

　중국에서도 대학의 세계사 교재 중 가장 널리 읽히는 인민출판사본 『세계통사』에 수록된 내용 중에 '야마토(大和) 국가는 매우 이른 시기부터 이웃 나라 조선을 침략했다. 4세기 중엽 조선반도 남단의 변한 가야국 수중에서 임나를 탈취해 북으로 침략을 계속하는 거점으로 삼았다.'[162]라고 '임나설'을 소개하고 있다. 동양 3국이 배우는 역사 교과서의 일면을 보고 있다.
　한국인으로서는 부끄럽고 자존심 상하는 역사 서술이다.

진쿠황후는 대륙 백제 근초고왕의 용병이다

　'용병'이라니, 일본이 조선 침략의 역사적 인물이라고 간주하는, 그것도 '괴력의 여성 천황인 신공황후'를 '백제의 용병'이라니, 일본의 자존심을 허물어뜨리는 이론이 될 수 있다. '백제의 용병'이라는 다섯 글자로 그 지긋지긋하게 얼기설기 얽혀진 '임나일본부설'을 단칼에 정리할 수 있다는 데서 주의를 집중할 필요가 있다.

　거상 연타발을 이어받은 소서노가 꿈꾼 것처럼 백제는 상업 국가로 출발했다.
　"상업국가의 특징은 국부(國富)와 이재(理財)가 우선이고 안보를 담당하는

---

162) 조선일보, '중국 역사 교재, 여전히 임나일본부 서술, 유용태 서울대 교수, 인민출판사 『세계통사』등 분석', 2020.06.22.

군대는 최소화하면서 예기치 못하는 장소에서 발생하는 안위 문제는 돈을 주고 용병으로 해결한다는 인식이다. 바로 '맞춤형 용병'을 필요에 따라 운용했을 것이다. 상업 국가의 국토 개념은 강역 국가가 아니라 선(장삿길)으로 이어지는 영역 국가의 개념이다. 이 점에서 장삿길 어느 부분이 무너지면, 때와 장소 그리고 필요한 인원에 따라 한시적으로 용병을 주문하여 해결하면 되었을 것이다."[163]

이를 증명이나 하듯이 강력한 백제의 개로왕을 무너뜨리기 위해, "(고구려)의 장수왕이 중 도림을 백제에 비밀리 파견한 것은 침공 원인이 아니라 수단인 것이다. 도림의 간교에 빠져 '나랏사람 모두를 징발하여 흙을 쪄서 성을 쌓고 그 안에 웅장하고 화려한 궁실, 누각, 대사(臺榭)를 지어 창고가 텅 비게 한 것'은 장수왕의 전술 중의 하나이다."[164]

장수왕의 승리는 백제의 용병 정책의 장단점을 분석하여 용병을 끌어모으는 자금줄(국방비)을 사전에 고갈시켜 국방력을 무력화시킨 결과라고 본다.

이처럼 백제는 국방과 안보를 용병에 의존하였다고 볼 수 있다.

『일본서기』〈신공섭정전기(神功攝政前紀)[165]〉에 보면 근초고왕이 등장하고, 만났다는 기록이 있다. 자세히 곱씹어보면 백제의 용병으로써 임무를 철저히 수행한 여전사로 보인다.

---

163) 오운홍, 『무령왕릉의 비밀』, 시간의물레, 2021. pp.81-82.

164) 상게서, p.87.

165) 진쿠황후는 천황이 아니어서 『일본서기』에서는 신공섭정전기(神功攝政前紀)로 표기된다. 仲哀 재위(192-200)와 應神 재위(270-310) 사이가 비어 있는데, 이 기간이 섭정 기간이며, 69년 동안이다.

'진쿠황후(神功皇后)' '49년(249?+60+60=369)[166] 봄 3월[167]에 황전별(荒田別)과 녹아별(鹿我別)을 장군으로 삼아 구저(久氐) 등과 함께 군대를 거느리고 (바다를) 건너가 탁순국(卓淳國)에 이르러 장차 신라를 습격하려고 하였다. 이 때 어떤 사람이 "군대가 적어서 신라를 깨뜨릴 수 없으니, 다시 사백(沙白)·개로(蓋盧)를 보내어 군사를 늘려 주도록 요청하십시오"라고 하였다. (이에) 곧바로 목라근자(木羅斤資)와 사사노궤(沙沙奴跪) 〈두 사람은 그 성(姓)을 모른다. 다만 목라근자는 백제 장군이다〉에게 정병(精兵)을 이끌고 사백·개로와 함께 가도록 명하였다. (그리하여) 함께 탁순(국)에 모여 신라를 격파하고, 비자발(比自㶱)·남가라(南加羅)·녹국(喙國)·안라(安羅)·다라(多羅)·탁순(卓淳)·가라(加羅)의 7국을 평정하였다. 또한 군대를 옮겨 서쪽으로 돌아 고해진(古奚津)에 이르러 남쪽의 오랑캐 침미다례(忱彌多禮)를 무찔러 백제에게 주었다. 이에 백제 왕 초고(肖古)와 왕자 귀수(貴須)가 군대를 이끌고 와서 만났다. 이 때 비리(比利)·벽중(辟中)·포미지(布彌支)·반고(半古)의 4읍이 스스로 항복하였다.(卌…九年春三月 以荒田別·鹿我別爲將軍 則與久氐等共勒兵而渡之 至卓淳國 將襲新羅 時或曰「兵衆少之 不可破新羅. 更復 奉上沙白·蓋盧 請增軍士」即命木羅斤資·沙々奴跪 是二人不知其姓人也 但木羅斤資者百濟將也 領精兵 與沙白·蓋盧共遣之 俱集于卓淳 擊新

---

166) 이주갑인상(二周甲引上)은 2(二)주기(周)의 갑자(甲), 즉 2갑자(60년×2)를 끌어(引) 올렸다(上)는 뜻으로, 일본의 고대 역사서 『일본서기』의 특정 부분에서 사건이 일어난 시대를 일괄적으로 120년 끌어올렸음을 뜻하는 일본식 역사용어이다. 즉 사건 자체는 대체로 사실인 듯한데 연도가 120년씩 왜곡되었다는 것이다. 문제는 일본서기의 연대가 모두 120년씩 앞당겨진 것이 아니라 일부 시기만 그렇다는 것이다. 이주갑인상을 하면 일본서기에 기록된 사건과 다른 역사와의 이음새가 맞게 된다.

167) 신공황후가 신라를 공격하기 직전에 남편, 중애천황은 당시 웅습(熊襲, 쿠마소)의 반란을 진압하다가 2월에 전사했고, 신공황후는 3월에 산달인데 돌을 허리에 차서 산도를 막았다 했다.

羅而破之 因以平定比自炑·南加羅·㖨國·安羅·多羅·卓淳·加羅七國. 仍移兵西 至古爰津 屠南蠻忱彌多禮 以賜百濟. 於是 其王肖古及王子貴須 亦領軍來會. 時比利·辟中·布彌·支半·於是 其王肖古及王子貴須 亦領軍來會. 時比利·辟中·布彌·支半·古四邑, 自然降服.)'라는 기사가 있다.

한·중·일 동양사를 읽다 보면 가끔 '바다를 건넜다(渡)'는 구절이 있다.
여기서 바다는 황해나 한·일의 경계 현해탄을 건너는 의미가 아니라, 중국의 강이나 동해안에서 항해의 길, 즉 '해상 루트'를 이용했다는 말이다. 당시 진쿠황후의 야마토 왜(倭)는 중국 남동해안에 있었다고 본다.

앞의 진쿠황후 기사를 보면 백제왕, 초고(肖古)와 왕자 귀수(貴須)가 나온다. 왜(倭)의 진쿠황후는 백제와 연합군을 결성하여 신라를 비롯한 7개국을 평정하였고, 평정한 땅의 일부를 백제에 이양했다 한다. 이양하는 자리에서 근초고왕[168] 부자와 만났다는 것이다.

『삼국사기』〈백제본기〉에 비슷한 내용이 있다. 근초고왕 '24년(369년) 겨울 11월에 한수(漢水) 남쪽에서 왕이 친히 군사를 사열했는데 깃발은 모두 황색[169] 깃발을 썼다.'는 기사가 있는데 진쿠황후를 만나는 의식이 아닌가 한다.
황색 깃발의 의미는 5방위(方位) 중 한가운데 즉 중방(中方)을 말하는 것으로 내가 서 있는 땅이 내 영토란 의미를 표시한다. 다시 말해, 진쿠황후가

---

168) 초고(肖古)를 백제 5대 왕, 초고왕으로 보는 학자도 있다. 그러면 연대가 맞지 않는다.
169) 동이와 구려와 연결된 티벳까지도 5방색 깃발을 사용하고 있는데 모두 공통점은 내가 서 있는 땅 중방이 첫째 방이고 황색이다. 천지현황도 이와 관련이 있지 않나 한다. 오방의 순서는 ①중방, ②북방, ③남방, ④서방, ⑤동방이다.(오운홍,『고대사 뒤집어 보기』, p.257 참고)

빼앗아 이양해 준 그 땅에서 백제 근초고왕이 자신의 땅임을 과시하는 것이다.

어떤 밀약이 있었기에 이양받으면서 자신의 땅이라 과시할 수 있는 것일까?

진쿠황후가 369년 3월에 전쟁을 시작했다 했고 11월에 끝냈으니 약 8개월에 걸친 전쟁이었다고 본다. 진쿠황후가 전쟁을 시작할 무렵 병력의 열세를 보완하기 위해 백제(근초고왕 24년)로부터 장수와 병력을 보충받았다고 했다.

주목할 것은 이로부터 2년 후 371년에 근초고왕이 한산(漢山)으로 도읍을 옮겼다는 역사기록이 있다. 369년 11월에 사열한 곳이 한수(漢水) 남쪽이고, 2년 후 도읍을 옮긴 곳이 한산(漢山)이라 했는데 같은 땅으로 보인다.

이와 관련하여 박영규[170]는 이같이 369년 11월의 사열보다 3년 전에, 백제와 왜의 국교 수립은 신공황후 46년(366년)에 이뤄졌다고 한다.

그렇다면 백제와 왜의 국교 수립 때 천도 계획에 따라 한수 이남의 땅에 대한 약정이 이뤄진 것이 아닌가 한다.

진쿠황후를 백제의 용병으로 보는 몇 가지 근거를 정리하면,

1) 왜(倭)의 진쿠황후가 8개월에 걸쳐 빼앗고 평정한 7국의 땅을 백제에 이양했다는 사실, 그 자체다. 보통 상식으로는 형제국가라 하더라도 아무 조건 없이 병력을 동원해서 위험을 무릅쓰고 남에게 줄 땅을 위해 싸웠다는 것이 보통 상식으로는 이해할 수 없는 일이다.

2) 진쿠황후가 전쟁을 시작할 무렵 병력의 열세를 보완하기 위해 백제로

---

170) 박영규, 『한 권으로 읽는 백제왕조실록(증보판)』, 웅진닷컴, 2004. pp.140-141.

부터 장수와 병력 보충을 요청했고, 지원을 받았다고 했다. 백제에서도 진쿠황후의 요청에 쉽사리 응했다는 것은 추구하는 목적이 같았기 때문으로 본다. 그리고 주력부대는 진쿠황후의 병력이라고 할 수 있다.

3) 백제의 근초고왕 24년(369년) 겨울 11월에 한수(漢水) 남쪽에서 왕이 친히 군사를 사열했는데 깃발을 모두 황색을 사용했다[171] 한다. 이 기사는 그 전에 적국의 땅인데 지금은 자국의 땅임을 확인하는 의미로 해석할 수 있다. 사열하는 자리에 진쿠황후의 군대와 항복한 4읍의 군대가 있었을 텐데, 근초고왕의 군대만 황색기를 썼다는 것은 이양받은 땅이 이제부터 백제가 이 땅의 주인이라는 표시를 의미하는 것이다.

4) 진쿠황후로부터 이양받은 한수 남쪽의 땅에서 근초고왕은 '26년(371)년에 도읍을 한산으로 옮겼다'[172] 했는데, 2년 전에 이양받은 같은 땅으로 본다. 이는 2년에 걸쳐 천도할 준비를 한 것으로 보이며, 결국 진쿠황후는 백제가 천도할 도읍지를 확보하기 위해 7국을 평정한 것이라 할 수 있다.

5) 박영규에 의하면, 진쿠황후가 전쟁을 시작한 369년보다 3년 전에 백제와 왜(倭)의 국교 수립이 있었다는 데, 그때 왜(倭)는 백제의 근초고왕과 백제 도읍지 천도를 위한 장소를 마련하는 용병 계약 약정이 있었을 거라는 추론이 가능하다.

---

171) 김부식 저, 이재호 역, 『삼국사기』2, 솔, 1997. p.317.

172) 상게서, p.318.

6) 『일본서기』〈중애왕조〉에 보면, 진쿠황후는 신라 공격 직전에 남편 중애천황이 웅습(熊襲, 쿠마소) 반란을 진압하다 전사했고, 황후 자신이 유복자를 임신하여 산달이 가까운 최악의 상황인데도 전투에 임했다는 사실은 기한 내 약정 이행이라는 강한 암시를 주고 있다.

7) 근초고왕이 진쿠황후를 만난 자리(369.11월)에서 조공하겠다고 맹약하였다고 한다. 필자는 여기서 말하는 조공은 용병에 대한 잔금을 치르면서 추가 성과에 대한 추후 보상금 지급의 약속으로 본다.

8) 백제는 소서노에 의해 시작부터 상업 국가로 출발했다. 상업 국가의 특징은 국부(國富)와 이재(理財)가 우선이고 안보를 담당하는 군대는 최소화하면서 예기치 못하는 장소에서 발생하는 안위 문제는 돈을 주고 용병으로 해결한다는 인식이다. 바로 '맞춤형 용병'을 필요에 따라 운용했을 것이다. 상업 국가의 국토 개념은 강역 국가가 아니라 선(線, 장삿길)으로 이어지는 영역 국가의 개념이다.[173] 이에 따라 천도할 도읍지 확보에도 용병을 활용했을 개연성이 있다.

지금까지 진쿠황후가 백제의 용병이라는 근거를 살펴 보았다.

---

173) 오운흥, 『무령왕릉의 비밀』, 시간의물레, 2021. pp.80-82.

폐기해야 할 임나일본부설

일본은 '임나설'의 근거로, 『일본서기』의 '진쿠(신공) 황후의 한반도 정벌설', 광개토대왕비(廣開土大王碑)의 비문, 『삼국사기』 제46권 열전 강수(強首) 열전, 『송서(宋書)』 등을 제시하고 있다. 일본 학자 중에 스에마쓰(末松保和)는 『대일본사(大日本史)』(1933년)의 한편으로 「일한관계(日韓關係)」를 정리했다가, 제2차 세계대전 후에 학문적 체계를 갖춘 〈남선경영론〉을 만들어 『임나흥망사(任那興亡史)』(1949년)를 발간한 것이다. 그의 '임나설'에 대한 필자의 비판[174]은 다음과 같다.

① 스에마쓰는 『삼국지』〈위지〉 왜인전 서두의 문구로 보아, 3세기 중엽에 이미 변진구야국(弁辰狗邪國), 즉 임나가라를 점유하고, 왜왕은 그 중계지를 통해 삼한에 통제력을 미치고 있었다고 했다. 그가 주장한 3세기 중엽에 변진구야국(弁辰狗邪國)이나 임나 가라를 점유하고 통제했다는 주장이 중국 동해안이면 가능해도 한반도 남해안은 통제력이 미칠 수 없는 지역이다. 앞의 책 『한국사의 기준점 찾기』[175]에서 밝힌 대로 당시 일본 열도에는 야마토 왜(倭)가 없었다. 그리고 일본이 주장하는 4세기 중반의 일본 열도는 한반도의 가야계와 마한계와 연결된 고훈(古墳)시대였다. 따라서 당시 한반도는 야마토 왜(倭)와 무관한 지역이다.

② 스에마쓰는 『일본서기』 '진쿠황후[神功皇后]' (섭정) 49년조의 7국 및 4읍[176]

---

174) 오운홍, 『한반도에 백제는 없었다』, 시간의물레, 2021. pp.220-222.
175) 오운홍, 『한국사의 기준점 찾기』, 시간의물레, 2022. pp.121-128.
176) 진쿠황후는 신라를 격파하고, 비자발(比自㶱)·남가라(南加羅)·녹국(喙國)·안라(安羅)·다

평정 기사로 보아, 369년 당시 왜는 지금의 한반도의 경상남북도 대부분을 평정하고, 전라남북도와 충청남도 일부를 귀복시켜 임나 지배체제를 성립시키고, 백제왕의 조공을 서약받았고 주장한다. 그런데 『일본서기』의 '진쿠황후[神功皇后]'는 한반도에서 활동하지 않았다. 『삼국지(三國志)』와 『후한서(後漢書)』에 나오는 왜인(倭人)과 왜(倭)는 중국 남동해안의 월(越)나라에 뿌리를 두고 있었다. 『일본서기』에 있는 야마토(大和) 시대의 일식 기록(AD628-709)을 분석한 천문학자 박창범 교수가 일식을 관찰하기 알맞은 지역이 E110°-125° N14°-26°라 했다.[177] 이 지역은 『삼국지』와 『후한서』 등 중국 사서[178]가 말하는 지역과 일치한다. 야마토 왜의 '겐메이 덴노[천황]'가 중국 남동해안에서 일본 열도로 진입한 때가 710년 이후의 일이다.[179] 이를 근거로 볼 때, 710년 이전의 진쿠황후(369년)는 일본 열도의 사람이 아니므로 한반도와 무관하다고 볼 수 있다.

앞의 책 '백제 편'[180]에서 진쿠황후와 백제 근초고왕이 중국 대륙에서 만날 수 있다는 개연성을 열어놓고 있다.

라(多羅)·탁순(卓淳)·가라(加羅)의 7국을 평정하고, 군대를 옮겨 서쪽으로 돌아 고해진(古奚津)에 이르러 남쪽의 오랑캐 침미다례(忱彌多禮)를 무찔러 백제에게 주었다. 이에 백제왕 초고(肖古)와 왕자 귀수(貴須)가 군대를 이끌고 와서 만났다. 이때 비리(比利)·벽중(辟中)·포미지(布彌支)·반고(半古)의 4읍이 스스로 항복하였다는 '일본서기'의 기록이 있다.

177) 박창범, 『하늘에 새긴 우리역사』. 김영사, 2018. p.73.
178) 왜가 기록된 중국의 정사서들을 보면 『후한서』「왜전」, 『위지』「왜인전」, 『진서』「왜인전」, 『송서』「왜국전」, 『남제서』「왜국전」, 『양서』「왜국전」, 『수서』「왜국전」, 『북사』「왜국전」, 『남사』「왜국전」 등이 있는데, 대체로 왜인(倭人)과 왜(倭)는 중국 남동해안의 월(越)나라에 뿌리를 두고 있다고 한다.
179) 오운홍, 『한국사의 기준점 찾기』, 시간의물레, 2022. pp.121-128. 참조
180) 오운홍, 『한반도에 백제는 없었다』, 시간의물레, 2021. pp.80-84.

③ 스에마쓰는 광개토왕비문의 기사로 보아, 왜는 400년[181] 전후해서 고구려군과 전쟁을 통해 임나를 공고히 하고 백제에 대한 복속 관계를 강화하였다고 주장한다.

이에 대해 1972년 재일본 사학자 이진희(李進熙)가 비문변조설을 제기하였다. 이진희는 여러 가지 탁본과 해독문을 대조한 결과, 일본 군부와 국수주의 학자들이 일본 역사의 우월성을 과시하기 위해 계획적으로 비면에 석회를 바르고 새로운 글자를 써넣은 것을 밝혀냈다. 따라서 스에마쓰의 주장은 옳지 않다고 본다.

일본이 비문 변조를 쉽게 인정하지 않은 상황에서 당분간 스에마쓰가 주장한 광개토왕비문의 기사를 해석하는 논쟁은 쉽게 끝나지 않을 것 같다.

그런데 그의 주장과 비문 조작의 논쟁을 묶어두더라도 한반도의 '임나설'은 성립되지 않는다. 왜냐면 광개토왕이 백제와 왜를 정벌하기 위해 진군한 남벌 코스[182]는 한반도가 아니라 중국 동해안이기 때문이다. 일본 군부까지 나서서 협력한 '변조의 범죄'는 결국 소용없는 일이 되는 것이다.

④ 스에마쓰는 『송서(宋書)』 왜국전에 나오는 왜 5왕의 작호로 보아, 일본은 5세기에 외교적인 수단으로 왜·신라·임나·가라에 대한 영유권을 중국 남조로부터 인정받았으며, 백제의 지배까지 송나라로부터 인정받고자 하였다는 것이다. 『송서(宋書)』를 비롯하여 남조(南朝)의 사서에 기록된 작호는 남조(송)가 국경을 접한 나라의 왕에게 주어 사이좋게 지내자는 선린외교정책의 하나다. 작호의 명칭은 수령자의 요구나 역할을 강조하는 경향이

---

181) 광개토왕 영락 10년에 해당한다. 비문에 대왕이 '임나가라(任那加羅)의 종발성(從拔城)에 이르니 성(城)이 곧 항복하였다'라는 기록이 있다.

182) 본책 제12장 '전·후기 가야연맹의 경계점에 대하여', 참조

있다. 당시 왜(倭)의 희망 사항을 아전인수로 해석한 것은 잘못이라고 본다.

또 하나 짚고 넘어가야 할 것은, 왜왕이 송나라 작호를 받았다는 사실로 보아 당시 왜는 송나라와 국경을 접했다는 증거로 볼 수 있으며, 박창범 교수의 일식 기록 분석 결과를 더하여 보면 야마토 왜는 중국 남동해안에 있었다고 볼 수 있다.

⑤ 스에마쓰는 『남제서(南齊書)』 가라국전 및 『일본서기』 게이타이왕[繼體王] 때의 기사들로 보아, 5세기 후반에 일본의 임나에 대한 통제력이 완화되기 시작해 6세기 초반 일본은 백제에게 전라남북도 일대의 임나 땅을 할양해 주기도 하고, 신라에게 남가라(南加羅) 등을 약탈당하기도 하면서 임나가 쇠퇴하였다고 보았다. 『남제서(南齊書)』와 『일본서기』에서 '6세기 초반에 (중국에 있는) 백제에 임나 땅을 할양해 주었다'는 기사가 사실일 수 있다.

그런데 백제는 건국에서 멸망까지 한반도에는 없었으므로 '전라남북도 일대의 임나 땅을 할양'해 주기도 했다는 스에마쓰의 주장은 근거를 잃게 된다. 다만 왜가 백제나 신라와 접촉한 사건이 있다는 것은 당시 왜가 중국의 동남쪽에 있었다는 사실, 그리고 중국 동해안을 따라 연결된다는 사실로 보아 중국 대륙에서 가능한 일이라고 본다.

⑥ 스에마쓰는 『일본서기』 긴메이왕[欽明王] 때의 기사들로 보아, 540년대 이후 백제와 임나일본부는 임나의 부흥을 꾀했으나, 결국 562년[183]에 신라가 임나 관가를 토멸함으로써 임나가 멸망하였다고 보고 있다.

그리고 ⑦ 그 뒤에도 일본은 임나 고지에 대한 연고권을 가져서 646년까

---

183) 562년은 진흥왕 23년의 일로 사다함을 시켜 한반도의 대가야를 평정한 해이다. 중국에 있는 백제와 무관한 일이다.

지 신라에게 임나의 조(調)를 요구해 받아내었다고 주장했다.

540년대 신라의 중심 세력과 백제는 중국 대륙에 있었다. 임나일본부가 백제와 함께 임나의 부흥을 꾀했다면 그것은 중국 대륙에서의 일일 것이다. 당시 야마토 왜 또한 중국 대륙에 있었으니 말이다.

⑧ 쓰에마쓰의 이론을 넘어 국내 사학자 중에는 『삼국사기』 제46권 열전 강수(强首) 열전에 근거를 두어 임나일본부설을 거드는 학자도 있다.

우선 강수가 누구인가?

삼국시대 신라의 사찬(沙飡)으로 여러 관직을 역임한 유학자요 문장가이다.

통일신라 이전 대륙 신라 때의 일이다. '태종무열왕이 왕위에 오르자 당나라 사자가 와서 조서를 전했는데, 그 조서 가운데 읽기 어려운 부분이 있었다. 왕이 강수를 불러 물으니 그는 왕의 앞에서 조서를 한번 보고는 해석하여 막힘이 없었다. 왕은 몹시 기뻐하여 서로 늦게 만난 것을 한탄하며 그 성명을 물으니 그는 대답했다.

"저는 본디 임나가량(任那加良) 사람이온데 이름은 두(頭)라고 합니다."'[184]

강수가 생존했을 때 대륙 신라의 도읍 경주(서울)의 위치는 지금의 중국 안휘성 화이난(淮南)시의 남쪽 수현(壽縣) 인근에 있는 수현 고성(古城, E116° 47′ N32°33′)으로 본다.

열전에는 김유신이 서울(경주) 사람이라 했고, 강수는 임나 사람이라 했으니 아마도 당시 신라의 변방으로 중국 동해안 쪽 지명으로 보인다.

중국 동해안에 임나가량이라 했으니 가야를 떠올려 한반도 김해 지역을 생각할 수 있는 데 한반도 가야와는 전혀 관련이 없다 하겠다.

---

184) 김부식, 『삼국사기』 제46권 열전 강수(强首)전, pp.399-400(3권).

이밖에도 ⑨ '임나일본부(任那日本府)'라는 명칭 중에 '일본(日本)'이라는 국명이 문제 된다. '일본'이라는 국명이 7세기 중엽 이후에 성립된 것[185]이므로, 6세기 전반에 '일본부(日本府)'라는 명칭은 있을 수 없는 일이다. 한마디로 말해 일본이라는 국호가 생기기도 전에 '일본부'를 설치했다는 것은 임나일본부설이 허구임을 일본인 스스로가 자인하고 있는 셈이다.

또 스에마쓰의 '임나일본부설'과 일본의 조선 침략을 정당화하는 남선경영론(南鮮經營論)을 일거에 물거품으로 만드는 것이 광개토대왕릉 비문이다. 비문이 말하는 고구려의 격전지는 한반도가 아니라 중국 대륙의 동해안이었다.

그리고 왜(倭)와 협력 관계에 있었다는 백제는 건국에서 멸망까지 한반도가 아니라 중국 대륙에 존재하였다.

⑩ 임나일본부설을 폐기해야 할 결정적 증거가 또 있다. 중국 동남부에 있던 야마토 왜의 중심 세력이 일본 열도로 진입한 시기가 710년 이후[186]라는 필자의 가설을 입증해 주는 자료가 있다.

최근(2022.12.11.) 〈한경〉의 보도에 의하면, 한·일인의 키를 비교했는데,

---

[185] 『삼국사기』 〈신라본기〉 문무왕 10년(670) 12월에 왜국에서 사신이 왔는데 자신들의 나라 이름을 일본이라 고쳤다 하였고, 그 뜻은 해 뜨는 곳(=동쪽)과 가깝기 때문이라 했다(倭國更號日本 自言近日所出以爲名)는 기록이 남아있다. 일본이란 국호가 우리 역사에 기록된 최초의 사례이다. 이와 비슷한 시기에 중국에서도 사용된 듯하다. 백제 멸망 당시 피신한 의자왕을 잡아다 당나라에 바친 예식진의 형제인 예군(禰軍, 678)의 묘지명(墓誌銘)이 중국에서 발견되었다. 묘지명 내용 중에 '于時日本餘噍, 據扶桑以逋誅; 風谷遺甿, 負盤桃而阻固[일본(日本)의 잔당은 부상(扶桑)에 의지하여 (당나라의) 처벌에서 도망쳤다. 풍곡(風谷; 고구려)의 남은 무리들이 반도(盤桃; 신라)를 등에 지고 굳세게 저항하였다.]'는 기록이 있다.

[186] 오운홍, 『한국사의 기준점 찾기』, 시간의물레, 2022. pp.121-128.

비슷한 연령대(20~29세)의 여성의 경우 한국은 161.3cm인데 반해 일본은 157.9cm로 160cm가 안된다고 한다.

일본인의 키(신장) 연구에 많이 참고하는 논문, 요시스케(平本嘉助) 도쿄대학 연구원(당시)이 1972년 펴낸 논문에 따르면 에도 시대(1603-1867년) 남성의 평균 신장은 157.1cm였다. 반면 조몬(BC3세기 이전)인은 159.1cm로 에도인들보다 2cm 더 컸다. 지금까지 남아있는 대퇴부 뼈의 길이 등으로 추정한 수치다.

그래프에 표시된 수치는 고분 시대(3-7세기말)를 정점으로 가마쿠라 시대(1185-1333년)를 거치며 키가 줄어들다가 에도 시대(1603-1867년)에 최하위를 기록했음을 알 수 있다.

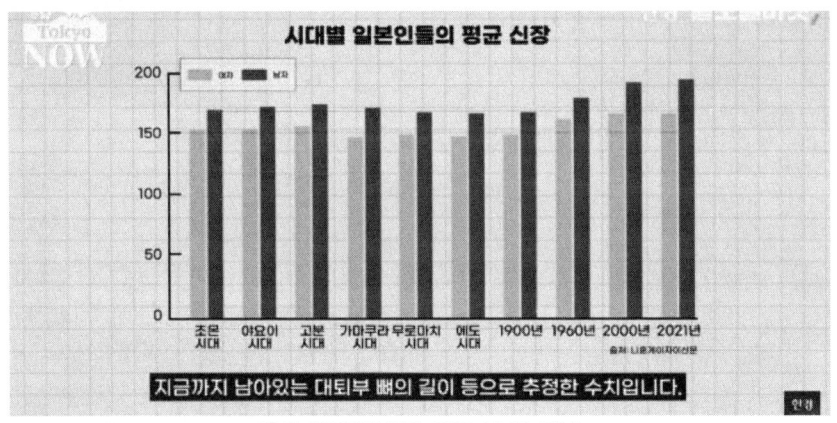

〈출처: 한국경제 신문, 2022.12.11. 기사〉

이에 대해 일본의 학자들은 그 해답을 일본인의 식단에서 찾고 있다. 675년 덴무 일왕이 육식금지령을 선포한 이후 1875년 해제될 때까지 일본인들은 1,200여 년간 육식을 금기시했다는 데에 있다며, 그 원인을 찾고 있다.

필자가 보기엔, 식단에서 찾는 해법은 연구의 방향을 잘못 잡았다고 본다. 키가 작아진 데 대해, 필자는 다른 견해를 가지고 있다. 앞의 그래프에서 고분 시대(3-6세기말)와 가마쿠라 시대(1185-1333년) 사이에 아스카 시대(592-710)와 나라 시대(710-794)가 있다. 필자의 책, 『한국사의 기준점 찾기』 (pp.121-128)에서 밝혔듯이 나라 시대의 천도는 야마토 왜(倭)의 일본 열도 진입을 말하고, 그전 아스카 시대는 천도 준비 작업 시기라 했다. 아스카 시대 이후 키가 작은 왜인의 지배가 결정적 원인이라고 본다.

다시 말해 왜의 『일본서기』 기록 중 임나국 관련 진쿠황후의 정벌(369)은 일본 열도로 진입한 710년 이전의 기록이므로 일본 열도의 역사가 아니라 중국의 남동부 역사로 봄이 타당하다고 할 수 있다.

⑪ 또 있다. 일본이라는 국호 외에 '니혼(にほん, Nihon)' 혹은 '닛폰(にっぽん, Nippon)'이란 명칭이 있다. 'にほん'의 'ほん'은 'ほんしゅう(혼슈, 本州)'를 뜻하고, 'にっぽん'의 'ぽん'은 일본인이 흔히 쓰는 본토(本土)의 의미가 강조되고 있다. 사실 일본인들은 혼슈를 본토라는 뜻으로 쓰고 있다. 이는 일본 열도의 지배력이 헤이안 시대 이후 혼슈에서 규슈로 확장된 것으로 볼 수 있다.

따라서 근초고왕과 만났다[187]는 진쿠왕후(369.11월)도 나라 시대(710-794)보다 훨씬 이전이므로 중국 대륙에 있었다고 봐야 한다.

임나일본부를 주장하는 한·일 학자들에게 하고 싶은 말은 종래의 주장을 잠시 덮어놓고, 필자의 견해 ①~⑪까지 내용을 한 번 더 읽어주기를 바라는 바이다. 읽은 후에 반론 제기를 할 수 없다면 한반도에 대한 〈남선경영론〉이나 〈임나일본부설〉은 성립될 수 없는 이론이라 할 수 있다.

---

187) 오운홍, 『한반도에 백제는 없었다』, 시간의물레, 2021. pp.80-82.

번지수가 다른 곳에서 찾아낸 임나의 실마리

일본 학자들이 주장하는 임나일본부설의 근거가 되는 임나국은 어디를 말하는 것일까?

광개토왕비문에도 임나가라의 종발성을 함락시킨 기록이 있다.

근세 이후 일본 학자들은 '스진 천황[188](崇神天皇)' 65년 조에 임나국 기록이 분명히 있다면서 정한론을 꺼냈다. 일본 학자들이 기록을 의도적으로 잘못 비정한 것이 틀림없다.

『일본서기』(10대)스진 천황 65년(87) 조에, '65년 가을 7월 임나국이 소나갈길지를 보내 (야마토에) 조공하였다. 임나는 축자국(筑紫國)에서 2,000여 리 떨어져 있고, 북쪽은 바다로 막혀 있으며 계림의 서남쪽에 위치하고 있다(六十五年秋七月 任那國遣蘇那曷叱知令朝貢也 任那者去筑紫國二千餘里北阻海以在鷄林之西南).'는 기록이 있다.

이는 『일본서기』에서 임나의 위치를 가장 구체적으로 명시한 기사이다.

이를 근거로 임나국의 위치를 유추해 보자. 65년 조는 임나의 위치를 규정하는 세 가지 조건을 얘기하고 있다. '축자국'에서 2천여 리(里) 떨어져 있는 지역(①)이고, 그 지역의 북쪽은 '바다(海)'로 막혀 있으며②, 그 지역에 있는 '계림'의 서남쪽③에 임나가 있다는 것이다.

---

188) 김정기, 『일본천황 그는 누구인가』, (푸른사상, 2018. p.289)에 의하면, 천황 칭호는 7세기 후반 40대 덴무(天武) 왕정(672-686) 때 성립되었다 한다. 이보다 앞서 10대 숭신(崇神) 왕은 천황의 칭호가 맞지 않으나 일본 학계와 우리 학계에서 많이 보이는 천황의 칭호를 따라서 사용하였다.

① 축자국에서 2천여리 떨어져 있는(去筑紫國二千餘里) 땅
② 북쪽은 바다로 막혀있는(北阻海) 땅
③ 계림의 서남쪽에 있는(以在鷄林之西南) 땅

일본 학자들은 이 기록을 가지고 임나국이 한반도 남부 해안에 있었다고 주장한다. 국내 학자 중에도 이에 호응하는 학자가 꽤 있어 문제라고 본다.

필자는 이들 주장이 맞지 않다고 본다.

첫째, 일본이 주장하는 축자국은 그들 스스로 일본 규슈의 북안 후쿠오카(福岡)시 근처라고 말한다. 임나는 후쿠오카에서 북쪽으로 2,000여 리 떨어져 있다 했으니, 후쿠오카를 기점으로 삼아 한반도 지도에서 찾으면 평양과 원산 근처에 이르게 된다. 임나가 있다는 그곳은 '북쪽으로 바다가 막혀 있는 곳'이라 했는데 바다가 아니라 낭림산맥이라는 산악으로 막혀 있는 곳이다. 임나국이 있을 만한 곳이 아니다. 축자국이 일본 규슈에 있다는 기준이 잘못된 것으로 본다.

둘째, 임나국이 계림의 서남쪽에 있다 하였는데, 계림을 한반도의 경주로 본다면 임나는 경주의 서남쪽에 있는 김해, 창원 지역쯤 된다. 이곳과 후쿠오카(규슈)와의 직선거리는 240km로 약 600리쯤 된다. 임나국과 축자국과의 거리가 2,000여 리라 했으므로 거리가 맞지 않다. 또 김해는 남쪽이 바다로 막혀 있어 북쪽이 바다로 막혀 있다는 기록과도 맞지 않다.

따라서 한반도 남부에서 임나일본부를 찾는 일은 처음부터 잘못된 것이다.

후쿠오카를 기준으로 삼으면 『일본서기』의 기록이 맞지 않는다. 혹자는 기록의 수치가 맞지 않는다고 말하기도 하지만 필자가 보기에는 기록은 맞고, 후세 사가들이 비정을 잘못한 것으로 본다. 후쿠오카는 축자국과 관련

이 없는 곳이라 할 수 있다.

그렇다면 축자국은 실제로 어디에 있는 것일까?

축자국 관련 기록이 또 있다.

『일본서기』의 (10대) '스진 천황' 65년(87) 이후 (21대)유랴쿠(雄略)왕 때(479), 500명의 축자 군사를 호송시켜 동성왕(모대)을 백제에 보냈다는 기록(卄三年 夏四月 百濟文斤王薨 天皇以昆支王五子中 第二末多王幼年聰明 勅喚內裹 親撫頭面誡勅 慇懃 使王其國 仍賜兵器 幷遣筑紫國軍士五百人 衛送於國 是爲東城王)에 '축자(筑紫)'가 나오는 데 동일 지명이라 할 수 있다.

당시 백제는 중국 대륙에 있었고[189] 또 중국 사서에 의하면 야마토(왜)가 아스카시대(592-710) 이전에는 중국 남동부에 있었다[190]고 한다. 이를 근거로 볼 때, 중국 대륙에 있는 야마토가 중국에 있는 백제에 군대를 파송하는데 중국 대륙에 있는 축자의 군사를 이용해야지, 일본 열도 규슈의 군대를 사용했다는 것은 이해하기 어렵고, 또 실행 가능한 일도 아니다. 따라서 축자국은 중국 남동부에 있는 야마토(왜)의 이웃에 있었다고 볼 수 있다.

'한국정신문화선양회'에서 제공한 '절강성 연안의 신라계 지명 분포'(지도)에서 축자국의 위치를 탐색하여 적용하면 스진 천황 65년(87) 조의 기록이 더욱 뚜렷해진다. 구글지도를 통해 세세한 지명을 찾아보면, 지도에 나온 명주(明州, 영파-닝보)와 항주(杭州) 사이에 계림병(鷄林浜)이 있다.

---

189) 오운홍, 『한반도에 백제는 없었다』, 시간의물레, 2021.

190) 중국의 사서 『후한서』, 『삼국지』와 천문학자 박창범 교수의 일식 기록 분석 등을 종합하여 왜의 위치를 찾음, 오운홍, 『한국사의 기준점 찾기』, 시간의물레, 2022. pp.121-128.

명주(닝보) 인근에 임나(任那)의 '임(任)'이 들어간 지명으로, 任家橫村(임가횡촌), 任新村(임신촌), 任宋村(임송촌), 任佳溪村(임가계촌) 그리고 인근 사오싱시(紹興市)의 任謝村(임사촌) 등 집성촌을 찾을 수 있으며, 任之堂中醫理療養生館(임지당중의리요양생관) 등도 보인다. 이들 지역은 신라군도(현 주산군도)의 서남쪽에 있는 땅이고, 북쪽이 바다(항주만)로 막혀 있는 땅이니 숭신 천황 65년 조의 기록과 같다. 중국 동해안에서 북쪽이 바다로 막혀 있는 땅은 2곳인데, 산둥성의 북안과 절강성(저장성)의 북안이다.

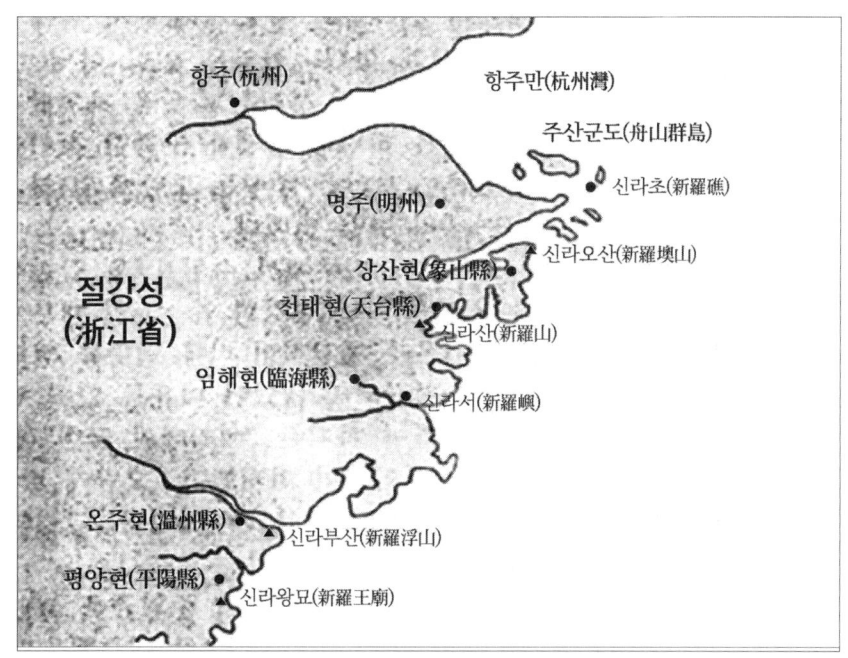

저장성 연안의 신라계 지명(출처: 한국정신문화선양회)

현 닝보(영파) 부근에 있을 것으로 보는 임나(가정)를 기점으로 해서 남쪽으로 2,000리를 내려가면 축자국(筑紫國)이 있다 할 수 있는데, 지도상으로 볼 때 남쪽으로 약 2,000리 떨어진 곳에는 광둥성의 산터우(汕頭, E116°40′ 23°20′)시와 홍콩(香港, E114°10′ 22°15′)이 있다.

야마토 왜의 근거지로 보이는 광둥성과 마카오, 광시장족자치구의 백제(百濟, E108°32′ N22°28′), 복건성의 천주(泉州) 부근의 가라섬(加羅嶼)과 왜의 무덤(倭壟)이 있다. 이곳은 축자국으로 예상하는 광둥성의 산터우시나 홍콩과는 이웃하고 있다. 이곳을 구글 지도로 보면 광둥성의 산터우(汕頭)시와 복건성 일대에 축(筑) 자가 붙은 지명들이 보인다. 우선 광주시(廣州市) 내에 筑溪西街(축계서가)라는 도로명이 있고, 小筑(소축)이라는 cafe.art도 보인다. 가까운 도시 홍콩에는 筑地市場(축지시장)이 있다. 이 두 도시와 위도가 비슷한 위치에 있는 타이완 서안에 筑間幸福鍋物 台南府前一店, 筑間幸福鍋物 台南成大店, 筑間幸福鍋物 台南中華店 등의 상호도 보인다. 축(築)자가 일본 열도에는 흔하지만 중국 대륙에서는 찾기 힘든데 이 지역에 모여 있다는 것은 광둥성 산터우시와 홍콩을 근거지로 하는 축자국이 있지 않았나 하는 추론이 가능하다.

참고로 중국 광둥성을 가로질러 흐르는 주강(珠江) 서안에서 왜왕(倭王)의 묘가 발견된 곳[191]도 바로 이 근처이다.

앞에서 임나국과 축자국의 위치를 살펴 보았다. 문헌 사료와 남아있는 지명과 두 나라 사이에 거리와 방향, 그리고 지리적 입지 조건에 비추어 볼 때 문헌의 기록과 일치한다고 본다.

앞의 지도에서 저장성 연안의 신라계 지명에 대하여 신뢰성 문제를 제기하는 학자도 있을 수 있다.

---

191) 〈왜곡된 한국사 복원(지도)〉, 유튜버 책보고, 2022.12.

지도에서 보듯 명주(현 영파)에서 남쪽으로 중국 동해안을 따라 신라 관련 지명이 많다. 실제로 SBS에서 방송되었던 '대백제' 5부작의 방송내용을 정리한 『대백제』[192]에 의하면, 아랍의 상인들이 이곳을 신라로 여길 만큼 신라인의 활동이 활발한 영역이었다고 한다.

지도의 북쪽에서 남쪽으로 차례대로 살펴보면, 신라초(新羅礁), 명주(明州), 신라오산(新羅隩山), 신라산(新羅山), 신라서(新羅嶼), 신라부산(新羅浮山), 신라왕묘(新羅王廟)가 보인다.

신라초(新羅礁)라는 지명은 1,500년이 지난 지금도 닝보(寧波) 앞바다에 남아있다. 저우산(舟山)시가 있는 주산도(舟山島) 동편에 작은 섬(푸퉈산(普陀山), E122°23′ N29°55′)이 있고, 그 섬 남안에 '푸퉈산(보타산, 普陀山) 불긍거관음원(不肯去觀音院)'이라는 사원이 있는데, 그 사원을 떠받드는 기암절벽을 바로 신라초라 한다.

중국 행정구역상으로 보면, 저장성(浙江省) 저우산(舟山)시 푸퉈취(普陀區) 푸퉈산전(普陀山鎭)이다. 이곳 관광 안내 지도에 신라초(新羅礁)라는 지명이 아직도 남아있다.

지도에서 맨 위쪽 항주만 앞바다에 있는 주산군도(舟山群島)를 옛날에는 신라군도(新羅群島)라고 불렀다고 한다. 20세기 현대 지도 중에 신라군도라고 표시된 지도도 있었다.

주산군도는 11세기 북송(北宋) 전까지 중국 땅이 아닌 독립적인 정치 해운 집단이었다.

---

192) 대백제 다큐멘터리 제작팀, 『대백제』, 차림, 2010.11.20. 9세기부터 14세기까지 이 부근을 지나던 아랍인들은 주산군도를 '신라(SILA)'로 불렀다고 한다.(pp.194-195.)

『대백제』에 의하면, 9세기부터 14세기까지 이 부근을 지나던 아랍인들은 주산군도를 거쳐 양저우(楊州)[193]까지 왕래했는데, 이들은 주산군도를 '신라(SILA)'로 불렀다고 한다.

아랍 선박이 주산군도를 지나갔던 당시의 기록이 총 열권의 아랍-이슬람 지리서에 전하고 있다.(출처: 『대백제』 pp.194-195)

'동방의 맨 끝 동쪽을 에워싼 검푸른 바다, 그 속에 6개의 섬을 신라군도라 한다.'(아랍 문헌, 알 디마시키 저, 『대륙과 대양의 경의에 관한 시대적 정신』, 14세기 간행)

'중국의 동쪽에 신라라는 나라가 있는데 (중략) 신라인들은 가옥을 비단과 금실로 수놓은 천으로 단장하며, 식사 때는 금으로 만든 그릇을 사용한다.'(알 마끄디시 저, 『창세와 역사서』, 966년) 여기서 중국 동쪽의 신라는 주산군도 주민의 생활상이다.

알 이드리시(1099-1166)가 쓴 『천애 횡단을 갈망하는 자의 산책』이라는 지리서에 '신라를 중국 동남해안에 있는 섬나라'로 명기했다. 그 책에 '심지어 그곳 주민들은 개의 쇠사슬이나 원숭이 목줄도 금으로 만든다.'고 묘사하고 있다. 당시 생활이 풍족하고 부유했음을 엿볼 수 있다.

이들 아랍 문헌 기록은 당(唐618-907)나라 이후의 기록이다. 명(明1370)나라 건국 이전의 송(宋)과 원(元)나라 때 중국의 동해안이 있었던 신라방(고려방) 주민의 삶과 관련이 있다.

당나라가 건국 초기에 신라와 손을 잡고 백제(660)와 고구려(668)를 멸망시켰고, 그 후 안동도독부 등 신라를 지배하려는 정책을 펼치기도 하였다.

---

[193] 양저우에는 고구려 왕이 세웠다는 고민사(高旻寺) 절이 있는 곳으로 고구려 상인과 교역을 했을 것으로 추정된다. 참고로 항저우(杭州) 인근에는 혜인고려사(慧因高麗寺)가 있다.

나중에 당과 대립하였던 신라가 이정기(제나라)의 침입을 받았고 이즈음 한반도로 도읍을 옮겼다[194]고 본다. 그런데 이곳(저장성 연안)에 남아있던 신라 유민들은 그대로 생활 터전을 유지했던 것으로 봐야 한다.

임나일본부설을 믿는 국내 학자들과 일본인들에게 하고 싶은 말이 있다.
첫째, 임나국을 찾는 일을 한반도 남해안에서 기웃거릴 것이 아니라 중국 동남해안에 가서 임나의 실마리라도 찾기를 제안한다.
둘째, "'일본은 번지수가 다른 임나일본부설'을 가지고 한반도를 더이상 괴롭히지 말라."고 권하고 싶다.
셋째, 본 책에서 임나국의 위치를 찾았다 해서 임나일본부설이 성립되는 것이 아니다. '진쿠황후'가 대륙 백제의 용병임이 밝혀진 이상, 알맹이가 변질된 임나일본부설은 허구가 아닐 수 없다는 것을 강조하고 싶다.

임나일본부설은 한반도의 지명과 관련이 없는 역사가 분명하므로, 한반도에 쓸데없는 역사이며, 지면 할애 자체가 아까운 일이다.
그런데 한·일 가야사 연구가들이 아직도 '가야사의 헛다리'를 붙들고 있어 미련하기까지 보인다. 지난 2019.12.3.-2020.3.1. 기간에 국립중앙박물관에서 가야사 특별전이 있었다. 기획 전시의 방향이 1) 일본서기 신공기(대륙 백제 용병기)를 전제로 가야사를 전개했다는 점과, 2) 가야=임나일본부라는 시각에서 가야사를 보고 있다는 점이다. 다시 말하면, 신공기의

---

194) 이정기의 제나라는 732-781 동안 산둥성 전체와 하북, 하남, 안휘(신라의 도성 포함), 강소성까지 이르렀다.(씨아밍차이 산둥성 청주박물관 부관장), 천문학자 박창범 교수의 신라 하대의 일식 기록 분석에 의하면 787년 일식 기록이 한반도 남부 지역으로 본다. 신라 경주로의 천도 시기는 일식 기록 787년 이전이며, 제나라가 존속했던 732-781년 중 후반기로 본다.

주인공 진쿠황후는 대륙 백제 13대 근초고왕의 용병임을 앞의 절에서 근거를 대어 밝혔고, 임나일본부의 배경이 되는 『일본서기』의 스진(숭신) 천황조의 임나국도 본 절에서 밝힌 것처럼 중국 회계군에 존재하여 한반도 가야사와는 무관한 역사이다.

앞으로 가야사를 쓰려면 임나일본부설을 아예 패싱하는 것이 좋다고 본다.

제**4**부

한반도 가야사의 재해석

가 야 인 ,   나 라   세 우 러   온   것   아 니 다

제10장 | '금관(金官)'이란 지칭과 해상 교역

제11장 | 가야의 병장기가 말해주는 것

제12장 | 전·후기 가야연맹의 경계점에 대한 재해석

제13장 | 가야와 신라에 도래한 북방 기마인에 대한 해석

제14장 | 가야인의 존재와 한반도에 끼친 영향

제4부

한반도 가야사의 재해석

제10장
'금관(金官)'이란 지칭과 해상 교역

금관국(金官國)과 가락국(駕洛國)의 시작은 다르다

『삼국사기』의 '금관국'과 『삼국유사』의 '가락국'이 '같은 나라, 다른 명칭'이라 할 수 있다.

금관국과 가락국에 대해 『한국민족문화대백과사전』에 의하면, 김수로왕을 삼국시대 금관가야의 제1대(재위: 42-199) 왕으로 정리하고 있다. 여기서 금관가야를 금관국이라고 보고 있다.

가야사를 보면, 하나의 의문이 있다. 『삼국사기』와 『삼국유사』에 기록된 '금관국'(BC19)과 '가락국'(42)에 대한 연대가 다르다. 그 때문에 두 사서 중 어느 하나가 잘못 기록된 것이 아니냐고 하는 의심을 불러일으킨다.

먼저 『삼국유사』를 쓴 일연은 '수로왕이 대가락(大駕洛) 또는 가락국(駕洛國)

을 세웠다'[195]고 했다. 일연은 가락국기에서, 수로왕의 탄생과 즉위를 기록한 중에 후한의 광무제 건무(建武) 18년(42) 3월에 알에서 태어났고, '즉위 2년 계묘(43) 봄 정월에 수로왕이 말하기를 "내가 도읍을 정하려고 한다."'[196]고 기록했다. 이에 근거하여 학계에서는 즉위 연도를 AD42년으로 계산한 것으로 본다.

AD42년의 건국 기록은 『삼국사기』 제41권 김유신 열전에도 나온다.

열전 첫머리에 '김유신은 서울[197] 사람이다. 12대 선조 수로왕은 어떤 사람인지 알 수 없다. 그는 후한(後漢) 건무(建武) 18년 임인(42년)에 구봉(龜峯)에 올라 가락(駕洛)의 9촌을 바라보고 마침내 그 땅에 이르러 나라를 세우고 이름을 가야(加耶)라 했는데, 후에 금관국(金官國)이라 고쳤다.'에 나오듯이 42년에 개국했다고 한다.

다음은 '금관국' 기록이 있는 『삼국사기』 〈신라본기〉 탈해이사금 조를 보면, '그 나라[198]는 왜국의 동북쪽 1천 리 거리에 있다. 처음에 그 나라 임금이 여왕국의 딸에게 장가들어 아내로 삼았는데 임신한 지 7년 만에 큰 알 한 개를 낳았다. 왕은 말했다. "사람으로서 알을 낳은 것은 상서롭지 못하니 버려야 한다." 그러나 그녀는 차마 버리지 못해 비단에다 알을 싸서 보물과 함께

---

195) 일연 저, 이재호 역, 『삼국유사』 1, 솔, 2008. p.344.

196) 일연 저, 이재호 역, 『삼국유사』 1, 솔, 2008. p.345.

197) 김유신이 활동하던 660년경 신라의 서울 경주는 중국 안휘성 수(壽)에 있었다. 오운홍, 『한국사의 기준점 찾기』, 시간의물레, 2022. p.26.

198) 탈해가 태어났다는 다파나국(多婆那國)을 말한다. 오운홍, 『고대사 뒤집어 보기』, 시간의물레, 2020. pp.49-61. 참조

궤 속에 넣어 바다에 띄워서 가는 대로 맡겨두었다. 처음에는 금관국(金官國)의 바닷가에 닿았으나 금관국 사람들이 그것은 괴이하게 여겨 거두지 않았다. 다시 진한의 아진포 어구에 닿으니 때는 시조 혁거세 39년(BC19)이었다 (其國在倭國東北一千里 初其國王 娶女國王女爲妻 有娠 七年 乃生大卵 王曰 人面生卵 不祥也 宜棄之 其女不忍 以帛裹卵幷寶物 置於櫝中 浮於海 任其所往 初至金官國海邊 金官人怪之不取 又至辰韓阿珍浦口 是始祖赫居世在位三十九年也).'라는 기록이 있다.

탈해이사금이 즉위한 원년(57) 조에 있는 탈해의 출생연도는 BC19년인데, 그 해에 '금관국' 바닷가에 닿았다는 기록으로 보아 탈해의 출생 이전부터 이미 금관국이 존재하고 있었다는 말이 된다.

두 사서를 비교해 보면, 김수로왕이 가락국을 건국한 해는 AD42년이고 앞서 소개한 탈해의 출생과 관련해서 금관국(金官國) 바닷가에 닿은 해가 BC19년(삼국사기 신라본기)이라 했으니 김수로왕이 건국하기 60여 년 전의 일이다.

수로왕이 1대 임금으로 즉위하기 전에 이미 금관국 혹은 금관가야가 있었나 하고 다시 생각하게 한다.

두 사서의 기록 중 어느 것이 잘못된 것은 아닐까 하며 매우 혼란스럽다는 느낌이 든다. 필자가 보기엔 어느 사서의 기록이 맞고, 잘못된 것인지 밝히는 것도 중요하지만, 두 사서를 근거로 사학자들이 이해할 수 없었던 어떤 역사적 사실이 숨어있는 것은 아닐까 살피는 게 우리 역사의 새로운 지평을 열어가는 출발점이 될 것으로 본다.

학계가 정리한 가야사의 개괄을 보면, '가야(伽倻, 加耶, 伽耶)는 낙동강이 있는 한반도 남부 지역에 존재했던 한국의 고대 국가이다. 가락(駕洛, 迦落) 또는 가라(加羅, 伽羅, 迦羅, 柯羅)라고도 한다. 삼한 중 하나인 한반도 중남부 현재 김해시에 위치했던 변한의 금관가야(구야국[199], 狗邪國)를 중심으로 변한의 12개[200] 소국을 결집해 성립된 전기 가야연맹이며 고구려의 공격으로 금관가야 중심의 전기 가야연맹의 세력이 약화 되자 5~6세기 대가야를 중심으로 후기 가야 연맹국을 만들었다 562년에 사라졌다.'(출처: 위키백과, 가야)고 한다.

이를 보며 우리가 마주하는 가야 또는 가야사는 다양한 명칭에, 중국 사서에 의존하는 12가야이며, 고구려의 침공을 근거로 가야사 연대를 구분하는 등 정리되지 않은 가야사일 뿐이다.

다만 여기서 얻을 수 있는 시사점은 김해 지역에 있던 구야국, 금관가야, 가락국, 금관국이 같은 나라를 뜻한다는 것이고, 구야국의 구야(Guya)와 가야(Gaya)는 어원이 같은 데서 출발한 것으로 들리며, 금관(金官)은 특별히 어떤 의미를 부여한 것으로 보인다.

---

199) 구야국(狗倻國)은 경상남도 김해군(현 김해시) 일대에 있었던 옛 이름이다. 구야국의 구야(Guya)는 가야(Gaya)의 동음으로 들린다.

200) 변한의 12개 소국은 『삼국지』의 〈위지〉 동이전, 변진전(弁辰傳)에 근거한다. 국사학계는 이를 가야 땅으로 오인하여 12개국 배치를 골몰하고 있는데, 필자는 〈위지〉 동이전에 나오는 마한, 진한, 변한이 중국 땅에 있었음을 한국사의 미스터리 4권, 『한국사의 기준점 찾기』에서 밝힌 바 있다.

금관국·금관가야에서 금관(金官)에 대한 해석

여기서 우리는 금관의 의미를 캐는 작업에 집중하지 않을 수 없다.

『삼국사기』에는 '금관국'으로, 『삼국유사』에서는 '가락국'으로 가야가 등장한다. 먼저 금관국 혹은 가락국의 위치에 대해, 낙동강 하류 지역인 지금의 김해 근처로 학자들은 보고 있다. 다시 말하면 같은 나라, 다른 국명이라고 할 수 있다.

후일 금관가야(金官伽倻)라는 이름은 금관국+가락국에서 연유한 것 같다. 따라서 금관가야라는 명칭에서 금관은 가야의 수식어라고 볼 수 있다.

그런데 금관이란 글자가 철 제품의 우수성을 상징하는 '금관(金冠)'이 아니라 '금관(金官)'이다.

우선 金官(금관)이라는 한자 말이 우리 생활에서 흔히 사용하는 단어가 아니다. 김부식 등 사학자들이 평소 사용하지 않는 이렇게 조작된 용어를 어떻게 찾아내었을까? 金官(금관)의 金(금)은 철(鐵)을 뜻한다 해도, '관(官)'은 무슨 의미로 사용한 것일까? 다시 말해 '관'을 나타내는 한자(漢字)가 50여 자(字) 있는데 그중에서 왜 '官'을 선택하였을까? 그 전에 '관'을 선택하지 말고 다른 글자를 선택하면 아니 되는 역사인가? 금(金-鐵)에 '官'을 선택하여 '金官(금관)'이라는 용어를 특별히 만들어낸 까닭이 분명히 있다고 본다. 아무런 의미도 없이 무심코 사용한 글자는 분명히 아니라고 생각한다.

학자 중에 금관국과 가락국, 어느 쪽이 먼저 사용한 명칭인가를 논하기도 하지만, 금관국 혹은 금관가야의 수식어가 되는 금관(金官)의 의미와 사용 필요성을 찾을 수 있다면 두 사서의 연대 문제도 자연스레 해결될 수 있다고 본다.

국사학계와 시각을 같이하는 〈고등학교 한국사〉를 보면, '(변한[201] 지역에서는) 낙동강 하류 지역의 구야국이 질 좋은 철제품을 바탕으로 해상 교역을 통해 강력한 세력을 형성하고 있었다. 그러나 3세기 후반 이후 해상 교역이 위축되고 낙랑군과 대방군의 멸망으로 해상 교역 체계가 붕괴하자 구야국의 경제 기반이 크게 축소되었다. 이로 인해 구야국의 영향력은 약화되고 여러 (개의) 가야 소국이 세워졌으나 강력한 중앙 집권력을 갖춘 국가가 출현하지는 못했다. 그 후 구야국을 이은 금관가야가 세력을 회복하여 연맹을 결성하였는데, 이를 전기 가야연맹이라고 부른다.'[202]

가야의 주된 산업이 철을 생산하는 일이고 해상 교역을 통해 해외에 판매하여왔다는 것을 알 수 있다.

가야사를 연구하는 학자들은 낙동강 중하류 유역의 전기 가야연맹 지역에서 발굴되는 유적과 유물을 근거로 해서 철 생산 국가이며, 해상 교역을 통해 철을 수출하는 국가로 보고 있다.

또 김해의 지리적 위치로 보아 낙동강과 남해(바다)가 이어지는 길목이라 철 생산품의 집합소가 되고, 해상 교역의 항구 도시가 된다. 또 하나 살필 것은 이곳에 철(鐵) 시장이 형성되어 국제 시장뿐만 아니라 내수 시장도 형성되었을 것으로 본다.

국사학계가 정리한 전기 가야연맹의 중심 지역으로 보는 낙동강 중하류 유역과 남강 유역과 경남의 남해안 지역에 가야 고분(돌방무덤)이 산재한 것을

---

201) 변한은 한반도 가야 땅과는 전혀 관련이 없는 호칭이며, 한백겸 이후에 한반도에 도입된 것이다. 오운홍, 『한국사의 기준점 찾기』, 시간의물레, 2022. pp.165-168. 참조

202) 김종수 외, 『고등학교 한국사』, ㈜금성출판사, 2018. p.42.

보면, '제철 생산 기지'가 여러 곳에 흩어져 있음을 보게 된다.

이들 '생산 기지' 곳곳에서, 자체로 해외 교역 창구를 설치하여 운영할 수는 없는 일이다. 이들은 판매보다 생산에 주력했을 것으로 짐작된다.

그렇다면 당시 해외에서 철 상품을 구매하려는 바이어(Buyer)가 생산 기지 곳곳을 찾아다니며 철 제품을 구매할 수 있었을까?

한마디로 불가능한 일이다. 왜냐면 생산 기지가 어느 곳에 있는지 샅샅이 알 수 없을 뿐만 아니라 철 생산 기지는 철광석이나 연료가 고갈됨에 따라 수시로 자리를 옮겨야 하므로 더욱 알 수 없는 일이다.

땔감을 따라 수시로 자리를 옮겨야 하는 철 생산 기지의 특성상 생산업자와 연결되는 전문 수집업자가 있었다고 가정할 수 있다. 또 하나 이들이 수집하고 운반해야 할 철 제품이 당시 금보다 더 귀한 가치가 있었기 때문에 탈취를 노리는 적군이나 도적으로부터 안전한 방어를 하려면 전문 운반업자가 필요한 일이다.

전문적인 수집, 운반 업자는 경제적 수지와 효율성을 계산하여 소수의 인원으로서 중무장은 필수적인 일이었을 것이다. 가야 유적에서 발굴되는 수비형 병장기는 필수 요건이라고 본다. 이에 대한 자세한 논의는 다음에 나오는 '제11장 가야의 병장기가 말해주는 것'에서 나중에 소개하겠다.

철 제품을 구매하러 온 해외(?) 상인은 철 제품 수집 상인에게서 매입할 수밖에 없었을 것이다.

이때 수집 상인은 각지에서 운반해 오는데, 위험을 감수했던 만큼 '위험 수당'을 곁들이는 것은 당연한 일이다. 위험 수당과 부가가치를 높이기 위해, 수집 상인은 수집한 철 제품을 규격화하고 품질을 개선하여 부가가치를 창출하기 위해 김해에 자리하고 있는 대장간에서 단야 과정을 한 번 더 거쳤을 것이다.

제철 공정을 보면, 철광석에서 철을 추출하는 제련(製鍊①)과 시우쇠를 불려 강철로 바꾸기 위한 제강(製鋼②) 과정과 대장간에서 강철을 두드려 벼르며 철기를 만드는 단야(鍛冶③) 공정을 거치게 된다. 그런데 고대에는 제강(製鋼②)과 단야(鍛冶③)를 합하여, 단야(鍛冶)라고 말하기도 했다.

'제련'은 각지에 흩어져 있는 철 생산 기지에서 이뤄졌지만 '단야'는 전기 가야연맹 시기에는 생산 기지가 아니라 수집상이 모이는 김해 지역의 금관(金官)가야에서 이루어진 공정으로 본다.

금관(金官)은 브랜드의 가치를 높이는 일이다

여기서 시장의 본질은 생각하면, 경쟁에서 선택되는 우수한 제품만 살아남는다는 것이다. 김해의 철 유통 관련 집단은 우수한 철 제품을 수출하기 위해 철 상품을 규격화하고 품질을 개선하는 작업을 했을 것이다.

필자는 이 과정을 '금관(金官)'이라고 본다.

금관(金官)의 금(金)은 철(鐵)을 말하는 것이고, 관(官)은 벼슬이나 책임자, 관청 혹은 대장장이 일터(집)일 수도 있다. 그리고 당시 김해를 거쳐야 하는 수집 상인들이 공공(公共)의 약속을 집행하는 과정을 함축적으로 의미하는 것일 수도 있다.

'김해 브랜드'를 달고 있는 철 상품에 금관(金官) 과정이 필요했던 것으로 본다.

주경철[203] 교수도 "가락국이 금관(金官)가야로 변모한 것은 항시(港市)에서 항구 도시국가로 발전하는 과정"이라 했다. '금관가야'로 변모한 의도에 대해, 김해가 '금관(金官) 과정'을 중시하고 철 상품을 앞세워 해상 교류 무대의 확대에 있다고 본 것 같다.

이와 같은 역사의 흔적을 가야 유물, 철정(판상철부)에서 찾을 수 있다.
다음 글은 필자가 논리를 전개하는 중에, KBS HD 역사스페셜(2005.6.3. 방영), '고대 아이언 로드(Iron Road), 삼한으로 통하다'에서 관련 자료를 인용한 것이다.

> 판상철부의 정확한 용도를 파악하기 위해 (역사스페셜 팀은) 판상철부의 성분을 분석해보기로 했다. 신경환 박사는 창원 (의창구) 삼동동에서 출토된 판상철부를 분석한 결과 흥미로운 사실을 밝혀냈다. 전자 현미경에 나타난 판상철부는 입자가 미세하다. 많이 두드렸다는 증거다. 그런데 이상하게도 탄소가 거의 보이지 않는다. 생산지 1차 제련 공정에서 얻어낸 철 제품을 말하는 것이다.
>
> "강철이 되려면 탄소가 많이 들어가 있어야 되는데, 여기는 강철이 되기엔 아직 부족한 일부의 탄소가 남아있다는 것입니다. 이걸 통해서 알 수 있는 것은 최종 제품이라기보다는 중간 재료로서, 우선 만들어내는 그런 단조 제품으로 보여집니다." (신경환 박사/당시 창원대 겸임교수)
>
> 각 철제품에 따른 탄소 함유량이 다르다. 예를 들어 탄소 함유량이

---

203) 〈조선일보〉, "김해서 출토된 인도 유리구슬… 해양 실크로드, 한반도로 이어졌다", 2023.2.21.

철조망의 경우 0.3%, 농기구는 0.4%, 식칼은 0.5%가 돼야 한다. 제강 공정을 말하는 것이다

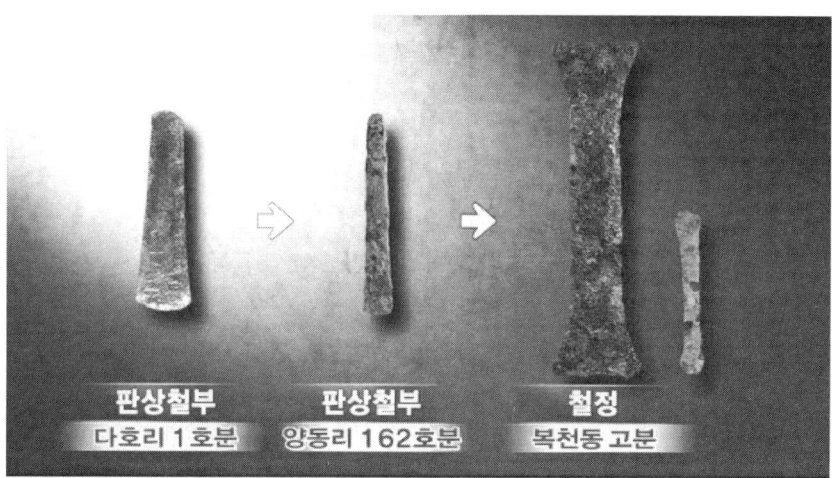

판상철부의 크기와 형태 변화(출처: KBS HD 역사스페셜)

보통 철제 도구는 탄소 함유량이 0.4% 이상인데 비해 판상철부는 탄소량이 0.3 이하이다. 판상철부는 무기나 생활 도구를 만들기 전 단계인 중간소재라고 볼 수 있다.

시대가 지나면서 판상철부는 그 크기와 형태가 다르게 변화한다. 4세기 말엽의 무덤인 복천동 22호분에는 무덤 바닥에 커다란 덩이쇠들이 깔려 있었다. 철정이라 불리는 이 덩이쇠는 길이가 50cm에 달한다. 판상철부 두 개를 맞붙여 놓은 모양으로 양쪽에 날이 있다. 도끼 모양의 판상철부가 철정으로 변화한 것이다.

"4세기 이후에는 비교적 대형 철정이 많습니다. 그러나 5세기에 접어들면서 초기에 대형 철정이 나오다가 5세기 중엽 경부터 철정이 작

아지면서 규격화하는 경향을 보이는 곳이 있어, 철정 자체가 하나의 가치 기준으로서 됐기 때문에 규격화가 되고, 그 가치 기준의 상황이 변화되어 가기 때문에 소형화되어가는 추세로 볼 수 있습니다."(송계현 관장/부산광역시 시립 복천동 박물관)

그런데 형태만 변한 것이 아니다. 홍익대 박장식 교수는 철정이 이전의 판상철부에 비해 한 단계 더 진전된 중간 소재임을 밝혀냈다. 철정의 각 부위의 탄소량을 조사한 결과, 날 부분에 탄소가 첨가돼 있어 강철이 되어 있다고 한다.

"그 부분에 탄소만 집어넣어 주면 사가는(수입하는) 사람들은 하루만 있어도 되죠. 불의 온도를 높여서 약간 물렁물렁해진 다음에 약간 두드리고 담금질해서 강화시키고 이런 작업을 스스로 할 수가 있게 되는 거죠. 그러니까 사가는 사람 입장에서는 쉽게 공구나 도구를 만들 수가 있고 파는 사람 입장에서는 큰 노력 없이 자기네들이 이미 가지고 있는 기술을 이용해서 더 값이 높은, 부가가치를 높인 제품으로 팔 수 있게 되는 것이고요."(박장식 교수/홍익대 금속공학과)

철정은 거의 최종 단계의 중간 소재이므로 쉽게 완제품으로 만들 수 있다. 반으로 나누면 도끼가 되고, 철정을 여러 개로 자른 뒤 끝부분만 오므리면 꺾쇠가 된다. 여러 개로 자른 철정을 다시 반으로 잘라 끝부분을 두드리면 화살촉이 된다.

"그러니까 몇 개 안되는 제품, 한 개밖에 안 되는 제품을 이용해서 거의 철기 시장 전체의 수요를 만족시킬 수 있는 그런 효과를 낼 수 있는 것이죠. 이제 그런 면으로 봐서는 제가 볼 때는 우리나라에서 철정을

유통시키는 그러한 사람들의 아이디어는 기가 막힌 아이디어라고 봅니다."(박장식 교수)

필자가 역사스페셜에서 인용한 부분은 제련(製鍊①)과 제강(製鋼②)과 단야(鍛冶③)의 과정 중에 제강(製鋼②)을 말하고 있다. 제강 과정에서 품질 좋고 실용적인 철 상품이 되었음을 분석하고 있다.

이같이 철정(판상철부)을 규격화하고, 품질의 성능을 높여 부가가치를 높이는 과정을 '금관(金官) 과정'이라고 필자는 말하고 싶다. 철 상품의 가치를 높이는 일은 국제 경쟁력을 높이는 일이다. 이는 각지에 흩어져 있는 여러 '제철 생산 기지'에서 거칠고 다양하게 생산된 철정(판상철부)을 규격화하기 위한 필수 불가결의 과정이라고 본다.

이러한 과정은 가야 땅에서 철을 생산한 이후부터 필요한 일이었고 다호리 유적에서도 판상철부가 발굴된 것을 볼 때, 금관의 과정은 기원전에도 있었다고 본다.

이글의 앞부분에서 제기한 『삼국사기』의 금관국' 관련 연대(BC19) 기록이 기원전이라는 데서 신뢰가 가는 기록이라고 볼 수 있다.

금관 과정과 관련하여 기원전에 존재했던 다호리 유적을 살펴볼 필요가 있다.

다호리 유적이 말해주는 가야사

김해 지역 가야국(伽倻國)에 대해 국사학계가 정리한 내용은 '삼한 시대, 1세기경 낙동강 하류 지역인 변한(弁韓)에서 십이(12) 부족의 연맹체가 단합하여 육(6) 가야로 통합된 나라'(출처; 다음 언어 사전, 가야국)라고 한다.

이와 같은 가야의 시작이 우리가 배운 가야사의 개념이다.

국사학계가 가야의 시작을 1세기로 보는 이유는 중국 사서인 『후한서』(후한, 23~220)에 변진 12국에 있다 했고, 국내 사서인 『삼국유사』의 가락국기 기록을 근거로 수로왕의 즉위 연도를 AD42년으로 산출한 것에 따라 1세기로 본 것 같다.

이같이 문헌사에 의존하여 유추한 연대를 깨는 고고학적 유물이 다호리에서 발견되었다.

경상남도 창원시 북면 다호리에 있는 다호리 유적(茶戶里遺蹟, 사적 제327호) 발굴이 1988년 국립중앙박물관에 의해 이루어졌다.

다호리 유물을 전시하고 있는 국립김해박물관의 설명서에 의하면, '주남저수지에 인접한 다호리 유적지에는 평지에서부터 구릉(해발30m) 정상부까지 목관묘, 옹관묘, 목곽묘, 석곽묘 등 다양한 무덤이 분포한다.(①)

목곽묘에는 통나무를 반으로 쪼개고 속을 파서 만든 통나무 관과 판재를 조립하여 만든 관이 있다. 통나무 관이 1호 무덤에서 실물이 나왔다.

1호 무덤은 통나무 관 아래에 껴묻거리(부장품) 구덩이가 있었고, 여기서 청동검, 쇠칼, 여러 가지 형태의 쇠도끼, 중국 거울, 동전(오수전) 등 금속 기류와 붓, 부채, 검집, 화살통 등 칠기류가 나왔다.

청동과 쇠로 만든 검(劍)은 그 형태가 비슷하다. 이것은 청동기에서 철기

로 바뀌어 가는 모습을 보여주는 자료이다.(②)

붓은 2,000년 전 우리나라에서 문자를 사용하였음을 보여준다.(③) 뿐만 아니라 중국 거울과 동전은 당시 중국과 교역하였음을 알려준다.

이런 유물을 소유한 무덤 주인은 당시 교역을 통해 부를 축적하고, 부를 통해 권력을 지녔던 사람으로 보인다. 따라서 다호리 유적은 삼국이 형성되기 전에 집단 내에서 개인이 성장하는 모습을 보여주는(④) 중요한 자료이다.'(출처; 국립김해박물관)

1호 무덤 말고, 다호리의 기원후 1세기대 무덤에서는 철광석까지 출토되어 당시에 이미 철 생산이 이뤄졌음을 말한다.

다호리 유적과 유물이 우리에게 주는 시사점이 많다. 그런데 박물관의 설명서 중에 몇 가지 문제가 되는 부분이 있다.

첫째, 다호리가 변한 지역에 있다는 말은 맞지 않다고 본다.[204] 변한이라는 용어를 사용하지 말아야 한다. 발굴된 청동기·철기·칠기·목기·질그릇 등을 근거로 철기 문명에 들어가 있다고 보며 초기 가야 시대라 할 수 있다.

둘째, 묘제의 형태는 가장 보수적이고 전통을 유지하는 것이 상례인데, 박물관 설명서①의 '목관묘, 옹관묘, 목곽묘, 석곽묘 등 다양한 무덤이 분포한다.'는 것은 이 지역에 묘제의 종류만큼 다양한 족속이 살았음을 보여준다. 아마도 외부에서 유입된 족속이 있었으리라고 여겨진다.

---

204) 한반도 남부에 삼한(마한, 진한, 변한)이 있었다는 한백겸(韓百謙)과 신채호(申采浩)의 삼한론이 근거가 없는 허구임을 필자가 한국사 미스터리 4권, 『한국사의 기준점 찾기』에서 밝힌 바 있다.

셋째, 오수전(五銖錢)을 비롯하여 별구름무늬 청동거울(星雲鏡), 대구(帶鉤), 칠목기(漆木器), 칠초(漆鞘)[205]철검, 환두도(環頭刀) 등 중국적 요소인 한식유물(漢式遺物)들이 교역을 통해서 확보한 것도 있겠지만, 중국을 거쳐올 때 지참한 물건으로도 볼 수 있다. 이들이 고고학계에서 말하는 소위 '개인 유력묘'의 주인공이 될 수 있다고 본다.

넷째, 다호리 고분군 1호 목관묘에서 출토된 칠기 붓이 있다.

붓은 나무를 깎아 만들었고 그 위에 흑칠하였는데, 필모(筆毛)가 양단에 붙어 있다. 중국의 출토품들이 대나무로 만들고, 한쪽에만 필모가 붙은 것과는 차이가 있다. 붓과 함께 목간의 글씨를 고치는 데 사용한 삭도(削刀), 천평에 물건을 올려놓고 무게를 달 때 사용하는 저울추 등이 함께 출토된 것으로 보아, 교역 증빙 문서 작성을 위한 서사 용구로 추정된다.

붓을 사용한 것으로 보아 한자를 이미 사용한 것 같다. 그러나 ③의 '붓은 2,000년 전 우리나라에서 문자를 사용하였음을 보여준 것'과 같이 보편적 사용이 아니라 중국과 상거래 하는 몇몇 주인공이 한자를 사용했다고 추정할 수 있다.

다섯째, 다호리 유적의 1호 무덤 주인에 대하여, ④의 '집단 내에서 개인이 성장하는 모습'이나 ②의 '청동기에서 철기로 바뀌어 가는 모습'이라고 학계는 보고 있다. 필자는 독자적으로 성장한 철기 문명이 아니라 선진 기술 집단 유입의 영향으로 보고 있다. 특히 ②의 '청동기에서 철기로 바뀌어 가는 모습' 중에 청동과 쇠로 만든 검(劍)을 보면, 그 형태가 다른 나라와 비

---

205) 칠초(漆鞘)는 칼자루 부재(나무나 뿔)에 옻이나 아교, 수액 등으로 칠 가공을 했다는 뜻이다.

숫하다는 점에서 유입된 기술로 봐야 한다. 왜냐면 검을 제작할 때 각자가 창안한다면 특별한 기능을 부여하지 않는 한 모양이 각각 다를 수밖에 없다. 또 청동검과 철검을 만들었다는 거푸집이 발견돼야 하는데 그렇지 않다. 또 하나 유의해야 할 점은 청동기에서 철기가 아무 데서나 발달하는 것이 아니다. 제철 작업에는 청동 주조보다 높은 수준의 기술과 지식이 필요한 것인데 문명의 전파를 무시하는 해설이라고 본다.

최근 한국민족문화대백과사전이 정리한 가야사를 보면, 다호리 유적 발굴 결과를 반영한 것 같다.

'가야는 변한(弁韓)의 12소국, 소국 연맹체, 초기 고대국가 등의 단계를 거쳤다. 서기전 1세기 낙동강 유역에 세형동검(細形銅劍) 관련 청동기 및 초기 철기문화(初期鐵器文化)가 유입되면서 가야의 문화 기반이 성립되었다. 서기 2세기경에는 이 지역에 소국들이 나타나기 시작하여 3세기에는 12개의 변한 소국들이 성립되었으며, 그중에 김해의 구야국(狗邪國: 金官加耶)이 문화 중심으로서 가장 발전된 면모를 보였다. 이를 변한 소국 연맹체 또는 전기 가야연맹체(加耶聯盟體)라고 부른다.'

국사학계에는 여전히 12소국(『후한서』 변진의 12국)의 개념을 떨쳐내지 못하고 있다. 또 김해 금관가야의 성립에 대해서도 애매한 입장을 취하고 있다.

이 글의 시작은, 『삼국사기』의 금관국 기록(BC19)과 『삼국유사』의 가락국(금관가야) 건국(42) 연대가 다름을 풀기 위해 전개된 것이다.

다호리 유적 발굴로 보아 철 상품을 규격화하고 품질을 개선하는 금관의 과정이 기원전부터 이루어졌다고 볼 수 있다. 『삼국사기』의 금관국 기록은 틀린 것이 아니다. 그렇다면 AD42년의 김수로왕의 즉위를 어떻게 설명할 것인가?

『삼국유사』의 기록이 틀린 것인가? 그렇지 않다.

필자가 보기에는 김수로가 김해 지역에서 정권을 창출하고 왕국의 체제를 공고히 했다고 본다.

또 다른 의문, 김수로 이전의 가야인들은 왕국 체제 없이 나라를 유지할 수 있었는가?

앞의 3장에서 살폈듯이 가야인은 국가를 건설하기 위해 한반도에 정착한 것이 아니라고 본다. 김수로가 (가락국이란) 왕국을 건설하기 이전에도 철 생산과 수출이 가능했다고 볼 수 있다.

김해에서 제철 유적이 보이지 않는 까닭

가야가 제철 국가라는 데에 의문을 제기하는 학자가 있다.

이들은 '철 생산국=진한'설을 주장한다. 김해 지역에서 철을 생산한 것으로 보이는 유적을 지금까지 찾지 못했기 때문이다.

가야를 연구하는 학자들 중에도 이에 동조하는 사람이 꽤 있다.

이들의 견해는 철정의 발굴을 보고, 위정자들 무덤 아래 깔리는 막대한 양의 철정, 그리고 철갑옷, 철제무기 등으로 볼 때 가야를 철 생산국이 아니라 철 소비국으로 주장하는 학자도 있다.

이들은 가야 지역 유적인 부산 복천동과 김해 대성동 및 양동리에서 쏟아진 어마어마한 덩이쇠(철정)와 갑옷을 비롯한 철제 무기류는 무엇을 말해 주는가,라는 의문을 제기한다. 그리고 철정과 갑옷 등이 경주 지역에서도 출토되고 있는데 가야의 전유물은 아니라고 주장한다.

그들은 가야가 고대 교역로를 통해 철을 기반으로 경제적 풍요를 누렸을 것이라 추정하고 있다. 철은 바로 가야라는 나라의 힘의 원천으로 보았다. 위정자들은 철을 통해 자신의 지배력을 확고히 하였고 그들의 군대를 철로 무장하였다고 보고 있다. 그리고 철 상품으로 한의 군현과 마한, 왜와 교역하며 막대한 부를 누렸을 것으로 보고 있다. 그런데 그것을 뒷받침해 줄 만한 채광이나 제철 유적, 즉 철광석을 채취하고 그것을 이용하여 철을 생산하는 시설이 김해지역에서 아직도 발견되지 않는다는 것이다.

이들 학자들은 백제와 신라의 제철 유적은 잘 확인이 된다고 보고 있다. 그들은 진천 석장리[206], 충주 칠검동 등의 제철 유적을 백제의 유적으로 보고 있다. 특히 충주 칠검동 유적이 있는 충주가 양양, 울산과 함께 3대 철광석 산지로 꼽히고 있으며 한성백제기의 전성기에 해당하는 4세기 유적임이 확인되었다고 주장한다. 그리고 신라도 그 유명한 울산 달천 광산에서 기원전 1세기부터 채광이 이루어졌음을 확인하였다고 한다. 양산 물금 지역에도 제철 유적이 확인되었으며 5세기부터 8세기까지 제철 작업이 이뤄졌다고 추정하고 있다. 물금 지역이 신라와 가야의 국경 지역이라 이것이 신라의 것인지, 가야의 것인지 아직도 논란이 있다는 것은 인정하고 있다.

이들은 현재까지 확인되는 가야의 제철 관련 유적은 빨라봤자 4세기 이

---

206) 학계에서는 진천 석장리와 충주 칠검동 등의 제철 유적을 한성백제의 유적으로 보고 있는데, 백제가 한반도에 존재하지 않았으므로 백제의 유적으로 보는 것은 잘못이다. 필자는 본 책 12장에서 진천 석장리 유적은 후기 가야연맹과 연관 지어 가야인이 소백산맥을 넘어 종합 제철 기지로 본다.

후이며, 출토되는 철기의 양에 비해 대규모의 유적 및 유구가 아니라는 것이다. 이런 점을 근거로 가야를 철의 주 생산지가 아니라 소비지로 이해하는 견해를 제시하고 있다. 즉, 다른 지역에서 생산된 철기를 김해로 가져오는 일종의 집산, 소비지로 보는 것이다. 김해, 즉 '철의 바다'는 철을 생산하는 곳이 아닌 철이 모여서 널리 퍼지는 유통의 바다라고 해석하는 것이 옳다고 보고 있다.

이와 같은 논란을 정리하고 이들과 다른 관점에서 몇 가지 의견을 제시하면 다음과 같다.

① '가야의 제철 유적이 보이지 않는다.', '가야가 철의 주 생산지가 아니라 소비지가 아닌가?'라는 논란에 대해, 먼저 가야의 범위에 대해 김해지역을 말하는 것인지, 아니면 대가야지역까지 포함하는 가야 지역을 말하는 것인지, 논의의 범위를 분명히 해야 한다.

② 철을 제련하는 과정에서 쇠똥(철 슬래그)이 발생한다. 밀양 사촌(沙村)마을의 '똥뫼'나, 함안군 군북면 월촌(月村)마을에도 쇠똥산이 있는데 철 슬래그가 구릉을 이룬 것이다. 이와 같은 제철 유적은 오랜 기간에 걸쳐 제련이 이뤄졌다는 증거로 볼 수 있다.

③ 가야사를 연구하는 학자들은 울산 달천 광산에서 기원전 1세기부터 채광이 이뤄졌음을 확인할 수 있다고 했다. 이때는 경북 수애마을에 근거를 둔 석탈해의 선친이 이곳 제철 집단의 주역이었다고 본다. 그런데 가야인이 기원전 4세기 전후로 동남아를 거치고 규슈를 스쳐 지나면서 한반도의 노천 철광을 목표로 정착했음을 앞의 장에서 살펴보았는데 당시, 달천

광산이나 양산 물금 광산에서의 채광은 이미 가야인으로부터 시작되었다고 필자는 보고 있다.

④ 최근 전북 동부 지역의 '장수가야'나 '운봉가야' 지역에서 제철 유적이 속속 발굴되고 있다. 필자는 이들 유적을 후기 가야연맹 중 대가야의 영역 확대로 보고 있다.

⑤ 학계에서는 진천 석장리, 충주 칠검동 등의 제철 유적을 백제의 유적으로 보고 있는데, 백제는 한반도에 존재한 일이 없다. 필자가 보기엔 후기 가야연맹 이후 대가야가 제철 산업기지를 확대하기 위해 소백산맥을 넘어 생산 기지를 확대할 때 생성된 '장수가야'의 유적과 같이 진천 석장리나 충주 칠검동 유적도 같은 맥락으로 봐야 할 것 같다.

⑥ 철 생산 기지가 각지에 흩어져 있고, 그곳에서 생산되는 제품의 품질을 보증할 수 없는 상황에서 거칠게 제련된 철정의 품질을 높이고 표준화하기 위해 김해 지역에서 제강과 단야의 공정을 거치는 품질 향상 작업이 필요했을 것이다.

'금관(金官) 과정'에는 김해 지역을 중심으로 한 수출체제로 볼 때, 철 상품의 품질을 관리(管理)하고 브랜드의 가치를 높이기 위한 의미가 담겨 있다고 본다.

이 때문에 김해 인근 지역에서 철 생산 유적은 발견되지 않고 김해 인근 고분에서 철 유물만 발견되는 것이며, 이로 인해 철 소비국이란 의문을 증폭시킨 것이 아닌가 한다.

㉠ 김해 인근 무덤에서 발견되는 수많은 철정의 주인은 당시 김해 지역에서 철 상품 확보와 매점과 매석이 가능했던 거상(巨商)이라고 보며, 그의 유품이 아닐까 한다.

　김해 인근에서 철 생산 유적을 찾기 어렵다 하더라도 경상도 내륙 지방에서 생산되는 철정 등 1차 철 상품들을 수출하기 위해, 그리고 '김해 브랜드'의 가치를 높이기 위해 철 상품을 규격화하고 품질을 개선하는 작업이 있었을 것이다. 이러한 작업과정을 '금관(金官)'이라고 본다.
　철의 바다 김해(金海)는 이러한 금관(金官) 과정이 만들어낸 국제시장이라고 할 수 있다.

가야의 철과 해상 교역 루트

　앞의 제6장('나라에서 철이 난다(國出鐵)'는 그 나라는?)에서 동신라의 철이 진한(대륙 신라)의 철 상표를 달고 판매되었다고 했다.
　이때 철을 생산하는 동신라는 한반도 남해안을 따라 서쪽으로 항해하다가 청해진(지금의 완도)에서 기수를 돌려 해저 소백산맥 항로를 따라 탐라(제주도)를 거쳐 중국 항저우만 앞바다의 신라군도(주산군도)를 거쳐 양자강을 거슬러 올라 신라 도읍에 이르렀다는 교역 루트를 짐작할 수 있다.

　그렇다면 가야의 철은 어디로 갔을까?
　본 책 6장에서 가야와 신라(진한)의 제철 기술력을 비교할 때, 『삼국유사』의 김수로왕과 탈해의 만남에 대한 기록을 분석한 결과 가야의 기술력이 월등하다는 것을 짐작할 수 있다고 주장한 바 있다. 이처럼 금관(金官)의 과정을 거쳐 생산된 우수한 가야의 철이 어디로 팔렸을까 하는 의문이 남는다.

가야사를 연구하는 학자들은 낙동강 중하류 유역의 전기 가야연맹 지역에서 발굴되는 유적과 유물을 근거로 해서 가야를 철 생산국가인 동시에 해상 교역을 통해 철을 수출하는 국가로 보고 있다. 또 김해의 지리적 위치로 보아 낙동강과 남해(바다)가 이어지는 길목이라 철 생산품의 집합소가 되고, 해상 교역의 항구도시가 된다. 또 하나 살필 것은 이곳에 철(鐵) 거래 국제 시장뿐만 아니라 내수 시장도 형성되었을 것으로 보고 있다.

지리적으로 볼 때, 규슈를 포함한 일본열도로 판매되었을 수도 있다. 그런데 그곳은 당시 문명의 발달 정도로 보아 철 소비량이 많지 않았을 것이고, 다량의 철 상품이 '우수한 철'을 요구하는 인도나 중동 지역 그리고 서역까지 수출되었을 것으로 본다.

6장에서 언급한 대로, 우수한 철 상품은 인도에서 온 가야인의 기술력에 따른 것이지만, 동신라와 겨루어 '철 상권의 주도권'을 잡은 가야인은 김해에 진출한 상인 집단의 후원에 힘입었다고 본다. 이들 상인 집단은 가까운 규슈의 타파나국에 거점을 둔 타밀인으로 보고 있다. 본 책 4장에서 소개했듯이, 서울대 의대 서정선 교수의 유전자 분석 연구팀에 의해 1세기경 가야 시대 왕족의 것으로 추정되는 김해 예안리 고분의 유골 DNA를 검사한 결과 순장자가 인도 타밀 지역의 유전자를 가진 것으로 확인되었다. 이는 타밀인들이 가야의 김해 지역까지 진출한 것을 증명하고 있다.

이들 타밀인들은 동양의 극동 지역에 한정된 상인이 아니다. 규슈가 포함되어 있는 동남아 지도를 펼쳐놓고 보면, 규슈는 북쪽으로 한반도의 가야(김해)와 경주로 가기 쉽고, 동쪽으로 혼슈를 거쳐 홋카이도까지 이어지는 곳이다. 남서쪽으로는 동남아를 거쳐 인도 항로로 이어지는 위치에 있다고 본다.

이와 같은 수출은 김해뿐만 아니라 당시 국제 무역항이었던 늑도항에서도 이루어졌다고 볼 수 있다.

경상남도 사천시에 있는 늑도(勒島) 유적은 국제 해상 교역의 대표적 사례를 보여준다. 이곳은 기원전 2세기부터 기원후 1세기까지 번성했던 국제 교역항이다. 늑도 전체에 걸쳐 패총(貝塚), 매장지, 주거지, 공방 등 고대 유적들이 분포하고 있는데, 여기에서 다양한 외래 유물들이 발견되어 이 섬이 활발한 국제 교역의 무대였다는 사실을 알 수 있다. 화폐, 구리거울, 철기, 토기, 구슬 등 중국·낙랑계 유물과 야요이 토기 같은 일본계 유물이 대표적이다. 연구자들은 한반도 남부, 중국·낙랑, 그리고 일본 열도의 교역망들이 늑도에서 중첩되었으리라 해석한다. 또 이 섬에 현지 주민뿐 아니라 외래 주민의 매장 흔적도 발견되었는데, 이는 현지인과 외래인이 어우러져 교역 활동을 수행하였다는 증거다.[207]

동신라의 철이 주로 대륙 신라를 통해 중국과 지나(支那)에 판매되고 소비되었다면, 가야의 우수한 철은 인도를 넘어 서역으로 진출한 것 같다. 앞서

---

[207] 〈조선일보〉, "김해서 출토된 인도 유리구슬… 해양 실크로드, 한반도로 이어졌다", 2023.2.21.

소개한 늑도에서 발굴되는 유물과 '김해에서 출토된 인도 유리구슬'[208] 등이 고대 해상무역 항로를 말해준다.

　한반도에서 남서쪽으로 규슈를 지나서 난세이제도를 거쳐 타이완 섬에서 중국으로, 혹은 타밀국까지 이어진다. '다파나'는 장삿길 상에 있는 동방 거점지역이라고 볼 수 있다. 철기 문명이 이미 시작된 기원전에는 덜 잠긴 섬들(난세이제도)로 인해 징검다리처럼 연결되었을 것이다.

　'다파나'라는 지명에는 '철 상품을 취급한다'는 것과 '태양이 뜨는 동쪽에 있다'는 위치 표시가 들어있다. 석탈해가 선친 때부터 이어온 철 생산의 거점지역(수애마을)도 '다파나'라는 상권 지역 안에 있었다 할 수 있다.

　이들 타밀인들은 인도 남부에 본래의 거점을 두고 있었다. 인도를 중심으로 고대 항로를 살펴보면, 서역 지중해 항로와 연결하기 위해, 아라비아해의 호르무즈 해협을 지나 소아시아의 바스라 항구에 이르거나 카이로를 거쳐 가기 위해 수에즈에 이른다. 반대로 동쪽 항로는 인도 남단의 만나르 만과 나가파티남이 있는 포크 해협을 지나 벵골만의 연안과 말레이 남단을 돌아 동남아 연안을 따라 광저우를 거치면서 두 갈래 항로가 나뉜다.

　하나는 중국 동해안을 따라 북상하여 국제 무역도시 연경(燕京, 北京)에 이르는 것이고, 다른 하나는 철 제품 루트로서 대만과 난세이제도를 따라 규슈의 다파라국에 도달하는 것이다.

　본 책 2장에서 다호리 유적 중에 베트남 북부에 있던 동손 문화 관련 유물이 발견되었다고 했다. 이를 근거로 가야인의 유입 경로를 유추하면, 한

---

208) 상게지 〈조선일보〉.

반도의 가야 땅까지 이동하려면 중국 남동해안을 거쳐야 하는데, 이동 루트 ①은 베트남-남중국해-대만-난세이제도-규슈-가야지역 코스가 있고, ②는 베트남-중국의 남동해안-절강성의 닝보-제주도-추자도-여서도-거문도-연도-사천 늑도-창원이라는 이동 루트를 상정할 수 있다. 여기서 상인들의 이동 루트와는 달리, 앞서 소개한 가야인의 이동 루트인 베트남 북부-남중국해-대만-난세이제도-규슈-가야지역 코스가 부각된다.

그리고 본 책 제3장에서 보았듯이 동남아의 가야 지명 분포에서 베트남이 빠진 것을 감안하여, 인도에서 베트남을 경유하지 않고 말레이반도 남단에서 한반도 가야 지역으로 직접 연결되는 루트도 유추할 수 있다. 인도-말레이지아-보르네오섬-필리핀의 루손섬-대만-난세이제도-한반도의 항로가 그것일 수 있다.

이 루트는 해상 루트의 다툼이 치열한 베트남을 기피한다는 차원에서 타밀인이 선호한 해상 루트일 수 있다. 곧 가야-규슈-난세이제도-타이완(대만) 남부-바탄제도-바브얀제도-필리핀 루손섬-보르네오섬-말레이지아 싱가포르-스마트라섬-안다만제도-미안마-인도의 항로라고 제안할 수 있다.

제11장
가야의 병장기가 말해주는 것

가야인은 왜 병장기에 공을 들였을까?

국립김해박물관에 전시된 가야의 병장기(兵仗器)들 중에 철제 갑옷, 마면주(馬面冑), 찰갑(札甲·작은 철판을 가죽끈으로 연결해서 만든 갑옷) 등을 보면, 당시 이웃 나라와 비교할 때 최첨단 병장기라고 할 수 있다. 지금까지 가야 지역에서 출토된 철갑옷은 모두 70여 벌. 이는 한반도에서 발견되는 철갑옷의 90%에 해당한다.

복천동 11호분에서 출토된 철제 갑옷과 마면주(말머리 가리개)

부산 복천동 11호분에서는 철제 갑옷과 찰갑(札甲·작은 철판을 가죽끈으로 연결해서 만든 갑옷)은 물론 투구와 목가리개, 어깨가리개, 정강이가리개, 팔가리개 등 갑주(甲冑·갑옷과 투구)가 세트로 출토되었다. 또 11호분에 딸린 부곽인 10호분에서 종장판갑(세로로 긴 철판을 구부려 가죽끈이나 못으로 연결해서 만든 갑옷)과 말의 얼굴을 가린 마면주(馬面冑)도 나왔다.

가야의 철제품은 김해, 동래, 함안, 고령, 합천 등 가야 고분 곳곳에서 출토되고 있으며 신라와 일본의 고분에서 가야의 수입품 일부가 나오고 있다. 전기 가야의 판상철부, 후기 가야의 철정(덩이쇠)이 바로 그런 유물이다. 철정은 일정한 규격으로 만들어져 철기의 소재나 화폐로 사용됐다.

동환식찰갑과 종장판주를 쓴 기병과 마갑을 입힌 말(출처: 부산박물관 복천분관)

학계에서는 제조 공정이 까다로운 철정은 대부분 가야에서 제작돼 수출된 것으로 보고 있다. 이는 고대 한·일간에는 실물뿐만 아니라 원자재까지 교역됐다는 것을 말해 준다.

부산 동래구 부산박물관의 분관 복천박물관 제2전시실에는 가야의 철기병이 복원 전시돼 있다. 머리에는 몽고발형주(蒙古鉢形冑)라 불리는 길쭉한 투구를 쓰고, 목가리개(경갑)를 둘렀으며 몸에는 철갑옷을 껴입은 1천 6백여 년 전 기마 무사의 모습이다. 말 역시 머리에 투구(마면주)를 쓰고 몸에 마갑을 빈틈없이 둘렀다. 말안장과 재갈, 등자 같은 마구도 갖췄다.

국립김해박물관은 '한국 고대의 갑옷과 투구전'을 열면서 국내 처음으로 철갑옷을 복제했다. 복제를 맡았던 경주민속공예촌 내 '삼선방'의 김진배(41) 대표는 "철판을 오려서 단조를 하고 접합 부위에 리베팅을 해 철갑옷과 찰갑(비늘갑옷) 등을 복제했다"며 "두드려가며 곡면을 잡아내는 것이 가장 어려웠다"고 말했다. 갑옷 복제에는 약 한 달이 걸렸다고 한다.

이때 모델이 된 갑옷은 김해 퇴래리 출토 판갑옷이다. 가슴 부위에 고사리 문양을 덧대어 장식성을 높인 가야의 가장 대표적인 종장판정결판갑(縱長板釘結板甲)이다. 높이는 64.8㎝이며 무게는 대략 10㎏ 정도다. 두께는 1㎜를 넘지 않는다.

갑옷을 집중연구해 온 부산 복천박물관 송계현 관장의 설명에 의하면, "두께가 1㎜를 넘으면 무거워져 실용성이 줄어든다. 너무 얇은 것도 문제는 있으나 30~40m 거리에서 화살을 쏠 경우 판갑과 수직으로만 맞지 않으면 튕겨버린다. 설령 수직으로 맞는다 해도 위력은 현저히 약화될 것이다. 여러모로 볼 때 판갑옷은 방어에 유용했을 것이다."

퇴래리 판갑옷은 모두 27개의 철판 조각으로 되어 있고 연결했을 때 곡면 처리가 되도록 입체적으로 재단되어 있다. 갑옷에는 또 8㎝ 내외의 간격으로 구멍이 뚫려 있고 구멍마다 작은 못이 고정돼 있다. 정결(釘結)이라 불리는 이 기법은 요즘의 리베팅과 같다. 이렇게 사용되는 못은 80개가 넘는다. 5세기 이후의 판갑에 사용된 못은 매우 작아 주물을 하지 않으면 만들기 힘든 형태다.

재단이 입체적으로 된 것도 눈길을 끈다. 전문가들은 나무 본을 사용했을 것으로 본다. 인체에 맞는 곡면을 만들기 위한 것인데, 이 부분은 정교한 기술이 요구된다. 연결된 철판을 불에 달궈 반복해서 두드리는 단조(鍛造)도 빼놓을 수 없는 공정이다.

  이때 사용되는 것이 단야구(鍛冶具)다. 가야의 무덤에서 나온 쇠집게나 망치는 오늘날 대장간에서 보는 도구들과 흡사하다. 이들 단야구는 가열된 철판을 일일이 재단해 잘라내거나 갖다 붙이는 데도 쓴다.

  판갑 제작은 이처럼 복합적이고 입체적 과정을 거치게 되므로 단조 기술의 발달 정도를 가늠하는 기준이 되기도 한다. 갑옷의 형태가 마무리되면 개폐를 용이하게 하는 경첩으로 앞판과 뒤판을 연결한다. 입체 디자인과 정결, 단조 기술이 결합돼 비로소 하나의 철갑옷이 완성되며 이것이 가야의 철제 기술이다.

가야인과 신라인은 어디서 철을 구했을까?

가야와 신라의 경계가 맞닿아 있고, 같은 철광산에서 채광했을 개연성도 있다고 본다.

신라 경주에서 단야로(鍛冶爐)나 용해로(鎔解爐) 유적이 발견됐다 하여 그곳이 바로 철광산이 아니다. 단야로와 용해로가 발견된 경주시 황성동에 있는 널무덤(목관묘: 木棺墓)·돌방무덤(석실분: 石室墳) 유적에서 제철유구(製鐵遺構)가 발굴(1991)되었다. 발굴 보고자는 부장된 토기의 기종과 형식을 기반으로 3세기 중반에서 후반에 이르는 것으로 보고 있다.

출토 유물은 석기류, 토기류, 철기류로 나눌 수 있는데, 석기류는 간돌도끼 1점을 제외하고는 모두 숫돌이 출토되었으며, 토기에는 무문토기와 함께 와질계의 긴 독, 주머니호, 항아리, 손잡이항아리 등이 있고, 철기류에는 쇠화살촉, 쇠낫, 쇠손칼(鐵刀子), 단조쇠도끼, 쇠끌 등이 있다.

황성동 철·철기 생산유구(隍城洞 鐵·鐵器生産遺構)에서 철광석이나 기타 철 원료를 환원시켜 철을 생산하는 공정이 이루어지는 노(爐)는 확인하지 못하였으므로 엄격한 의미에서는 제철 유적이라고 하기 어려우나, 생철(生鐵)을 용해하여 주조 쇠도끼를 주조했던 용해로(鎔解爐)와 저탄소의 환원철을 단조(鍛造)하여 중간 소재나 철기를 생산하는 단야로(鍛冶爐) 등이 발견되었으므로 1차로 얻어진 철 원료를 가지고 한 장소에서 집중적으로 철·철기 생산이 이루어졌던 유적임에는 틀림없다.[209)]

학자들은 경주 황성동 유적의 시료를 분석한 결과 자철광을 원료로 삼았고,

---
209) 한국민족문화대백과사전에서 발췌

철에 비소(As)가 다량 함유된 것을 밝혀냈다. 이는 자철광인 동시에 비소가 다량 함유된 달천 광산의 철광석이라 볼 수 있다. 결국 경주 황성동에서 사용된 철광석은 '달천제'일 가능성이 높다는 것이다. 이곳뿐만 아니라 울산 천상리와 덕천리 제철 유적에서도 비소(As)가 나왔다. 역시 달천 광산에서 채광한 철광석을 사용했을 것으로 보고 있다.

학계는 신라인들이 달천 철광산에서 철의 재료를 확보했을 것으로 보고 있다.

반면 가야계는 어디서 철의 재료를 확보했을까?

학자들은 양산 물금 유적을 지목하고 있다. 이곳에서는 제철로로 추정되는 많은 노의 흔적과 선광 유구, 배소 유구, 패각 저장 및 소성 유구, 도로 유구, 우물 등의 관련 유구가 조사되었으며, 철광석·유출재·대구경 송풍관·패각 등의 유물이 다량 출토되었다. 유구 및 유물의 특징으로 보아 물금 유적에서는 제련 조업이 주목적이었으며, 후속 공정인 단야(鍛冶)[210] 공정이 공존했을 가능성도 있다고 보고 있다.

물금 철광과 달천 광산에 대해 필자는 학계와 다른 의견을 갖고 있다. 달천 광산은 노천 철광이라 채광하기 쉽다.

가야의 다호리 유적이 BC2세기라는 점, 한반도 낙동강 유역에서 기원전 4세기의 철기 유적이 발굴되었다는 점에서 가야인은 적어도 BC4세기 경부터 이곳에 정착했다고 볼 수 있다. 동(東) 신라에서 제철 산업을 일으킨 석탈해 세력보다 이른 시기라 할 수 있다.

---

210) 정련단야·단련단야·성형단야가 있다.

이와 달리 가야인들은 일본 규슈에 정착하지 않고 곧바로 한반도 동남부로 진입한 것으로 본다. 한반도 동남부에 가면 노천 철광이 있다는 유혹 때문이 아닌가 한다.

학계는 고고학에 근거를 두어 초기 신라인들이 달천 광산에서 채광한 것으로 보고 있다. 그런데 신라인들이 채광하기 몇 세기 전에 도달한 가야인이 손쉽게 채굴하기 쉬운 달천 광산을 그대로 두었을까 하는 의문이 든다.

신라계는 규슈의 다파나국의 상권 세력과 연결되며, 석탈해의 선친 때부터 철 생산의 거점지역 수애마을에서 제철 작업에 종사한 사람들이다. 그런데 이들은 인도 북부의 부다가야 출신자가 아니고, 인도 남동부의 타밀인[211]이라고 본다. 이렇게 보는 이유는 타밀어와 규슈의 고대어와 동(東)신라 언어의 유사점이 있다는 것을 앞서 8장에서 밝힌 바 있다.

신라의 석탈해 집단이 경북 수애마을에서 제철 사업을 시작한 때를 BC 1세기로 본다. 여기서 가야인과 석탈해 집단의 정착 연대를 비교해 보면, 석탈해 집단 보다 먼저 도달한(BC4)[212] 가야인이 달천 광산에서 채광했을 개연성이 충분히 있다. 그렇다면 BC 1세기경부터는 가야인과 신라인이 철광석을 채광하는 과정에서 충돌했을 가능성도 가정할 수 있다. 그런데 달천 광산 주변에서는 가야계와 신라계의 용광로가 아직도 발견되지 않는다.

---

211) 오운홍, 『고대사 뒤집어 보기』, 시간의물레, 2020. pp.60-61.

212) 2010년 일본 총합연구대학원대학 이창희 박사가 업그레이드된 방사성 탄소 동위원소 측정법(AMS dating)으로 한반도 남해안의 철기 유물 100여 점을 분석한 결과의 보고서에 보면, 한반도 철기 중 가장 오래된 것이 기원전 4세기의 것임을 밝혀냈다. 한반도 남해안 중에서도 낙동강 하구에서 기원전 4세기부터 남방식 주조 철기가 사용되었다고 볼 수 있다.

용광로의 흔적이 발견되고 있는 물금 철광은 달천 광산보다 채광기술이 발전한 이후의 일이라고 본다.

현대에 와서 포항제철 등에서 보는 용광로는 고정적이며 지속적이다. 그런데 물금 철광 주변에 수많은 노와 이와 관련된 선광 유구, 배소 유구 등이 여러 곳에서 발견되는 이유는 다음과 같은 이유에서 이해할 수 있다.

첫째, 용광로의 설치는 철광 채굴단지와 가까워질수록 좋다.

가야사와 함께 과거에 알고 있던 철광 단지는 경상남도 양산에 있는 물금 철광이 있다.

채광(採鑛)한 철광석(鐵鑛石)의 무게는 제련(製鍊)으로 얻은 철괴(鐵塊, 쇳덩이)의 수십 배가 되므로 철광석을 운반하기 힘들어서 채굴단지와 가까운 곳에 용광로를 설치하게 된다.

최근에 발견된 전북과 충남 지역의 제철 유적이 그렇다.

곽장근(군산대 교수 가야문화연구소) 소장에 의하면, 전북 장수군 일원에 60여 개소와 무주군에 50여 개소, 진안군에서 20여 개소, 완주군 운주면에서 10여 개소의 제철 유적이 철광산과 가까운 곳이다. 금강 유역에 제철 유적이 골고루 분포되어 있음을 알 수 있다. 곽 교수는 충남 금산군에도 제철 유적이 더 자리하고 있을 것으로 추정하고 있다.

진안 고원은 수계상으로 금강 최상류에 있다. 진안고원 내 무주군, 장수군은 철의 순도가 워낙 높아 철광석이 괴련철(塊鍊鐵)을 방불케 했다. 장수군 장계면 금곡리·금덕리, 계북면 토옥동 계곡, 무주군 설천면 삼공리 구천동·월음령 계곡에서 만난 철광석은 거의 선철(銑鐵)에 가깝다고 한다. 질 좋은 철광석을 따라 후기 가야의 확장으로 이어진 것이 아닌가 한다.

가야인들은 이렇게 양질의 철광석을 찾아 제련 사업장을 이동해 왔으며 그 연결 통로는 봉수로로 이어졌다고 할 수 있다.

둘째, 연료를 좇아 용광로의 위치가 달라지기도 한다. 옛날에는 연료가 원료를 앞지른다. 철 생산 입지에 있어서 가장 중요한 요소는 연료 산지의 확보이다.

'조선 시대에도 철장(鐵場)은 물론 철산지(鐵山地)를 보유한 해당 읍에 용광로가 설치되기 마련이지만, 광석을 운반하기보다는 부피가 큰 연료를 조달하는 데 더 많은 노동력이 소모되기 때문에 대개 땔감[柴木]이 풍부한 지역에 설치되었다.

일본의 경우도 "사철7리, 탄3리(砂鐵七里炭三里)"라는 말이 남아있어 원료보다 연료 산지가 더 중요시되며, 근세 다다라(たたら) 제철에서도 연료가 원료의 3배 이상 소모된다. (중략) 문헌에 기재된 조선 시대 철 생산지 역시 충주 등 소백산 주변과 광주 무등산, 울산 달천 주변에 분포되어 있다. 이러한 분포상 역시 목탄의 대량 소모와 관련된 것으로 연료가 고갈되면 목탄을 생산할 수 있는 인접 지역으로 이동하게 된다.'[213]

이런 가설은 석탄을 쓰기 전 목탄을 사용하던 시대에 적용하여 역사를 해석하는 자료로 쓸 수 있다.

셋째, 당시 용광로는 기능의 한계가 있었다. 고대 제련로는 제련 조업이 끝난 후 철괴(鐵塊)를 꺼내기 위해 노를 파괴하기 때문에 노 시설의 잔존 상태가 양호할 수 없다. 온전한 용광로를 발견할 수 없는 이유다.

---

213) 윤종균, 국립광주박물관 학예연구실장.

또 철광석이나 연료의 고갈로 인해 용광로의 자리를 부득이 옮겨야 할 때는, 마지막 제철 작업이 끝나면 이삿짐을 쌀 때 옮기지 못할 노를 파괴시킨다. 용광로의 구조에 대한 노하우를 감추기 위해서다. 고고학계에서는 발굴되는 노편으로 제련지를 추정하고 있는 정도이다.

현대적 용광로와는 구조가 다르기 때문이다.

최첨단 병장기는 제철 산업을 위한 보위용이다

넷째, 채광에서 제련까지 삼엄한 경계와 보위(保衛)가 가능한 지대를 선택하게 된다.

예를 들면 울산 북구에 있는 노천광산인 달천 광산의 경우를 상정해 보자.

달천 광산은 E129°20′ N35°40′[214]을 중심으로 비교적 넓게 지맥이 펼쳐있다. 달천에서 약 20㎞ 떨어져 있는 동해안의 경북 경주시 양남면 수애(水愛)마을에 석탈해의 제철 집단이 있었다. 그러나 1세기 당시에는 신라[215]가 강역 국가[216]가 아니라 장삿길을 따라 발달한 영역 국가라는 점에서 달천 광산을 신라의 영토 안이라 하더라도 광산의 어느 한쪽에서는 가야 계통의 사람들이 제철 산업에 종사할 수 있었다고 본다.

---

214) 울산광역시 북구 달천동 달천교 옆 쇠곳이 있다.

215) 진한을 이어 받은 신라 개국 초기에는 세력의 중심부가 중국 요동(遼東)에 있었다. 여기서는 석탈해의 신라를 말한다.

216) 신라가 영역 국가에서 강역 국가로 변모한 것은 진흥왕의 순수비 설치 이후로 본다.

당시 최고의 가치를 가진 제철 산업의 주도권 경쟁이 총력전의 상황이라면, 국가간 혹은 세력간의 경쟁과 견제(牽制)와 탈취 등 과정에서 전투가 발생할 가능성이 높아진다.

  이와 같은 점에서 볼 때, 가야의 유물인 철제 갑옷, 찰갑(札甲·작은 철판을 가죽끈으로 연결해서 만든 갑옷)은 물론 투구와 목가리개, 어깨가리개, 정강이가리개, 팔가리개 등 갑주(甲冑·갑옷과 투구)과 종장판갑(세로로 긴 철판을 구부려 가죽끈이나 못으로 연결해서 만든 갑옷)과 말의 얼굴을 가린 마면주(馬面冑) 등 전투용 철제 유물들의 사용처를 짐작할 수 있다.

  그동안 이들 유물을 보면서 풀리지 않은 의문이 있었다. 이와 같은 전투용 철제 군장비를 갖춘 군대라면 가야가 한반도의 패권(覇權)을 쟁취할 수 있었을 텐데, 왜 신라에게 패배하여 흡수되었을까?
  신라와 가야의 전선은 어디였을까?
  철제 갑옷과 찰갑을 제작하는 데는 비용이 만만치 않았을 것이다.
  이런 갑옷을 전군(全軍)에 보급했을까?
  병졸까지는 입지 않았을 것 같다.
  마면주(馬面冑)와 함께 총 중량을 종합하여 볼 때 공격 선봉장은 사용하지 않았을 것 같다. 왜냐면 말에게 주는 중량이 커질수록 기동력이 떨어지기 때문이다.

  지휘관이 이런 행장으로 대규모 부대를 이끌었다는 것도 선뜻 이해가 가지 않는다. 주위에 따르는 병졸이 모두 우군인데 무엇이 두려워서 단 한 촉의 화살도 용납하지 않는 이런 복장[찰갑]을 꼭 해야 할까?
  이러한 의문이 풀렸다.

가야의 전투용 병장기는 공격용이 아니고 수비용이라 단정할 수 있다.

이와 같은 전투용 철제 유물은 철광석의 채광에서 제련을 거쳐 운반까지 삼엄한 경계와 보위(保衛)에 필요한 수비형 병장기로 볼 수 있다.

소수정예 부대의 복장이라면 이해할 수 있다.

소수정예 부대원이라 해도 공격용이 아니라 방어용 전투 복장으로 보인다. 더 정확히 말하면, 성(城)이나 은폐물에 의지하여 수비하는 복장이 아니라 노출된 상황에서 수비해야 하는데 알맞은 복장이라 할 수 있다.

잠정적으로 결론을 내린다면 소규모 병력으로 제철 작업을 보호하고, 철을 운반하는데 호위병보다 주군이 입는 갑옷이 아닌가 한다.

가야의 제철 유적이 한반도 남부 지역에 광범위하게 펼쳐진 것은 철 상품이라는 장삿길을 따라 펼쳐진 영역 국가이기 때문이다.

가야 여전사의 실재와 재해석

다음의 글은 KBS 역사스페셜(2020.8.12.방영)에 나온 내용을 소개하면서 필자의 의견을 덧붙인 것이다.

가야의 여성 전사, 과연 실재했는가?

경남 김해 대성동 고분군에서 베일에 둘러싸인 금관가야의 실체를 밝혀줄 무덤이 발견됐다. 갑옷과 철제투구로 무장한 채 순장을 당한 세 구의 인골들이 나란히 한 무덤에서 발견된 것이다.

대성동 57호분. 주피장자 1명은 남성이고 순장자 3명은 여성이다(출처: KBS HD역사스페셜)

투구는 별다른 장식 없이 투박한 형태로 위쪽 부분이 가죽으로 씌워져 철판 조각을 고정시켰던 것으로 보인다. 이들의 지위는 지휘관급이 아니라 전투에 임하는 평범한 병사였을 것으로 추정된다.

순장 당한 가야 병사들의 주군이었을 것으로 보이는 주 피장자의 뼈대는 오랜 세월을 거치면서 뼈가 다 녹아 흔적만 남기고 사라진 상태였다.

그런데 놀라운 사실은 인골을 분석한 결과 이 인골은 20대 두 명, 30대 한 명이며 모두 여성으로 밝혀졌다. 이 유골을 정밀히 분석한 결과 이들 모두 출산 경험이 있으며, 다리 근육이 보통 여성보다 훨씬 발달해 있음이 확연히 드러났다. 생전에 세 여자 모두 다리 근육을 많이 쓰는 활동을 한 것으로 밝혀졌다.

철제 투구로 무장하고 남다른 다리 근육을 가진 이 여성들의 정체는 무엇인가?

또 김해 예안리 57호분에서도 여전사의 흔적이 발견됐다. 이 고분에서는 기마병 말갖춤새는 물론 22점의 철촉과 철창 등 주로 남성 전사의 무덤에서 나오는 유물들이 대거 쏟아져 나온 것이다.

놀랍게도 이 무덤의 주인은 여성이었다. 함께 출토된 칼은 이 여전사가 지휘관의 위치에 있었음을 짐작케 한다. 심지어 전사의 상징인 장창이 함께 발견되었다.

앞에 소개한 대성동 57호분의 주피장자와 같은 역할을 담당한 것으로 보인다.

대성동 57호분과 같은 시기인 예안리 93호분 역시 수많은 순장자의 인골이 출토되었다. 예안리 고분은 금관가야의 일반인 무덤군이다. 그중 57호분은 지배자층으로 추정되고 있다. 예안리 57호분 무덤의 주인이 여성이라는 점에서 의문을 더한다. 대성동 57호분의 순장자의 인골 주변에서도 순장자의 것으로 추정되는 투구가 발견되었다. 순장된 그녀들 역시 전사였을 것으로 추정된다.

그렇다면 이들은 어떤 역할의 여전사이며, 정체는 무엇인가?

역사스페셜에서는 금관가야에 여전사가 등장한 배경을 다음과 같이 말하고 있다.

금관가야에서는 5세기 이전까지는 여전사의 흔적이 보이지 않는다. 그렇다면 이 시기 여성들이 전사로 나선 까닭은 무엇일까? 4세기 동아시아는 일대 격변기였다. 그동안 북방 경영에 주력하던 고구려가 한반도로 눈을 돌리면서 백제와 치열한 접전을 벌이기 시작했고, 한반도 남부에서는 패권을 장악하기 위해 금관가야와 신라 간의 전쟁이 이어졌다. 이런 상황에서 신라는 고구려와의 제휴로 금관가야를 압박하고, 이에 금관가야는 백제와의 제휴로 맞서면서 한반도는 격동의 장이 된다. 이에 금관가야는 무기 체계를 정비하고 기마 전술을 도입하고, 여전사라는 전사 집단을 양성하게 됐다는 것이다.

① 이어서, 여전사의 해답으로 '왜는 금관가야의 용병이었다'는 가설을 내놓았다.

중무장의 막강한 고구려와 신라에 위협을 느낀 금관가야는 이에 맞서기 위해 무기체계와 전략 전술을 혁신시켰고 외교 라인을 전방위로 가동시킨다. 백제와는 군사적 동맹을 맺고, 외국에서 용병까지 동원한다. 그렇다면 이때 금관가야가 동원한 용병은 과연 어디서 온 누구였을까?

당시 동아시아 철 생산권과 분배권을 장악한 철의 왕국 금관가야는 김해 앞바다를 국제교역항으로 삼아 동아시아에 철을 공급하는 막강한 해상 왕국이었다. 이에 4세기 야마토 정권은 일본 열도의 주도권을 장악하기 위해 치열한 외교적 노력을 전개해 가야의 철을 얻고자 한다. 4세기 국가의 존속이 위협받는 급박한 상황을 타개하기 위해 가야는 왜에 철을 주는 대신 병력을 요구했던 것으로 보았다.

② 금관가야의 여전사들은 '가야의 재기를 위해 일어섰다'는 가설이다.

특히 서기 400년 철갑으로 무장한 기병과 보병으로 구성된 고구려 광개토태왕의 5만 대군의 침입으로 금관가야는 사상 최대의 타격을 입게 된다. 이후 금관가야에서는 여성들까지 투구와 갑옷으로 무장하고 전사로 나선 것으로 추정된다. 격변하는 국제정세 속에서 해체돼 가는 가야, 그리고 해체를 막기 위해 전장으로 나선 우리 역사 최초의 여성 전사가 생겼다는 것이다.

필자가 보기에는 위 두 가설은 성립될 수 없는 이론이라 본다.

첫째, 고구려 광개토왕이 금관가야를 침공한 사실이 없다. 광개토왕비문에 새겨진 남정(南征)은 중국 동해안에서 양자강 이남 회계군 까지다.[217] 따라서 금관가야가 철 대신 왜로부터 용병을 받아들였다는 이론도 성립할 수 없다. KBS 역사스페셜에서 말한 '왜는 금관가야의 용병이었다'는 가설은 성립될 수 없는 이론이 된다.

둘째, 가설에 등장하는 백제나 야마토 왜[218]는 당시 중국 대륙에 있었다. 고구려, 백제, 신라 간의 국제정치 역학 관계가 드러난 곳은 중국 대륙이다. 한반도에 있는 금관가야와는 관련이 없는 일이다. 당시 한반도 남부에는 이렇다할 전쟁이 없었다. 특히 여전사가 묻힌 5세기 전후에는 동(東)신라에서 가야와 접근했던 기록이 없다. 따라서 금관가야의 여전사들이 '가야의 재기를 위해 일어설' 이유가 없었기에 KBS 역사스페셜의 가설은 성립될 수 없는 이론이다.

셋째, 여전사의 등장을 5세기 이후로 보고 있는데, 금관가야 땅에 묻혔지만 대가야와 관련지어 해석하는 것이 타당할 것으로 보인다. 왜냐면 이 시기에 가야의 철 생산 기지가 경상도 내륙으로 이동했고, 철 상품을 다루는 2차, 3차의 공정은 김해에서 이뤄졌기 때문에 1차 철 상품을 김해로 운반하는데 여성 인력이 보조적으로 필요한 것이 아닌가 한다.

---

217) 오운홍, 『한반도에 백제는 없었다』, 시간의물레, 2021. pp.186-208.
218) 오운홍, 『한국사의 기준점 찾기』, 시간의물레, 2022. pp.121-128.

가야의 철 생산과 판로, 그리고 수집상의 존재

다호리 30호분과 64호분에는 철광석[原石]이 부장되어 있어, 사철(沙鐵)이 아니라 철광석을 이용한 제철 작업이 행해졌음을 알 수 있다. 다호리 유적이 BC2세기에서 1세기 사이의 것이라면 당시 채굴 기술과 연장을 감안할 때 노천 철광산을 찾았다는 것을 추론할 수 있다.

다호리뿐만 아니라 김해 양동, 대성동, 부산 복천동 고분 등에서도 다량의 철기가 쏟아졌고 곳곳에서 철기 제작에 이용되는 단야구까지 나와 가야 사회와 철은 뗄 수 없는 관계에 있음을 확인시켜주고 있다.

철제품은 김해, 동래, 함안, 고령, 합천 등 가야 고분 곳곳에서 출토되고 있으며 신라와 일본의 고분에서 가야산 수입품 일부가 나오고 있다. 전기 가야의 판상철부, 후기 가야의 철정(덩이쇠)이 바로 그런 유물이다. 철정은 일정한 규격으로 만들어져 철기의 소재나 화폐로 사용됐을 가능성도 배제할 수 없다.

학계에서는 제조 공정이 까다로운 철정은 대부분 가야에서 제작돼 수출된 것으로 보고 있다. 이는 고대 한·일간에는 실물뿐만 아니라 원자재까지 교역됐다는 것을 말해 준다.

복천동 38호 무덤을 살펴보면 4세기를 기점으로 부장품 중 무기류의 비중이 증가되었음을 알 수 있다. 또 발견되는 무기류의 공격력 역시 배가되는 것을 알 수 있다.

병장기로만 비교할 때, 이 시기 가야의 군사력이 이웃 신라보다 훨씬 앞섰을 것이라 여겨진다. 3세기와 대비해 이 시기의 창과 촉의 살상력은 강해졌다. 또 4세기 중엽부터 철갑옷의 출토가 많아진다. 이는 이 시기 전문 전사집단이 출현했음을 보여주는 것이다. 또한 4세기 후반 등자의 출현으로, 이 시기 보병에서 기마로 전술의 변화가 있었음을 알 수 있다. 등자에 발을 얹어 안정을 취함으로써 두 손을 이용한 전투력이 증가한 것이다. 마상 전투가 늘어나면서 등자와 같은 말갖춤새(마구류)도 다양하게 발전된 것으로 판단한다.

여전사로 추정하는 유골의 등장 시기를 5세기 전후로 보고 있다.

여전사가 발굴된 대성동과 멀지 않은 곳에 구지로의 고분군이 있는데, 일반인 공동무덤이다. 그런데 이 무덤을 살펴본 결과 5세기 1/4분기부터 무덤이 조성되지 않음을 알 수 있다. 여전사의 행적은 더 이상 발굴되지 않았다.

가야의 병장기에 대해 다시 탐색하자.

가야인이 입었다는 첨단 갑옷은 공격용인가, 수비용인가?

이와 같은 전투용 철제 유물은 철광석의 채광에서 제련을 거쳐 운반까지 삼엄한 경계와 보위(保衛)에 필요한 수비용 장비로 볼 수 있다.

여기에 하나를 덧붙여 국사계가 말하는 '가야연맹의 실체가 무엇인가'를 생각해야 한다.

'연맹'이라는 수식어를 붙일 때는, 같은 목적을 이루기 위해 집단 간의 초법적 집단 서약을 전제로 한다. 그런데 6가야가 연맹에 대한 문건이나 기록을 찾을 수 없다.

6가야 중에 어느 가야가 패망 직전의 다른 가야를 병력을 동원하여 구원했다거나 6가야 간에 서로의 안보를 지켜주었다는 어떤 형태의 증거도 찾을 수 없다.

우리에게 가야 '연맹'으로 보인 것은 이들 가야에서 생산된 철 제품이 수출에 앞서 '금관(金官) 과정'을 거치기 위해 모두 금관국(김해 가야)으로 집결된 현상을 보였기 때문이 아닌가 한다.

가야의 주된 산업이 철을 생산하는 일이고 해외에 판매하여왔다는 것을 알 수 있다. 가야사를 연구하는 학자들은 낙동강 중하류 유역의 전기 가야연맹 지역에서 발굴되는 유적과 유물을 근거로 해서 가야가 철 생산국가이며, 해상 교역을 통한 철 수출 국가로 보고 있다.

국사학계가 전기 가야연맹의 중심 지역으로 보는 낙동강 중하류 유역 및 남강 유역, 경남의 남해안 지역에 가야 고분(돌방무덤)이 산재한 것을 보면, '철 생산 기지'가 여러 곳에 흩어져 있음을 보게 된다.

이들 '생산 기지' 곳곳에서, 자체로 해외 교역 창구를 설치하여 운영할 수 없었을 것이다. 이들은 판매보다 생산에 주력했을 것이다.

그렇다면 해외에서 철을 구입하러 온 바이어가 내륙에 있는 생산 기지 곳곳을 찾아다니며 철 제품을 구입했을까?

불가능한 일이다. 어느 곳에 있는지 샅샅이 알 수도 없을 뿐만 아니라 철 생산 기지가 시간이 지나면 철광석이나 연료(땔감)가 고갈됨에 따라 수시로 자리를 옮겨야 하기 때문이다.

대성동 57호분 여전사는 철 제품 수집상의 원팀이다

　수시로 자리를 옮겨야 하는 철 생산 기지의 특성상 생산업자와 바이어를 연결하는 전문 수집업자가 따로 존재했었다고 가정할 수 있다. 왜냐면 이들이 수집하고 운반해야 할 철 제품이 당시 금보다 더 귀한 가치가 있었기 때문에 철을 노리는 도적을 피해 운반하는 것도 어려운 일이었다.
　도적을 피할 일이 또 있다. 당시 지리적 여건이나 경제 유통 수준으로 볼 때, 전문 수집업자가 철 생산 기지로 찾아갈 때는 그곳 사람들이 필요로 하는 생활용품과 일부 사치품을 가지고 운반했을 것이다. 어떻게 보면 철 수집상이면서 박물장수나 행상의 역할도 했으리라고 본다. 이런 물품과 철(편상철부 또는 철정)을 물물교환 방식으로 거래했을 것이다.
　따라서 운반 책임자는 탈취를 노리는 적군이나 도적으로부터 철과 물품을 안전하게 보호하려면 소수의 인원으로서 중무장은 필수적인 일이다. 가야 유적에서 발굴되는 것과 같이 최첨단 수비형 병장기가 필요했을 것이다.

　5세기 이후 후기 가야연맹 시기에는 철 생산 기지가 내륙으로 이동하면서 김해와의 거리는 더욱 멀어지게 된다.
　전기 가야연맹 때는 다듬어지지 않은 초벌의 판상철부 대부분을 낙동강이나 남강의 뱃길을 이용하여 김해에 비교적 손쉽게 운반할 수 있었다.
　이에 비해 후기 가야연맹 때는 생산 규모에 따라 초벌 철정을 그대로 생산하는 곳이 있는가 하면, 제강 과정을 거쳐 재벌된 판상철부를 생산하는 곳도 생겨났다. 그런데 생산 기지에서 수출항 김해와의 거리는 아주 멀어진 것이다.
　생산 기지 대부분이 산골짜기를 넘어야 하므로 수레가 아닌 소나 말의 등짐을 이용해야 했다. 김해에서 출발하여 생산 기지를 들려 돌아오려면 1주일 이상 걸리는 먼 길일 수도 있다.

필자는 대성동 57호분의 피장자와 순장자를 철 상품 수집과 운반의 원팀으로 본다. 그 이유는

첫째, 1주일 이상 걸리는 노정에서 식사와 의복 위생뿐만 아니라 생리적 욕구 해결을 위해 특히 여자의 손길이 필요했다는 점에서 여성이 동행 한 것이라 본다. 순장자의 유골을 정밀히 분석한 결과 이들 여성 모두 출산 경험이 있다고 한 것은 생리적 성적 욕구도 해결했던 것으로 보인다.

둘째, 동행하는 여인이 투구와 간단한 전투복을 입었지만, 말을 타지 않고 많이 걸어야 했으므로 다리 근육이 매우 발달하였을 것이다. 또 이들은 수집 운반하는 원팀이며, 리더는 말을 탔지만 이동하는 속도는 보병에 맞추었을 것으로 본다.

셋째, 동행 중에 집단 안위에 위험 요소가 발생했을 때 일사불란하게 대처할 젊은 여전사가 필요했을 것이다.

이들 수집 운반의 원팀에는 여성 전사만 있는 것은 아니라고 본다.

이런 점에 비추어 볼 때 대성동 57호분의 여성 피장자와 순장자는 '주종 관계이면서 가족에 준하는 관계'[219]에 있는 동업자라고 할 수 있다.

순장의 대상이 된 것도 피장자와 가족에 준하는 관계이기 때문으로 본다.

---

219) 순장의 판단 기준으로 1)2명 이상 매장된 고분이 동시에 축조되어야 하고, 2)강제성이 있어야 하며, 3)주인공에 대한 순장자의 종속성이 인정되어야 한다. 한국고대사학회 엮음, 『가야사 연구의 현황과 전망』, 이동희, 〈후기 가야 고고학 연구의 성과와 과제〉, p.87.

아마도 여기서 피장자는 동환식찰갑과 종장판주를 쓴 기병으로서 마갑을 입힌 말을 타고 철정 운반팀 일행을 통솔했을 것으로 보인다.

복천동 38호 무덤을 살펴보면 4세기를 기점으로 부장품 중 무기류의 비중이 증가되었음을 알 수 있다. 또 발견되는 무기류의 공격력 역시 배가되는 것을 알 수 있다. 부장품의 무기류가 증가했다는 것은 철 상품 수집상이 낙동강이나 남강을 이용한 선박 중심의 운송에서 육로 중심의 운송으로 바뀌고 있음을 보여준다. 그리고 그 이전에 이미 철광산이 내륙으로 분포되었음을 시사한다. 이를 후기 가야연맹의 시작으로 볼 수 있는데 고구려 광개토왕이 중국 동해안을 따라 남정했던 영락10년(400)보다 1세기나 이른 시기라고 볼 수 있다.

3세기와 대비해 이 시기의 창과 촉의 살상력은 강해졌다. 또 4세기 중엽부터 철갑옷의 출토가 많아진다. 이는 이 시기 전문 전사집단이 출현했음을 보여주는 것이다. 또 4세기 후반 등자의 출현으로 이 시기 말을 탄 리더가 수집상의 무리를 이끌었다고 본다.
  이 시기에 이미, 대성동 57호분과 같은 철 상품 수집 운반 팀이 있었던 것으로 보아, 후기 가야연맹의 시기는 더욱 앞당겨져야 한다고 생각한다.

제12장
전·후기 가야연맹의 경계점에 대한 재해석

전·후기 가야연맹의 경계, AD400년을 어떻게 볼 것인가?

 '전기 가야연맹'을 온라인 위키백과(2022.1.6.)에서 찾으면, '42년부터 400년까지 금관가야를 중심으로 연합한 연맹'으로 정리하고 있다. 후기 가야연맹 시기는 당연히 5세기 초(401)부터 대가야가 멸망한 562년으로 보고 있다. 국사학계와 〈고등학교 한국사〉도 전·후기 가야연맹의 경계를 400년으로 보고 있다.
 400년이란 시점을 어디서 끌어온 것일까?
 국사학계의 400년 기점은 광개토왕의 남정론(南征論)에 근거한 것으로 본다.
 국사학계의 이러한 시각에 대해, 주보돈은 '고구려의 남정으로 말미암아 가야권에 커다란 변화가 있었다고 하더라도 왜 하필 대가야가 그 틈을 타 유력 세력(고구려와 신라)으로 부상(浮上)하게 된 것인지, 어떤 배경과 과정을 거쳐 그렇게 된 것인지, 대가야 부상의 동력은 어디에 있었는지 등등 가야사의 체계적 이해를 위해서는 반드시 다루어야 할 본질적 대상을 놓고서 세밀하고 치열하게 검토해야 마땅한 일'[220]이라 했다.

 학교에서 가르치는 교과서를 보면, '전기 가야연맹을 이끌었던 ① 금관가야는 백제 및 왜와 연대하였다가 ② 고구려의 공격을 받고 쇠퇴하였다.

---

220) 한국고대사학회 엮음, 『가야사 연구의 현황과 전망』, 주보돈, 〈가야사 연구의 새로운 진전을 위한 제언〉, p.25.

③ 이로 인해 전기 가야연맹은 붕괴되고, 낙동강 동쪽의 가야 지역은 고구려의 후원을 받는 신라의 세력권으로 편입되었다. ④ 대신 경상도 내륙이나 경남 서남부의 소국들이 새로운 주도 세력으로 부상하였다.'(출처: 김종수 외, 『고등학교 한국사』 p.46)

교과서를 이렇게 쓸 수밖에 없게 만든 고교 교육과정의 지침은 한마디로 잘못된 역사 인식을 근거로 한다는 것을 다음과 같은 역사적 사실이 증명해 준다.

〈광개토왕비문〉에 의하면, 영락10년(400) 고구려 광개토왕이 5만에 달하는 대병력을 이끌고, 백제의 사주를 받은 왜(倭)와 임나가라(任那加羅)의 공격을 받아 왕성이 함락 위기에 처한 신라를 구원하는 한편 왜를 쫓아가 임나가라의 종발성까지 함락시켰다는 기록이 있다.

'영락 10년 경자(庚子; 400)의 일이다. 보병과 기병 5만을 보내 신라를 구원하게 하였다. 남거성(男居城)에서부터 신라성(新羅城)에 이르기까지 왜인이 가득했는데 (고구려) 관군이 도착하자 왜적이 퇴각하였다. □□□□□□ 퇴각하는 왜의 배후를 급히 추격하여 임나가라(任那加羅)의 종발성(從拔城)까지 이르러 성을 함락하니 성이 곧 항복하였다. 이에 (신)라인이 성을 지키게 하여 안정화시켰다. 또 신라성과 신성의 왜인을 색출하여 뽑아내니 왜구가 크게 궤멸*되었다. 성안사람 [이하 원문 16자 결] 열아홉, 왜적을 모두 물리치고 (신)라인 수병에게 맡겨 안돈(安頓) 시켰다.(十年庚子 敎遺步騎五萬 往救新羅 從男居城至新羅城倭滿其中 官軍方至 倭賊退 □□□□□□ 自倭背急追至任那加羅從拔城 城卽歸服 安羅人戍兵 拔新羅城鹽城 倭寇大潰 城內[이하 원문 16자 결]十九 盡拒隨倭 安羅人戍兵)' 발본新羅城鹽城(□□□□□其□□□□□□□□□□□□□□□□□

□□□□□□□□□□辭□□□出□□□□□□□□殘□潰□□□城 安羅人戍兵)

낙동강 유역의 가야가 백제와 연대하였다 했는데 ①의 백제가 한반도에는 없고 중국에 존재했다[221]는 사실이다. 낙동강 유역의 가야가 중국 요서와 황하 지역에 자리 잡은 백제와 특별히 연대해야 할 이유가 없었다고 본다.

②의 고구려군의 공격을 받았다고 했는데, 영락 9년(399)에 신라왕의 요청이 있었고, 광개토왕이 이를 받아들여 영락 10년(400년)에 백제와 왜를 남벌했다는 기록은 광개토왕비문에 있는 내용과 같다. 그런데 광개토왕에게 요청한 신라의 도읍 경주는 중국 땅(안휘성)에 있는데 이 요청을 받아들인 광개토왕이 뜻밖에 한반도로 진격할 이유가 없는 것이다. '광개토왕이 고구려 수군을 직접 지휘하여 남벌했던 코스는 한반도가 아니라 중국 동해안을 따라 수륙양면 작전으로 남정이 이루어졌다'[222]는 사실이다.

그렇다면 한반도 동남부에 있는 ③의 '전기 가야연맹'이 백제나 고구려 때문에 붕괴했다는 인과관계는 성립되지 않는다. 그리고 한반도 동남부의 가야는 임나가라[223]와 별개라는 사실이다.

『고등학교 한국사』에 나오는 가야가 ①의 백제와 연대했다든지 ②의 고구려 공격을 받은 일이 없는데 이를 핑계로 전기 가야연맹이 쇠락한 이유로 본 것은 우리 가야사를 엉뚱한 역사소설로 쓰고 있다는 실증이다.

그리고 ③전기 가야연맹이 붕괴되고, 그 '대신 ④의 경상도 내륙이나 경남

---

221) 오운홍, 『한반도에 백제는 없었다』, 시간의물레, 2021. pp.59-62.

222) 상게서, pp.186-208.

223) 임나가라의 위치는 본책 9장에서 중국 남동해안 저장성에 있음을 밝혔다.

서남부의 소국들이 새로운 주도 세력으로 부상하였다'는 부분에 대해서는 그 원인을 다른 곳에서 찾아야 한다.

그들의 이론대로 삼국이 한반도에 존재한다면, 고구려의 침공으로 김해를 중심으로 한 전기 가야연맹이 붕괴되고 곧바로 고령 지역을 중심으로 대가야가 갑자기 일어났다거나, 창녕 비사벌과 부산 복천동 등으로 적국인 고구려와 신라 가까이로 확대 이동하였다면 전쟁 직후라는 시점을 고려할 때 고구려의 지원이나 묵인 없이는 불가능한 일이었을 것이다. 결국 고구려의 침공 이론은 여러 가지 면에서 모순을 안고 있거나 논리적 비약이 심한 주장이다.

가야의 소국을 묶어 연맹체로 보고, 이 연맹체를 전기와 후기로 나눠보는 인식은 '가야의 정치 구도에 따른 사회 발전 단계'라는 시각으로 가야사에 접근하는 것이라 본다.

김태식 교수는 가야의 정치 구도에 대해, 가야 전기 4세기까지는 김해 금관가야, 가야 후기인 5세기 이후는 고령 대가야가 단일 연맹체를 주도한 것으로 보았으며, 가야의 국가 형성에 대해서는 복합수장 사회와 같은 연맹체로 파악하였다(김태식 1993)[224]고 보았다.

박천수는 김태식의 단일 연맹체와 맹주론에 대해 『삼국유사』의 5가야조에 의거한 이병도의 가야연맹체론(이병도 1976: 388-389)을 계승한 것으로 보고 있다.[225]

이와 관련하여 필자가 앞서 제기한 '백제의 한반도 부재론'과 '고구려 광

---

224) 박천수, 『가야문명사』, 진인진, 2018. p.33에서 재인용.

225) 상게서. p.33.

개토왕의 중국 동해안 남정론'에 비추어 볼 때, 이병도의 가야연맹체론은 근거를 상실하게 된다.

쇠락 원인을 찾는 논쟁의 테이블에서 고구려의 공격을 제외하면, 기후의 급격한 변화나 갑작스러운 전염병의 창궐을 상정할 수 있다. 그런데 곧바로 대가야 세력이 부상하고 후기 가야연맹으로 이어갔다는 사실로 보아, 기후변화나 전염병으로는 설명할 수 없다. 그리고 400년 전후에 급격한 기후변화의 증거도 없다.

필자가 보기엔 '새로운 나라(소국들)의 출현'이라고 단정할 것이 아니라 가야 세력 이동이나 이합집산, 특히 '철 생산 기지'가 이동한 것으로 보며, 전기 가야연맹 지역의 쇠락 원인을 오늘날의 폐광촌과 같은 경제적 현상에서 찾아야 할 것으로 본다.

〈고등학교 한국사〉는 이어서 '이 가운데 고령의 대가야가 ⑤농업 생산 기반과 제철 기술을 바탕으로 급속히 성장하였다. 대가야는 주변 소국을 복속시켜 맹주권을 확립하고, 소백산맥을 넘어 ⑥호남 동부지역까지 세력을 확장하여 후기 가야연맹을 결성하였다. 그리고 중국 ⑦남조에 사신을 파견하기도 하였다. 그러나 가야는 ⑧여전히 연맹 왕국 단계에 머물렀기 때문에 주변 정세 변화에 능동적으로 대처하지 못하였다.'(출처; 김종수 외, 『고등학교 한국사』 p.46)고 기술하고 있다.

먼저 ⑦의 '남조에 사신 파견'은 '479년 가라국왕 하지(荷知)가 단독의 힘으로 남제(南齊)에 사신을 파견해 교섭하고 보국장군본국왕(輔國將軍本國王)

이란 작호를 받은 사실'[226]을 말한다.

가야의 세력이 영남 지역에서 소백산맥을 넘어 ⑥호남의 동부지역까지 확장되었다고 했는데 실제로 전라북도 동부 지역인 완주군과 장수군에서 가야의 유적과 유물이 발굴되고 있다. 이처럼 소백산맥을 넘어 호남 동부 지역까지 확장한 사실을 인정하지만, 후기 가야가 강역을 확장한 것인지, 생산 기지 등 영역이 확대된 것인지는 더 연구해 볼 일이다. 이 문제의 해답은 ⑧'여전히 연맹 왕국 단계에 머물러 있다'는 당시 상황과 연결하여 답을 구해야 할 것으로 본다.

가야 세력이 소백산맥을 넘어 호남까지 활동 영역을 넓혔는데, ⑧연맹으로 왕국을 유지하고 있다는 사실이 왕국의 힘이나 장악력에 문제가 있다는 암시를 주고 있다. 다시 말해 전기 가야연맹 단계를 벗어나지 못했다고 보는 것이다.

또 하나 짚어볼 일은 전기나 후기 연맹체를 이뤘다는 가야의 소국들이 국가체제를 갖추었는지도 불분명하다는 점이다. 그리고 연맹체의 성격을 규정하는 일이다.

우선 소국들의 왕궁과 성곽의 흔적을 찾을 수 없고 역사 기록도 없으며, 고분에서 발굴되는 부장품들을 보아도 왕릉이라고 단정하기가 쉽지 않다고 한다.

이런 소국들이 있었다 하더라도 예를 들어 금관가야를 맹주로 이뤄졌다는 전기 가야연맹체의 경우 맹주와 구성 세력이 구체적으로 어떤 관계인지, 구성원 간에 어떤 권리와 의무가 있는지, 어느 구성원이 위기에 봉착했을 때

---

226) 주보돈, 〈가야사 연구의 새로운 진전을 위한 제언〉, 한국고대사학회 엮음, 『가야사 연구의 현황과 전망』 중에서. p.33.

연맹이 공동 대처를 한다는 협약이라도 있었는지 등 현재까지 알려진 바는 없다.

하지만 연맹체의 수준은 아니더라도 금관가야의 시장을 중심으로 주변의 소국들이 부챗살과 같이 금관가야와 일대일로 일일이 연결되어 있어 철 상품의 생산과 판매, 그리고 생필품이나 사치품의 구입과 분배를 금관가야를 중심으로 함께 한 공동체 성격의 밀접한 관계가 성립되고 있었을 것으로 보인다.

이와 같은 성격의 전기 가야연맹의 붕괴 원인을 찾을 때, 한반도와 무관한 백제나 광개토왕의 침공과 같은 관련 없는 국제 정치적 상황과 연계해 찾을 일이 아니라, 가야연맹의 내부 사정에서 찾아야 답이 나올 것 같다.

쇠똥산에서 주운 Key로 가야연맹의 전·후 경계를 엿보다

최근 가야 유물이 발굴되는 곳에서 쇠똥이 발견되었다는 뉴스를 보게 된다. 필자가 이 뉴스에 관심을 갖는 이유는 전·후기 가야연맹의 경계점을 찾는데 이 쇠똥이 한 몫을 할 것 같다.

쇠똥이란 철광석 제련과정에서 나오는 찌꺼기인 철 슬래그를 말한다.

〈이미디어=김한결 기자〉(2021.10.20.)에 의하면 '가야 공감 현장체험에 참여한 계북면의 김영섭 씨는 자신의 밭에서 나온 쇠똥(철 슬래그)과 삼국시대 토기편, 청자편 등을 발견했고, 이에 장수군청 문화재 담당자의 현장 확인 결과 철 생산 유적지일 가능성이 높은 것으로 밝혀졌다. 이에 장수군은 추후 관계 전문가와 함께 추가 확인 후 긴급 발굴 조사를 실시할 계획'이라 한다.

전기 가야연맹 터라고 보는 경남 지역에서도 쇠똥이 구릉을 이룬 흔적을 찾을 수 있다.

다음의 글은 '가야의 철'을 집중적으로 연구해 온 손명조 국립중앙박물관 학예연구관이 〈국제신문사〉가 주최한 '가야사 시민강좌'의 강사로 참여하여, '가야의 철'을 주제로 강연했던 내용에서 발췌한 것이다.

계북면 김영섭씨 텃밭에서 발견된 철 슬래그 〈제공=장수군청, 이미디어〉

조선시대 기록인 '신증동국여지승람(1530)' 지리지나 '세종실록지리지(1454)' 등에는 김해, 창원, 밀양, 합천, 양산, 안동 등지의 가야 옛 지역에 철산(鐵山)이 있다고 기술돼 있다. 또 이들 지역에 불무골, 쇠똥섬, 똥뫼, 금곡, 야로, 생철, 생림과 같은 철산지를 암시하는 지명이 많은 것처럼 지금도 적지 않은 철똥(슬래그)이 발견되고 있다.

　쇠똥산을 이루고 있는 밀양 사촌(沙村)이 있는데, 이곳은 6세기대[227] 제철 유적이라 한다.

　밀양 시내에서 24번 국도를 따라 울산 쪽으로 10km쯤 가다 보면 최근까지 철을 캐냈다는 금곡(金谷)이란 마을을 만난다. 이곳 삼거리에서 표충사(表忠祠) 가는 길을 따라 금곡교를 건너자마자 우회전하여, 감물 가는 길로 들어서면 사촌마을이 나온다.

　마을 외곽에 있는 구릉이 자연적으로 형성된 것이 아니라 이곳 주민들이 '똥뫼(쇠똥산)'라 부르는 제철 유적이다. '철재(鐵滓·쇠똥)'가 야산을 이룰 정도로 규모가 방대하다.

　국립김해박물관에서 조사한 결과, 제련로 7기, 송풍관 및 노벽 조각 등이 확인됐다. 제련로의 조업 시기는 함께 출토된 토기로 보아 6세기 전반~7세기 전반으로 추정하고 있다.

　함안군 군북면 월촌(月村)마을에도 쇠똥산이 있다. 남해고속도로 의령IC에서 의령 쪽으로 난 1004호 지방도로를 따라 3km 정도 들어가면 월촌리에

---

[227] 6세기 대에 김해 가락국은 신라 법흥왕 19년(532)에 금관국의 임금 김구해(金仇亥)가 왕비와 세 아들인 맏아들 노종, 둘째 아들 무덕, 막내아들 무력(武力)과 함께 국고의 보물을 가지고 와서 항복하여 신라에 항복하였다(삼국사기 기록). 쇠똥산은 여러 세기에 걸쳐 쌓인 것으로서 6세기 전부터 쌓였을 것으로 추론할 수 있다.

닿는다.

이 마을 동남쪽의 나지막한 구릉에는 시기를 알 수 없는 고분군이 있고, 군북면 월촌출장소 인근에는 '쇠똥섬(산)'이라 불리는 곳이 있다.

이곳의 농경지와 맞닿은 구릉지를 살펴보면 슬래그로 짐작되는 흑갈색의 유리질 돌이 수북이 쌓여 있다. 여기서 회청색 경질 토기 편까지 채집됐다고 한다.

주변 정황으로 보면 야철지가 분명한데 시기가 논란이다. 향토사 연구자들은 가야 시대 야철지일 가능성에 무게를 두고 있으나, 김해박물관측은 고려 초기의 제철지일 개연성이 크다고 보고 있다.

필자가 보기엔 겉에 드러난 시료만 가지고 시기를 판별하기엔 무리가 있다고 본다. 산(오름)을 이룰 정도로 쇠똥이 쌓였다는 것은 상당한 기간에 걸쳐 쇠똥이 쌓였음을 시사해준다. 그리고 쇠똥산의 가장 밑바닥 중심에 있는 쇠똥의 야적 시작 시기도 분석해야 할 것으로 본다.

함안군 여항면 주동리(별천), 군북면 원북리 신사동, 군북면 덕대리 대암동에도 야철지가 있다. 주동리에는 고인돌군과 고분군이 산재하고 많은 슬래그와 노의 파편이 수습돼 가야 시대 야철지일 개연성을 한층 높여주고 있다.

아라가야 향토사연구회 조희영 회장은 "함안 도항리 말산리 고분에서 많은 철기가 출토된 것을 보면 함안 어딘가에 가야 시대 야철지가 분명히 있을 것"이라며 "가능성이 있는 곳을 선정, 체계적인 학술조사가 시급하다"고 말했다.

합천군 야로면 야로리 돈평마을의 야로(冶爐) 철산지는 이름부터 의미심장치 않다. 권병석 합천문화원장은 "문헌 기록이나 지명, 현장에 널린 슬래그 등으로 볼 때 가야의 철산일 가능성이 높다"고 주장한다.

돈평마을 뒷산은 불무골(또는 불뫼골)로 불리며, 주변에는 금평(金平)마을, 금굴동 같은 철산을 암시하는 지명이 있다.

고령군청 이형기 학예연구사는 "대가야의 강성한 힘은 야로 철산지에서 나왔을 가능성이 있다"며 "연구자에 따라 3세기 후반부터 채광되기 시작해 조선 시대까지 이어졌다고 하나 조사가 미비하다"고 말한다.

경남발전연구원은 야로 철산지에 대한 지표조사를 실시, 표층에서 슬래그와 조선 시대 기와편을 발견했다. 이일갑 조사1팀장은 "철 제련 시설이 있었다는 것은 확실해 보이므로 퇴적층을 본격적으로 발굴해 들어가면 가야 유물이 나올 수도 있을 것"이라고 말했다. 지금까지 조사된 가야지역 철기 생산 유적은 부산 동래패총, 김해 대성동 소성(燒成)유구, 김해 봉황동 유적, 고성패총, 창원 성산패총 등 11곳. 그러나 대부분의 유적은 단편적인 단야(대장장이 일) 유구라고 한다.

전기 가야연맹의 쇠락 원인은 철광석의 고갈이다

이처럼 쇠똥산이 곳곳에 있고 규모도 큰 것으로 보아 몇 세기에 걸쳐 오랫동안 제철 작업이 있었을 것을 추론할 수 있고 엄청난 양의 철광석이 사용되었을 것이다.

창원 다호리 유적을 근거로 BC2세기부터 제철 작업이 시작되었다면, 곳에 따라서는 전·후기 가야연맹의 경계인 400년까지 500~600년 동안 채광을 하였으니 철광 자원이 고갈될 수도 있다. 더구나 당시 굴착 채광 기술이

미약하여 주로 노천 철광에 의존하던 때이고 보면 채굴 가능한 철광 자원의 고갈은 심각한 문제가 될 수 있다.

이런 문제를 미리 감지한 사람은 철 생산 기지를 운영하는 사업주거나 생산 기지 책임자일 것이다. 이들은 채산성을 계산하여 사업주 혹은 족장이 철 생산 기지를 옮겨야 한다는 결단을 내렸을 것이다. 그들이 목표로 삼을만한 곳은 미리 봐 둔 곳이며 그쪽으로 옮기면 새로운 철광 단지가 된다. 그곳이 김해 지역을 중심으로 볼 때, 경상도 내륙이나 경남 서남부 쪽일 수도 있고, 바다 건너 일본 열도일 수도 있다.

부산일보 동경지사장 최성규 기자가 쓴 『일본왕가의 뿌리는 가야왕족』에서, '김수로왕의 7왕자가 규슈로 진출한 후 김해의 금관가야는 쇠퇴하기 시작하였고 그 대신 고령(高靈)의 대가야 세력이 강화되어 갔다.'고 했다. 또 그는 '수로왕 중심의 김해 금관가야가 하가라(下加羅), 고령의 대가야가 상가야(上伽倻)로 불리는 양립 세력을 형성했다.'고 하면서 시대적으로 3세기 무렵으로 추정된다고 하였다.[228]

우선 3세기경에 대가야 세력이 강화된 것을 보면 그 이전에 이미 금관가야 세력이 대가야로 이동했음을 알 수 있다. 국사학계가 본 고구려 광개토왕 남진(400)과 비교할 때, 1.5~2세기의 차이가 있다.

특히 김수로왕의 7왕자가 일본 열도로 진출한 후 김해의 금관가야는 쇠퇴하기 시작하였다 했는데, 7왕자 진출 시기와 금관가야 쇠퇴 시기가 비슷하여 이런 해석이 나온 것으로 본다.

필자가 보기에는 7왕자가 새로운 신천지를 개척한 시기와 앞서 말한 쇠

---

228) 최성규, 『일본왕가의 뿌리는 가야왕족』, 을지서적. 1993. pp.134-135.

똥산과 철광석의 고갈 등 쇠퇴 조짐과 우연히 겹친 것이다. 7왕자의 진출 이유는 다른 데 있다고 본다. 이와 관련하여 7왕자를 가야인의 일본 열도 진출을 앞의 7장에서 언급한 바 있다.

제철인들이 소백산맥을 넘어 호남 동부 지역까지 진출한 사례를 가지고 대가야의 번성 과정을 바라보면, 전기 가야연맹의 쇠락이 후기 가야연맹으로 이어진 것을 제대로 해석할 수 있을 것이다. 그 한 예가 2018년에 발굴된 전북 완주군의 가야 시대의 제철 유적과 유물이다.

전기 가야연맹이 쇠락할 즈음에 철광의 고갈로 인해 떠나야 할 사람과 남아 있을 사람이 나뉜다.

가야인이 철을 따라 한반도에 처음 도래한 인원은 많지 않았을 것이다. 그런데 선진 문명을 앞세운 가야인의 고급 기술과 그에 따른 문화와 정서의 영향력은 인원수에 비해 상대적으로 컸다고 할 수 있다.

그들이 인도 가야를 떠나 한반도에 정착할 때는 가족을 두고 온 혈혈단신이었을 것이다. 그러나 새롭게 정착한 곳에서 안정된 삶과 부를 이루었을 때, 보통 남성은 본능에 따라 사랑하고 후손을 남기고 싶었을 것이다. 물론 사랑을 해서 먼저 상대를 선택했을 테지만 그곳에서 가족 관계가 새롭게 형성되었을 것이다. 즉 철 생산 기지가 오래 유지되는 동안 여러 대에 걸쳐 가족 관계가 확장되었을 것이다.

그런데 생산 기지 인근 철광석이 고갈되어 멀리 떠나야 할 때도 있다. 이때 떠나야 할 사람은 철을 생산하는 사업주(족장 포함)와 가업을 이을 아들 또는 친손, 관심이 높은 외손, 최고 기술자 등이며 그 외의 가족을 두고 떠나게 된다.

반면에 남아 있을 사람은 고령자와 일부 부녀자와 어린이, 외손자, 친손 중 철 산업에 관심이 없는 자, 그리고 현지의 단순 노동 종사자 등이라 할 수 있다.

남아 있는 사람들이 있는 곳은 과거에는 영화(榮華)의 땅이었지만 경제의 유통이 줄어드는 만큼 살림이 시들어간다. 마치 현대판 폐광촌과 같이 황무(荒蕪)하여 가난의 땅으로 쇠락한다. 시대적으로 이 지점을 전기 가야연맹과 후기 가야연맹의 경계라고 본다. 이 경계 시점은 금관가야의 지배 세력 중 7왕자의 일본 이동에 비추어볼 때, 국사학계가 짚은 400년보다 더 앞당겨질 것으로 보인다. 그런데 철 생산 기지별로 철광석 고갈 시점이 각각 달라서 가야지역 전체로 볼 때 연맹의 전후기를 구분 짓는 경계 시점을 일률적으로 정할 수는 없는 일이다. 이들 철 생산 기지와 연결된 김해 지역의 금관국도 일감이 줄어들고 연쇄 도산 위기를 겪으면서 쇠락의 길을 걷게 되었을 것이다.

역사학자들은 이 시기가 광개토왕의 남벌 역사와 우연히 겹친다 해서 '고구려의 남침'이라는 가상의 요인을 끌어들인 것은 잘못이다. 광개토왕의 수륙양면 작전을 펼친 곳은 중국 동해안을 따라 양쯔강 이남 회계군까지[229] 이다. 광개토왕의 남벌이라는 역사적 사건을 한반도로 끌어들여 가짜 가야사를 쓰고 있는 것이다.

철광석의 고갈로 지금의 제철 기지를 폐쇄하고 경북 내륙이나 소백산맥을 넘어 이동했다는 가설을 적용하면, 우선 주보돈 교수의 지적처럼 적국(고구려)의 방향으로 대가야가 확대됐다는 문제의 연구과제를 쉽게 풀 수 있고,

---

229) 오운홍, 『한반도에 백제는 없었다』, 시간의물레, 2021. pp.204-207.

앞장에서 제기했던 수집상의 원팀인 여전사의 등장이 자연발생적임을 이해할 수 있으며, 또 경남 구지로의 고분군에서 5세기 1/4분기부터 무덤이 조성되지 않음에 따른 학계의 과제를 풀어줄 수 있다고 본다.

후기 가야연맹 시기에는 철 생산지가 경북 내륙의 낙동강 중상류 지역의 대가야, 성산가야, 고령가야와 낙동강 지류인 남강 상류에 해당하는 경남의 서북 지역에서 생산되는 철정을 운송하기 쉬운 강줄기를 따라 김해 금관국과 연결됨에 따라 그런대로 제철 산업이 연명되었을 것으로 추측된다.

철 상품의 유통을 제철 공정의 시각에서 보면 각지에 떨어져 있는 생산지는 1차 철정을 생산하는 제련 공정으로 볼 수 있다. 김해지역의 전문 대장간에서는 2차 탄소 배분으로 강도를 조절하는 2차 제철 공정인 제강 작업과 3차 공정인 단야 작업이 이뤄진다.

따라서 철정을 생산하는 1차 제련 공정은 각지의 철 생산 기지에서, 2차 3차의 제강과 단야 공정은 멀리 떨어져 있는 김해 금관가야로 옮겨와서 이뤄진다고 본다.

그런데 후기 가야연맹이 확장되면서 철 생산 기지가 소백산맥을 넘게 되자 제철 공정에 변화가 생겼을 것이다. 무거운 철정을 김해 지역까지 운송하기 어려워지자 1차–3차의 공정이 철 생산 기지에서 곧바로 이뤄지는 사례가 있을 수 있다. 이와 관련 이야기는 다음으로 미루고 우선 소백산맥을 넘어선 제철 생산 기지를 살펴보자.

소백산맥을 넘어간 장수가야의 유적

〈전북일보〉(2022.01.25.)의 오피니언, 곽장근(군산대, 가야문화연구소장) 교수는 가야사 국정과제 추진을 위해 만든 신조어 '전북가야'를 주장한다. 전북 동부에서만 발견된 가야 봉화망에 그 근거를 두었다고 한다. 봉화망 안에 있는 지역은 전북 남원시와 완주군·진안군·무주군·장수군·임실군·순창군, 충남 금산군이다. 이들 지역에 가야 봉화 및 산성, 제철 유적이 분포되어 있다. 이곳에 운봉가야와 장수가야라고 일컫는 '가야'가 있다.

먼저 운봉가야와 관련하여 언급하자면, 백두대간 동쪽 운봉고원[230]은 신선의 땅으로 회자된다. 우리나라와 중국, 일본 등 동북아를 아우르는 당대 최고급 위세품들이 이곳 '유력 개인묘'에서 출토되었다. 가야 고총에서 나온 금동신발, 철제 초두는 모든 가야 영역에서 한 점씩만 출토됐다. 중국 양나라에서 바다를 건너온 계수호와 청동거울도 역시 운봉 가야 고총에서만 나왔다.

다음으로 장수가야와 관련하여 살펴보면, 장수군은 남원 봉화산 북쪽 지역으로 해발 430m 분지로 펀치볼같이 사방이 산으로 둘러져 있다. 봉화로를 연결하면 여덟 갈래로 전북(완주, 무주, 진안, 임실, 순창, 남원, 장수, 금산)에서 출발하며 모두 장계로 이어져 도착한다.

---

230) 운봉 고원(雲峰 高原)은 전라북도 남동부의 소백산맥에 위치한 분지 형태의 고원으로, 그 범위는 전라북도 남원시 운봉읍의 행정 구역과 일치된다. 운봉 고원은 운봉천이 흐르는 북동쪽과 구룡 계곡이 위치한 남서쪽 가장자리를 제외하면, 대부분이 600-1,300m 사이의 높은 산지로 둘러싸여 있는 450-550m 고도의 분지 지형을 이루고 있다.

조선의 5봉수로와는 다른 경로이다. 또 전북 지역에 봉화에 관련된 지명이 분포되어 있는데 남원 봉화산, 봉화재, 장수 봉화산, 봉화봉, 봉화산성, 진안 봉화산, 무주 봉화산, 임실 봉화산, 완주 봉수대산이 있고 그 외에도 봉화산, 봉화봉, 봉화골, 봉화재, 봉우재, 봉우재봉, 봉화산성 등의 지명들이 많이 분포되어 있다. 봉화지대를 발굴하니 가야 유물이 대량으로 발굴되었다.

금강 최상류에 지역적인 기반을 둔 장수가야는 '봉화 왕국'이다. 현재까지 복원된 가야 봉화로의 최종 종착지가 장수군 장계 분지이다. 240여 기의 가야 고총이 장수군 일원에서 발견되어 고고학 자료로 장수가야의 존재를 확증했다. 엄밀히 말하면 장수 가야는 고대판 'ICT왕국'이 아닌가 할 정도다.

장수군 서면 오성리 봉화산에서 발굴한 봉화대 모습(출처; 오마이뉴스(2021.9.8.)

예나 지금이나 국력의 원천은 철이다. 철광석을 녹여 철을 생산하던 제철 유적은 포항제철과 그 의미가 똑같다. 전북 동부에 가야 봉화망을 구축하려면 반드시 금력이 뒷받침되어야 한다. 전북 가야의 영역에서 250여 개소의 제철 유적이 발견되어 세간의 이목을 집중시켰다. 아직은 전북 가야와의 연관성이 검증되지 않았지만 우리나라에서 제철 유적 밀집도가 가장 높다 할 수 있다.

곽창근 교수가 주장하는 전라북도 동부지역의 전북 가야는 예부터 불리던 장수가야와 운봉가야를 아우르는 개념의 새로운 명칭이다.

이 지역의 가야 유적 중에 봉수로의 분포를 분석해 보면, 장수가야가 그 중심에 있다. 그리고 장수가야는 동쪽으로 소백산맥의 육십령(734m)을 넘어 경상남도 함양, 거창을 거쳐 경상북도 고령을 중심으로 한 대가야와 연결된다.

다시 말하면 후기 가야연맹 때 대가야가 서쪽으로 영역을 넓혀 소백산맥을 넘어 장수가야를 낳았다고 볼 수 있다.

이처럼 과거에는 몰랐던 장수가야 유적의 발굴을 6가야와 연결지어 어떻게 설명해야 할까?

앞에서 언급한 쇠똥산이 말해주듯이 채굴이 가능한 철광석의 고갈은 가야인의 삶의 방향을 제어했다. 그들은 생명줄과 같은 철광석을 따라 생산기지를 옮겨야만 하는 숙명적 삶의 이동 흔적을 남겼다고 본다.

필자는 여기서 소백산맥을 넘어가서 발아한 장수가야를 상상하고 있다.

문경새재를 넘어간 석장리 유적은 종합제철소이다

소백산맥을 넘어간 가야는 장수가야만 있는 것이 아니다. 진천 석장리 유적과 충주 칠금동 제철 유적 등도 문경새재를 넘어간 가야의 철 생산 기지로 본다.

필자의 이러한 주장에 대해 석장리 유적을 백제의 제철 유적으로 믿는 학자들은 충격을 받을 것이다.

〈중부광역신문〉(2014.11.23.) '국립청주박물관은 철박물관' 기사에, "충북대박물관과 함께 지난 (2014.11월) 21일 오후 박물관 대강당에서 진천 석장리 유적 발굴 20주년 기념 학술대회를 개최했다.

'백제 철 문화'를 주제로 열린, 이날 학술대회에서 금속기술연구소 신경환·최영민 연구원은 '금속학적으로 본 진천 석장리 유적의 제철 기술'을 발표했다.

이들은 진천 석장리 유적에서 나온 제철 관련 유물 12점을 제련 공정의 원료, 생산품, 부산물로 용도를 구분해 주사전자현미경-에너지분산분석기(SEM-EDX)와 X-선 형광분석기(XRF) 등을 통해 분석했다.

그 결과 진천 석장리 유적에서 사용한 원료는 철광석을 주원료로 하고 티타늄 함량이 낮은 사철도 일부 사용했던 것으로 파악됐다.

철광석을 가열해 파쇄·선별하는 배소 공정도 거쳤고 이 과정을 통해 잘게 분쇄된 철광석은 미처 수습되지 못해 노(爐)에 남아 있었다.

국립중앙박물관 박학수 연구원은 이에 대해 "슬래그 성분은 제련로 속에서의 위치와 응고 과정에 따라 균일하지 않기 때문에 그 성분을 기준으로 특정 원료 사용 여부를 판단하는 건 오류의 가능성이 있고 숯에 의해 슬래

그의 CaO(산화칼슘) 성분이 증가한 것이 보고됐다"며 "재검토가 필요하며 보다 직접적인 근거를 찾아야 한다"고 의견을 달리했다.

　연료는 인근에서 생산된 목탄을 이용해 열량과 환원(還元) 분위기를 만들었고 첨가제로 조개를 넣어 철재 형성과 유동성을 높였다.

　진천 석장리 유적은 제련로에서 바로 제강(製鋼)과 단야(鍛冶) 공정으로 이동하는 등 제련 공정과 단야 공정이 공존했던 제철소였다고 발표자는 밝혔다.

　이날 학술대회에서는 이밖에 ▲백제 제철 기술의 등장과 전개(국립중앙박물관 김상민) ▲중원지역 백제의 철 생산과 소비에 대한 기초적 검토(국립청주박물관 성재현) ▲중원지역 백제 철 생산의 특징과 복원적 연구(국립중원문화재연구소 도의철) ▲일본 열도 측에서 본 백제 철기 문화의 영향(일본 오테마에대학大手前大学 우오즈 도모카쓰魚津知克)이란 주제 발표와 종합토론이 진행됐다.

　진천 석장리 유적은 국립청주박물관이 1994-1997년 네 차례 발굴 조사를 통해 백제 최대의 철 생산지였음을 밝혀냈다고 한다."라고 보도하고 있다.

　이 학술대회에서 주된 의제는 '진천 석장리 유적의 제철 원료는 철광석·사철'이지만 필자가 보기엔 진천 석장리 유적은 '제련로에서 바로 단야(鍛冶) 공정으로 이동하는 등 제련 공정과 단야 공정이 공존했던 제철소였다'는 것으로 보아 기존의 전기 가야 유적(제련과정 따로, 단야과정 따로)과는 다른 개념이다.

　이날 모인 토론자들은 '백제 최대의 철 생산지인 진천군 덕산면 진천 석장리 유적(충북도기념물 124호)에서 이용된 제철 원료는 철광석과 사철이고 연료는 목탄이란 분석 결과'를 가지고 토론장에 나온 것이다.

이들이 석장리 유적을 백제의 유적으로 보고 있는데, 느닷없이 필자가 피켓을 들고 이 유적은 '문경새재를 넘어온 가야 유적'이라 한다면, 거기 참여했던 학자나 후일 이 학술대회의 연구 결과를 받아들이고 있는 학자들이 필자의 주장에 대해 어떤 시각에서 바라볼 것인가?

필자의 주장에는 다음과 같이 몇 가지 근거가 있다.
첫째, 한반도에 백제가 존재하지 않았기 때문에 백제의 유적으로 볼 수 없다는 것이다.
필자의 책, 『한반도에 백제는 없었다』와 『무령왕릉의 비밀』에서 구체적으로 밝혔다. 백제는 한반도가 아니라 건국에서 멸망까지 중국 북경을 비롯한 동해안 지역에서 도읍을 옮기며 존재해서 석장리 유적과는 무관한 것이다.

둘째, 석장리 유적을 전북의 장수가야처럼 소백산맥을 넘어온 대가야의 제철 유적의 연장선으로 보자는 것이다.
한반도 중남부 지도를 펼쳐놓고 보면, 충남과 충북과 전북이 갈라지는 경계점 인근에 무주(茂朱)가 있다. 이곳은 금강(錦江) 상류 지역이다.
이곳을 중심으로 충남의 금산과 충북의 옥천과 전북의 장수를 직선으로 이어보면 예각 삼각형을 이룬다.
삼각형의 두 지점, 즉 금산과 장수는 가야의 유적으로 판명했는데 여기서 가까이 있는 옥천(沃川)도 가야 유적일 가능성이 있다는 것이다. 그런데 지금까지는 학계에서 옥천을 석장리 유적권 즉 백제의 유적으로 분류하고 있다.

진천 석장리 유적(鎭川石帳里遺蹟)에 대해 한국민족문화대백과사전에서 정리한 것을 보면, '국립청주박물관이 1989년과 1991년에 실시한 진천군 일대의 문화유적 지표조사 과정에서 처음으로 확인하였다. 발굴조사는 1994년에서부터 1997년까지 4차에 걸쳐 실시하였다. 유적의 동쪽과 서쪽에는 같은 줄기의 완만한 구릉이 흘러내리고 있다. 이들 구릉 곳곳에는 모두 7개소의 철 생산 유적이 분포하고 있는 것으로 확인되었다. 대체로 해발 70~75m 정도의 구릉 사면에 해당한다. 주변의 철 생산 관련지는 괴산·제천·충주·보은·옥천 등에 고루 분포되어 있다. 특히, 충주 지역을 중심으로 한 소백산맥권에 밀집 분포되어 있다. 이 유적은 철의 제련(製鍊)과 정련(精鍊), 단야(鍛冶) 등 일련의 철 생산 공정이 한 장소에서 이루어졌음이 발굴을 통해 확인되고 있을 뿐만 아니라, 발굴된 유구들은 대개 3~4세기경에 해당되기 때문에 한국 제철사 연구에 매우 중요한 유적이라 할 수 있다.'

여기서 보은, 옥천 지명이 나오는데 진천 석장리 유적과 관련짓고 있다. 보은이나 옥천은 장수가야와 연결된 충남 금산과 이웃하는 곳이다.

필자는 이들 지역이나 전북 장수가야 지역이 후기 가야연맹 시기에 철광석을 찾아 나선 가야인이 소백산맥을 넘어 가야의 철 생산 기지가 확대된 것으로 보고 있다.

셋째, 진천 석장리 제철 생산 기지를 밀양 사촌마을 제철 유적과 기술 수준이 비슷하다고 보는 학자도 있다.

〈국제신문〉(연재, 2002-)에 나온, '가야에 대한 이야기' 중에서 6세기대 제철유적으로 확인된 밀양 사촌 이야기가 있다.

밀양 시내에서 24번 국도를 따라 울산 쪽으로 10㎞쯤 가다 보면 최근까지 철을 캐냈다는 금곡(金谷)이란 마을을 만난다. 이곳 삼거리에서 표충사가는 길을 따라 금곡교를 건너자마자 우회전, 감물 가는 길로 들어서면 사촌(沙村)마을이다.

마을 외곽의 나지막한 구릉이 국립김해박물관에서 조사한 사촌 제철 유적이며, 주민들은 '똥퇴'라 부른다. 유적 주변에는 '철재(鐵滓·쇠똥)'가 야산을 이룰 정도로 규모가 방대하다.

조사 결과 여기서는 제련로 7기, 송풍관 및 노벽 조각 등이 확인됐다. 제련로의 조업 시기는 함께 출토된 토기로 보아 6세기 전반~7세기 전반으로 추정됐다. 시기적으로 보건대 가야의 철 생산 거점을 신라가 장악했을 가능성이 높다.

발굴을 맡았던 손명조 국립중앙박물관 학예연구관은 "제련로의 형태, 송풍관 편 등을 보면 대규모의 철 생산 기지가 틀림없다"면서 "조업시기의 상한을 5세기 후반까지 올려볼 여지도 있어 가야 철과의 연관성도 찾을 수 있다"고 말했다. 그는 또 "원통형의 노(爐), 노벽의 재료와 축조 기술, 송풍 기술 등을 보면 4세기대의 제철 유적인 충북 진천의 석장리 유적과 기술 수준이 비슷하다"고 지적했다.

충북 제천 석장리 유적과 밀양 사촌마을 유적의 공통점 내지 연관성을 시사하는 것으로 볼 수 있다.

넷째, 진천 석장리 제철 유적지는 김해와의 연결고리가 끊어진 독자적 제철 공정으로 본다.

앞서 전기 가야연맹 시기의 제철 공정 패턴을 보면, 철정을 생산하는 1차 제련 공정은 철 생산 기지에서 이뤄지고, 2차 3차의 제강과 단야 공정은 멀리 떨어져 있는 김해 지역에서 이뤄진 것이다. 그런데 소백산맥을 넘으면서 무거운 철정을 운반하기란 쉬운 일이 아니다. 2차 3차의 제강과 단야 공정에 적합한 기술자를 초빙하여 한 장소에서 제련, 제강, 단야 공정을 거치는 독자적인 제철 생산 기지로 변신했을 가능성이 높은 지역이다.

다섯째, 석장리 제철 유적지는 가야 진출의 끝이 아니라는 점이다, 이곳을 넘어 서쪽으로 가면 충남 예산의 가야산과 가야사(터)가 있다. 가야사는 현재 남연군묘[231] 터인데 이곳에서 남쪽으로 25㎞ 떨어진 곳, 홍성군 장곡면 상송리 산48에 철광지가 있다. 이와 같은 노천 철광지는 이 일대 10여 곳이 있다. 가야사 등 지명으로 보아 당시 가야인이 노천 철광석을 찾아 이곳에서 제철 산업기지를 운영한 것 같다.

이 고장 전설에 의하면 백제 부흥군이 이곳의 철로 무기를 만들었다고 전한다. 그런데 한반도에 백제가 존재하지 않았고 백제 부흥군이 실패했던 자리도 중국 동해안이다. 이 노천 철광은 백제가 아니라 가야의 유물로 봐야 한다. 그 인근에 가야산과 가야사라는 절 등 가야 관련 지명이 있기 때문이다.

그리고 석장리 유적지에서 또 다른 방향, 북쪽으로 진출하면 경기도 여주의 강천면 가야리(伽倻里)가 있고, 앞서 소개했듯이 파주 법원의 가야리와 강원도 설악산 공원에 있는 가야동 계곡으로 가야인들은 철광석을 따라 이동한 것으로 볼 수 있다.

석장리 가까운 곳에 충주 칠금동 제철 유적 등 여러 곳을 찾을 수 있다.

이와 같은 가야 관련 지명 분포로 보아 석장리 제철 유적지를 가야와 연계하여 이해하고 해석해야 할 것으로 본다.

---

231) 충남 예산군 덕산면 상가리 산5-29

진천 석장리 유적은 후기 가야연맹과 연관 지어 가야인이 소백산맥을 넘어 철광석을 채광하게 됨에 따라 새롭게 형성한 종합 제철 기지라 할 수 있다.

고고학계에서는 백제 지역이라는 고정 관념을 버리고 가야의 유적이 아닌지 다시 한번 살펴야 할 중요 연구 과제라고 본다.

제13장
가야와 신라에 도래한 북방 기마인에 대한 해석

김해 대성동 고분이 말하는 북방계의 유입

글 제목에 가야와 신라를 묶은 이유는 다음에 소개하는 대성동 고분 주역들과 신라에 도래한 북방 기마인이 모두 전연(前燕)의 모용황(慕容皝)과 관련이 있고 비슷한 시기에 도래하였으며 동북아의 국제 정세 측면에서 종합적으로 이해하고 파악해야 할 역사의 한 부분이기 때문이다.

2011년 6월, 김해 대성동에서 4세기 중반[232]에 조성된 것으로 보이는 초대형 목곽묘 2기가 발굴됐다. 2기의 묘는 각각 88호분과 91호분으로 명명됐다. 그중 91호분에서 출토된 부장품은 중국 선비족 계통의 유물로 보았다.
KBS 1TV는 〈역사스페셜〉 프로그램을 통해 '대성동 고분의 미스터리-가야인은 어디에서 왔는가?'라는 주제로 방송(2012. 10. 18.)을 했다.
91호분에서 출토된 부속품들은 주로 말(馬)과 관련이 있다. 같은 무덤에서 발견된 3구의 시체는 순장 풍습을 보여주고 있다. 모두 북방 유목 민족의 고유 문화로 보고, 역사스페셜 제작진은 중국 하얼빈 서북쪽의 알선동(嘎仙洞) 지역에 있는 선비족 발원지라는 동굴을 찾았고, 선비족 유물이 전시된 차오양박물관도 둘러보았다. 그런데 그것(선비족 유물)보다 선양의 랴오닝성박물관에 전시된 라마동(喇嘛洞) 일대의 유물이 김해 대성동 유물과

---
232) 역사 추적의 결과 부여 계통의 북방 기마인으로 유추할 때, 무덤 조성 시기가 고고학계에서 추정한 시점(4세기 중반)보다 늦은 4세기 말이나 5세기 초일 수 있다.

매우 닮았다는 것을 확인했다.

랴오닝성 문물국의 톈리쿤(田立坤) 교수는 뜻밖에도 라마동 고분군이 포로로 잡혀 온 부여인의 무덤이라 한다. 고분군의 목곽묘가 부여인의 전통 양식인 직사각형으로 대성동 목곽묘와 같은데, 사다리꼴의 선비족 분묘와 다르다는 것이다.

그렇다면 대성동 목곽묘(직사각형)의 주인공은 선비족이 아닌 부여인으로 볼 수 있나에 초점을 맞추고 있다.

부여는 2~3세기경 전성기를 맞았고 지금의 중국 길림성과 흑룡강성 일대인 중국 평원의 대부분을 차지하고 있었다. 문헌에 보면 346년 전연의 모용황이 부여를 쳐서 5만여 명의 포로를 끌고 갔다는 기록이 있다.

이를 증명하듯 톈리쿤 교수의 주장 말고도, 선양시 문물고고학연구소 천산 부소장은 라마동 인골을 형질인류학 관점에서 분류한 결과 '북아시아 인종' 범주에 들지 않는 '부여 계통'으로 보고 있다.

KBS 역사스페셜팀은 김해 대성동 91호분의 주인공을 부여 멸망과 연관이 있는 인물로 보는 것이다.

문헌사를 보면 연나라가 일으킨 전쟁으로 인해 또 다른 파급 영향이 있었다.

전연(前燕)의 모용황이 부여를 침공하기 전에 동북방의 만주에 있는 고구려를 여러 차례 침공한 기록이 있다.

국제 정세로 보면, 342년 고구려를 초토화시킨 연나라 임금 모용황의 최종적인 목표는 중국의 중원으로 진출이었고 고구려 침공은 이를 위한 사전 조치였다. 중원으로 진출하기 위한 전쟁 중에 배후에서 언제든 적이 되어 공격할 수 있는 고구려와 우문씨(宇文氏)의 선비족을 제거해야 하는데, 우문씨를 먼저 공격하기 위해 내몽고로 쳐서 올라가면 그 뒤를 고구려가 칠 수가 있으므로 고구려를 먼저 제압하여 배후를 안정시키려는 작전이었다.

우문씨는 고구려 침공 3년 후인 345년에 멸망하게 되는데, 그때 연나라는 환도성 전투(342년)에서 이미 고구려 왕의 어머니를 볼모로 잡아 놓은 상태에서 고구려의 반응을 보기 위해 남소성을 공격한다. 고구려 쪽 국경은 안심할 수 있다고 판단한 연(燕)은 우문 선비족을 물리치고(345), 다음 해(346) 부여(夫餘)도 공격하여 현왕(玄王)과 백성 5만의 포로를 인질로 삼고 나서, 중원으로 진출[233]해 황하의 하류 일대를 장악했다.

이와 같은 전연의 중원 진출 정책 방향에 따라 전쟁이 계속된 것이고, 그중 고구려에 결정적 영향을 준 침공이 342년의 환도성 전투이고, 346년의 부여 싹쓸이 침공이다.

그 결과 하나는 신라의 김씨 왕조로 정권이 교체된 것이고, 또 하나는 지금 논하는 김해 대성동 유적으로 현현한 것이다.

북방 기마인의 유입과 관련지은 필자의 해석은 다음과 같다.

먼저 342년 고구려 환도성 전투를 자세히 살펴보는 이유는 신라 역사와 직간접적으로 관련이 있기 때문이다.

342년 겨울, 선비족(鮮卑族) 모용황(慕容皝)은 5만 5천의 군대를 이끌고 두 갈래 길로 고구려 수도 환도성을 공격했다. 험준하고 비좁은 남로(南路, 압록강 북안 산악길)에 모용한과 모용패를 선봉장으로 삼아 날랜 군사 4만을

---

233) 연나라 모용황이 341~342에 도읍을 용성(龍城, 현 조양시)으로 옮겼고, 모용준이 353년에 도읍을 화북지방에 있는 업(鄴)으로 옮겼다.

거느리고 모용황이 직접 동행했고, 평탄한 개활지 길인 북로(北路)[234]에는 장사(長史)[235] 왕우(王寓)를 앞세워 1만 5천을 투입했다. 이 전쟁의 결과는 연나라가 승리하지만, 장사 왕우의 지휘 아래 북로(北路)로 신성(환도성)을 침공했던 모용 선비족 기마군단 1만 5천은 고구려의 고무 장군에 의해 모두 죽은 것으로 삼국사기는 기록하고 있다(會王寓等戰於北道, 皆敗沒).

이때 왕우가 죽고 그의 패잔병 중에 저 멀리 보이는 환도성이 불타는 연기를 보고 임무 수행의 족쇄에서 벗어나 가고 싶은 길을 떠난 일행이 있다. 마치 신라 화랑도의 정신처럼 임전무퇴의 임무 수행을 마친 후였다.

한마디로 말해 장사 왕우가 거느리는 집단은 연나라에서 불공정한 대우를 받아 온 비주류였으며, 언제든 전쟁의 승리를 위한 소모품 처지였다.

이들 패잔병은 압록강을 넘고 개마고원을 거쳐 한반도 동해안을 따라 남하를 하여 신라 월성(경주) 땅에 도달한 것으로 보인다.

고구려 환도성 전투의 여파

『삼국사기』〈신라본기〉에 특이한 단서가 있다.

16대 흘해이사금 '41년(350) 봄 3월, 황새가 월성 모퉁이에 새집을 만들었다(四十一年 春三月 鶴巢月城隅).'[236]는 기록이 눈에 띈다.

---

234) 환도성이 있는 집안(集安)에서 통화(通化)를 거쳐 지금의 심양(瀋陽)과 만주 일대와 중국대륙으로 이어지는 주요 장삿길을 말한다.

235) 장사(長史)는 직책을 말한다.

236) 김부식 저, 이재호 역, 『삼국사기』1, 솔, 1997. p.104.

보통 상식으로 보면 '황새가 집을 지었다'는 것은, 복을 물고 온다는 '제비가 집을 짓다'와 별다름 없이 평범한 일이다. 이런 평범한 일을 '삼국사기'에 특별히 기록한 이유가 무엇일까?

우리 속담에 '뱁새가 황새 쫓아가다가 가랑이 찢어진다'는 속담이 있다. 황새는 상대적으로 우월하다는 상징성을 지닌다.[237]

당시 우월한 무기를 지닌 패잔병 '나밀(那密)' 세력을 지칭한 것이 아닐까?

더구나 월성 모퉁이라면 동신라에 새로운 정권 진입을 의미한다. 고구려 환도성 전투로부터 8년 후의 일이다.

이로부터 다시 6년 후 356년 석씨 왕조가 끝나고 김씨 왕조(모씨, 내물왕)로 바뀐다.

환도성 전투의 결과가 신라 왕조를 바꾸는 일로 이어졌다고 볼 수 있다.

여기서 잠깐, 내물이사금이 등극(356)한지 789년이 지나서 고려의 김부식의 책임 아래 『삼국사기』가 편찬되었을 때(1145)는 김씨 성으로 기록되었지만, 등극 당시 모(慕)씨 성이었음은 다음에서 짐작할 수 있을 것이다.

혹자는 '나밀(那密)' 세력이 확실히 고구려의 환도성 전투에 참여하였느냐고 반문할 수도 있다. 그래서 〈화랑세기〉의 저자인 신라의 김대문[238]의 말을 인용한다. 그는 '화랑의 풍습'이 '연나라에서 동쪽으로 전해진 것'이라 하였다. 다시 말하면 신라 화랑이라는 풍습이 연나라에도 있었고 어떤

---

237) 오운홍, 『고대사 뒤집어 보기』, 시간의물레, 2020. pp.94-95.

238) 한국민족문화대백과사전에 의하면, 김대문(金大問)은 진골(眞骨) 출신의 귀족이었다. 『삼국사기(三國史記)』에 따르면, 704년(성덕왕 3)에 한산주도독(漢山州都督)에 임명되었다고 한다. 그런데 『삼국사기』직관지(職官志)에 "도독은 주(州)의 장관으로 원성왕(元聖王) 원년(785)에 종래 총관(摠管)이라 부르던 것을 도독이라 고쳤다"라고 기록되어 있어서 704년 당시 김대문은 한산주총관이었다고 보는 것이 타당하다.

사연으로 전해진 것이 된다. 그렇다면 어떻게 신라로 전래되었나 하는 의문이 생긴다.

여기서 동쪽이란 어디를 가리키는가?

연나라를 화랑 풍습의 원류로 본다면, 당시 연나라 수도는 용성(龍城, 현 조양시, E120°26′ N41°32′)를 중심으로 한다. 연나라에서 볼 때, 동신라의 월성(경주, E129°15′)은 경도 상으로 9° 정도 동쪽에 있다고 할 수 있다.

환도성 전투가 있는 342년 때 (대륙) 신라의 중심 세력은 중국의 안후이성과 장쑤성 지역에 있었다. 그러나 한반도의 남동부 반월성(경주, E129°15′ N35°49′)에도 석탈해 이후에 이어진 동(東) 신라[239]가 있었다. 이곳에서 성모를 호위하는 이사금이 머무를 수도 있었다.

이곳에서 석씨의 흘해이사금이 죽고 내물이사금이 이어받은 것으로 본다.

화랑도가 연나라에서 동쪽으로 전해진 것이라면, 연나라 →환도성 전투 →개마고원 →한반도 동해안 →반월성으로 이어진 흐름을 엿볼 수 있다.

이 글을 근거로 하면, 신라는 화랑도를 매개로 하여 연나라와 떨어질 수 없는 연관성이 있다는 것이다. 필자는 이 연결고리로 볼 때 신라의 '내물이사금'이 연나라의 '나밀' 장수였다고 보는 것이다.

역사상 연(燕)은 전연과 후연으로 구분한다. 둘 다 모용씨의 나라다. 모용씨라고 하면 선비족인데 신라인들이 이 선비족의 풍습을 어떻게 전래 받았기에 화랑도를 시행하게 되었는지 그동안 궁금하였다. 선비족과 신라의 연

---

239) 오운홍,『고대사 뒤집어 보기』, 시간의물레, 2020. pp.36-40.

결고리는 '환도성 전투'와 '반월성의 황새 둥지'와 '화랑도'라고 본다.

연나라 화랑도가 신라로 연결되는 증거가 될만한 성씨 자료가 있다.

나밀 세력이 왕위에 오른 17대 나물(내물) 이사금(마립간)은 모(慕)씨였다. 『태평어람』[240]에서 신라왕 누한(樓寒)은 내물왕(奈勿王)으로서 중국에까지 전해지고 있으며, 당시 그의 성(性) 역시 모(慕)씨였다고 한다. 모(慕)씨는 연나라 모용황의 모용(慕容)씨에서 유래된 성씨로 본다.

그 이후 실성마립간(18대), 눌지마립간(19대), 자비마립간(20대), 소지마립간(21대), 지증왕(22대)을 거치면서 모씨 성을 이어가다가 23대 (법흥) 왕에 오른 모진(慕秦)이 어느 날 갑자기 모(慕秦, 牟)씨 성을 버리고 김(金原宗, 법흥왕)씨로 개명한 것이다. 이는 〈울진봉평신라비〉[241] 기록에 남아있다.

姚思廉(요사렴)이란 당나라 학자가 쓴 『양서(梁書)』에는 신라 법흥왕이 즉위 8년(521) 중국 (양자강) 강남에 자리하고 있는 한족(漢族)의 나라 양나라에

---

240) 《태평어람(太平御覽)》은 중국 북송 초기의 학자 이방(李昉) 등이 태평흥국 2년-8년(977년-983년) 사이에 편찬한 유서(類書)의 일종으로, 본래 이름은 《태평총류(太平總類)》였으나 태종이 매일 밤마다 3권씩 읽은 사실에 유래하여 지금의 이름으로 바뀌었다. 같은 시기에 편찬된 《태평광기》·《책부원구》·《문원영화》와 함께 4대서(四大書)로 일컬어진다.

241) 1988년 경북 울진군 봉평리에서 발견된 〈봉평 신라비〉는 법흥왕 즉위 11년, 서기 524년에 세운 비석이다. 여기서는 법흥왕을 「牟卽智(모즉지)」로 적고 있으니 牟는 성이요 卽은 이름 智는 존칭이다(씨?). 봉평 신라비에는 모두 35명의 이름이 나오는데, 임금 모즉지를 비롯해 葛文王(갈문왕: 신라 왕족) 牟心智(모심지), 비문을 적은 牟珍斯利公(모진사리공), 비문을 조각한 牟利智(모리지) 등 4명의 이름이 「牟」로 시작되고 있다. 그렇다면 「牟」를 姓으로 보는 것이 자연스럽다. 姓을 쓰지 않고 이름만 기록했다면 이렇게 여러 사람이 같은 글자로 시작할 리 없다.

사신을 보내 조공을 바친 사정을 기록하면서 신라 임금의 성은 「募(모)」요 이름은 「秦(진)」이라고 적고 있다.

이를 뒷받침하듯, 『삼국사기』에도 법흥왕 8년(521), 양나라에 사신을 보내서 토산물을 바쳤다는 기록이 있어 교차 검증이 되고 있다.

이연수란 당나라 학자가 편찬한 『남사(南史)』란 역사책에는 법흥왕의 성을 「募(모)」 이름을 「泰(태)」로 기록하고 있다. 秦(진)과 泰(태)는 글자 모양이 비슷하기 때문에 양서(梁書)의 기록을 남사(南史)에 옮겨 적다 오기한 것으로 보인다.

또 다른 중국의 사서 『통전(通典)』에는 법흥왕의 성명을 「모진(慕秦)」으로 적고 있다. 『양서』와 『남사』에서는 법흥왕의 성을 「모을 모(募)」로 쓴 데 반해 『통전』에서는 「사모할 모(慕)」를 쓴 것이 차이점이지만 부르는 소리는 '모'씨 임이 틀림없다 하겠다.

이로 보아 신라 법흥왕에게는 두 개의 姓(성)과 이름이 있었다는 것이 사실이며, 우리 역사에도 정확히 기록하고 있다.

『삼국사기』〈신라본기〉제4권 법흥왕의 기록을 보면, "법흥왕이 즉위하니 이름은 원종이다. -'책부원구'란 옛 책에는 성은 募(모), 이름은 泰(태)[242]로 나와 있다- 지증왕의 원자로서 어머니는 연제부인이요 왕비는 박씨, 보도부인이다(法興王立, 諱原宗冊府元龜, 姓募名泰, 泰, 遺事王曆作秦, 智證王元子, 母延帝夫人, 妃朴氏 保刀夫人)." 이 기록은 법흥왕 즉위 후에 연나라 모용씨에서 유래한 모씨 성이 신라에서 김씨로 개명한 역사적 사실을 증명한 것이다.

이와 연결지어 다시 한번 정리하면 법흥왕(慕秦, 모진)의 선조인 나물(나밀,

---

242) 태에 대하여 일연이 쓴 『삼국유사』 王曆(왕력)에는 秦(진)이라 돼 있다.

那密)이사금 때부터 모(慕)씨²⁴³⁾ 성을 가졌다는 것이고, 이는 그가 연나라 군대의 장수로서 모씨 성을 가지고 고구려 전투에 참여했다는 실증적 추론을 가능케 한다.

연나라 화랑도와 신라 김(金)씨 왕조의 연결 고리

342년 고구려의 환도성 전투를 다시 살펴보자.

그 전투에서 나밀(那密)이 살아남았다는 점에서 볼 때, 전사한 왕우 장군의 직속 라인(계선) 조직이 아니라 후방의 스텝 조직 즉 참모장이나 군수 요직을 수행²⁴⁴⁾했던 것이 아닌가 한다.

고구려의 환도성 공략 계획에는 다수(4만)의 정예군을 뽑아내고 남은 소수(1만5천)의 병력으로 '북로로 침공을 하면서 고구려의 주력 부대를 맞대어 시간을 끌라'는 모용황의 작전 명령이 있었다고 본다. 나밀은 자신이 속한 부대가 모용황의 주류가 아닌 비주류라는 것을, 그리고 소모품이라는 것을 간파했을 것이다.

---

243) blog.naver.com/silvyfox/222055850636(호연지기)에 의하면, 17대 내물왕의 실명이 '모루한'으로, 대륙 동북방 유목민족인 선비족의 한 갈래 모용씨의 '모'씨라 한다. 342년 후연 모용황이 고구려 고국원왕을 공격했을 때, 모용선비의 일파가 신라로 내려와 석씨 흘해왕(16대)을 무너뜨리고 신라 왕실을 접수한 것으로 추정된다고 주장하는 사람도 있다.

244) 첫째 최전선에서 왕우가 전사할 정도의 백병전이 있었을 텐데 나밀은 죽지 않고 살았다는 점, 둘째 패잔병을 추스를 수 있는 시선과 위치에 있었다는 점, 셋째 왕이 된 후 왜병의 침입을 국제적 안목으로 풀어냈다는 점에서 참모장이 아니었나 유추해 본다.

그렇지만 명을 받은 이상 전멸하는 상황이라도 화랑도 정신(임전무퇴)으로 끝까지 버티고 있었다고 할 수 있다.

고구려의 왕제(王弟)인 고무[245] 장군이 (연나라) 침략군을 거의 궤멸할 즈음 뒤를 돌아보니 환도성이 불타고 있는 검은 연기를 보았다. 이때 무(武)로서는 위급한 조정을 구하는 것이 최선이지 패잔병을 끝까지 쫓아가 소탕할 상황이 아니었다.

반대로 나밀 입장에서는 전투가 갑자기 소강상태가 되었고 남아 있는 몇몇 패잔병이 보인다.

비주류인 나밀(那密)은 주군(왕우)을 잃고 모용황을 찾아 돌아간다 해도 패전의 책임을 지고 참수형을 받거나 푸대접의 대상이란 걸 익히 알고 있었다.

주군을 잃은 나밀 일파는 얼마 안 되는 잔존 무리를 이끌고 강을 건너 개마고원을 넘어 한반도의 동해안을 따라 신라 쪽으로 남하했을 것으로 추론할 수 있다.

연나라 모용황이 소수(1만 5천)의 정예군으로 고구려의 주력군(5만)을 맞아 시간을 끌게 시킨 것은 결국 결사대를 꾸린 것이며, 임전무퇴의 정신으로 시간을 버는 데 목적이 있었다고 본다. 신라 '화랑도'의 역할이나 임무와 비슷한 연나라 '화랑'의 작전이라고 볼 수 있다. 연대로 볼 때, 신라의 '화랑도 정신'은 연나라 군대 문화에서 비롯된 것이라 할 수 있다.

내물왕이 되고 나서 나밀은 모(慕)씨 성과 화랑정신을 신라에 끌어들였다는 것으로 보아 연나라가 환도성 침공 때 참가했던 것으로 볼 수 있다.

---

245) 이기백, 『한국사신론』, p.440. 고구려 역대 왕실 세계에 의하면, 미천왕(15대)은 고국원왕(16대)과 무(武)를 두었다고 한다.

이글에서 얻은 최대의 발견은 신라 김씨 왕조의 연결고리이다.

『삼국사기』 기록의 허술함을 보완하는 쾌거가 될 것으로 보인다.

〈신라본기〉 탈해이사금 조 9년(65)[246]에 김알지(金閼智)가 등장한 것이나, (김)미추이사금(261-284)이 정권을 가졌다는 기록이 있다.

그리고 내물이사금의 즉위(356) 때, 그의 아버지 말구(末仇)는 (김)미추이사금의 형제라 하여 김씨 혈통임을 내세우고 있다.

내물이사금이 즉위하면서 혈통적 배경으로 부친 말구(末仇)가 김미추의 형제라고 한 것으로 보아 나밀(내물)은 겉으로 모씨 성을 갖고 있지만 내심으로는 김씨 성의 혈통이라는 것이다.

우리들이 『삼국사기』 기록의 허점으로 보는 문제, 즉 미추이사금과 말구가 동시대 인물이라고 볼 때 내물이사금과의 연대가 90년 이상 차이가 있어, 설득력이 부족하다는 점이다.

또 하나의 허점은 기존 역사 기록에 '김알지나 김미추가 김씨 성'을 썼으므로 내물이사금이 김씨 성을 감출 일이 아닌데, 즉위 때 모(慕)씨 성을 썼다는 점이다. 이후 실성마립간(18대), 눌지마립간(19대), 자비마립간(20대), 소지마립간(21대), 지증왕(22대)을 거치면서 모씨 성을 이어오다가 23대 (법흥) 왕에 이르러 모씨 성을 버리고 김씨 성으로 개명했다. 이는 분명히 『삼국사기』의 허점을 말해주는 것이다.

이 두 가지 허점은 현대 시각에서 해석하는 관점이 필요하다고 본다.

---

246) AD65년은 왕망이 투후 김당(金當)과 함께 한나라를 전복시키고 신나라를 세웠다가 실패(23년)로 돌아가 후한(後漢)의 초대 광무제(光武帝)에게 쫓기기 시작한지 42년이 되는 해이다. 그 전에 AD42년에 김수로가 금관국에서 가락국 정권을 창출하기도 했다.

첫째, 허점으로 본, 나밀의 부친 말구가 김미추와 형제라는 관계를 항렬(行列), 즉 통속적으로 형제뻘로 확대해석하면 연대 차는 문제가 될 수 없다.

둘째, 허점으로 본, 김씨 성을 감추고 모씨 성을 사용한 것은 당시 정치적 상황을 고려했으리라고 본다.

그리고 이러한 허점이 필자로 하여금, '나밀(那密)' 세력이 고구려의 환도성 전투에 참여하였는지에 대해 증거를 찾는 동기를 부여했다고 본다.

필자로서는 연구의 한계로 더 이상 정확한 증거를 제시할 수는 없지만 유추할 수 있는 몇 가지 근거를 제시하고자 한다.

첫째, 내물왕의 성씨는 연나라 모용황의 모용씨에서 유래된 것으로 본다. 내물왕으로 즉위하기 전에 나밀은 연나라에 소속돼 있었다는 강력한 증거라 할 수 있다.

둘째, 342년은 환도성 전투가 있었던 해이고, 그해 패잔병을 이끌고 개마고원을 넘기 시작한 해이다. 이로부터 8년 후, 350년은 봄 3월에 황새가 월성 모퉁이에 새집을 만들었다고 했듯이 월성에 자리를 잡고 처음에 신라 마립간(보안군) 휘하에서 활동을 시작한 때라고 본다. 다시 이로부터 6년 후, 356년 4월에 흘해이사금이 세상을 떠나자 나밀 일파가 정권을 장악하고 내물이사금으로 등극한 해라 할 수 있다.

셋째, 장사 왕우가 이끄는 정예군이 소모성 결사대의 임무를 띠고 편성된 것이 확실해짐에 따라, 여기에 소속된 나밀 역시 대장 왕우와 함께 차별

대우를 받고 있었던 것으로 보인다. 왕우의 성씨가 왕씨이고, 나밀의 본성이 김씨라면 이들 조상이 23년 후한의 광무제에게 쫓기는 대상이었을 테고 연나라에 피신하여 몸을 의탁한 것으로 보이며, 왕우의 조상은 성씨를 숨기지 않았으나 나밀의 조상은 성씨를 숨긴 것으로 보인다. 두 사람은 자연히 연나라 군내에서도 주력군과 차별적 대우를 받았을 것이다. 그러나 왕우는 대장으로서 같은 처지인 연하의 나밀을 휘하에 두고 챙겼을 개연성이 있다.

넷째, 환도성 전투에서 나밀(那密)이 살아남았다는 점에서 볼 때, 전사한 왕우 장군의 직속 라인(계선) 조직이 아니라 스텝 조직 즉 참모장이나 군수 요직을 맡았을 가능성이 있다. 그런데 군수 요직은 후방 쪽이므로 패잔병 수습에 한계가 있으므로 배제하고, 참모장 쪽에 무게를 둘 수 있다. 어쩌면 왕우가 나밀을 아끼고 보호하는 차원에서 전방에 서야 할 계선 조직에서 배제했을 수도 있다.

다섯째, 연나라에는 전통적으로 화랑도 정신이 있었다 한다. 환도성 전투에서 왕우가 이끄는 정예 부대가 3배수에 달하는 고구려 대군을 맞아 전멸할 때까지 싸운 임전무퇴의 태세는 연나라의 화랑정신이라고 할 수 있다. 내물이사금으로 이어진 화랑도 정신이 진흥왕 때의 화랑도로 이어지고 후일 삼국통일로 이어진 것을 보면 내물이사금이 연나라와 직접 연결이 되는 '화랑도'의 정신적 혼을 갖고 있다고 할 수 있다.

이들을 종합하여 볼 때 나밀은 모용황의 휘하에서 환도성 전투에 참전한 것으로 보인다.

대성동 고분의 주인공은 금관국과 협력 관계이다

가야의 경우는 어떠한가?

고구려의 환도성 전투(342) 후에 346년 모용황의 침입을 받아 멸망한 부여를 다시 살펴보자.

부여인 중에도 신나라 패망으로 부여에 몸을 숨긴 김씨 일가가 있었을 것이다. 가야의 김수로왕 계열과 관련이 있는 소수 일파가 연나라 침공으로 부여가 패망하기 직전에 피신했을 가능성이 있다고 본다.

피신한 부여인들은 태백산맥 줄기를 따라 남하하여 가야 금관국에 의탁한 것이 아닌가 한다.

이들이 가야에 합류한 때는 가락국 제5대 이시품왕(伊尸品王)이 다스리던 시기(346-407)로 볼 수 있다. 그런데, 이시품왕이 즉위하여 60년간 재위했고 아들 마품에게 무사히 왕위를 양위한 것으로 보아 부여에서 남하한 세력은 왕권에 도전한 것이 아니라 협력 관계였을 것으로 추론할 수 있다.

신라와 가야의 경우를 종합하여 해석하면 다음과 같다.

먼저 신라의 경우를 보자.

〈신라본기〉 흘해이사금 41년(350) 봄 3월, 황새가 월성 모퉁이에 새집을 만들었다는 나밀(那密) 세력이 이사금(왕)의 군권을 빼앗아 석씨 왕조를 무너뜨리고 새 왕조를 수립한 것으로 보인다. 내물(나밀)이사금 이후 왕들이 결국 김씨 성을 처음으로 국외에 표방한 23대 김원종(법흥왕)까지 부계 혈연으로 이어간 것을 보면 17대 내물이사금도 모씨 성을 썼지만 김씨 성으로 봐야 한다. 그리고 학계도 김씨 왕조의 시작으로 보고 있다.

또 30대 문무왕 비문에 나오는 족보는 성한왕[247]과 그 이전의 한나라 투후 김일제를 말하고 있다. 이를 다시 내물왕과 연결지어 보면 김일제의 후예이고, 왕망과 함께 한나라를 멸망시키고 신나라를 건국하였다가 23년에 죽은 김당의 후손이라고 볼 수 있다. 그런데 문무왕(재위 661-681)의 선조 내물이사금(재위 356-402)과 성한왕(AD 23년에 존재)의 연결고리에 대한 언급은 없다. 356년-23년= 약 330년의 공백이 있다.

언제 어떤 과정을 거쳐 이어지는지에 대한 기록이나 학설이 없다.

이렇게 보면, 내물왕의 바로 위의 조상은 신(新)나라 멸망(23년)과 동시에 후한 광무제에 쫓겼을 것이고, 그때 왕씨들과 함께 연나라 쪽으로 들어가서 몸을 숨겼다고 추론할 수 있다.

이러한 스토리를 배경으로 해서 볼 때, 나밀(내물)이 연나라 장수가 된 사연과 고구려 침공 때 비주류인 왕우 진영에 배속된 연유를 짐작할 수 있다.

고연전(高燕戰)에서는 패잔병이 되었지만 연나라 침략군의 기세와 선진 무기로 무장한 채 남행하여 (동) 신라 월성에서는 우수한 무기로 군권을 장악했으리라고 유추할 수 있다.

한편 이와 비슷한 시기로 보이는 김해 대성동 91호분의 주인공을 유추해 보자.

지금까지 밝혀진 것은 피장자가 순장자를 대동하고 화려한 마구와 함께 묻혔다는 것으로 보아 신분이 높은 계급이었을 것이다.

또 목관묘나 출토된 마구가 차오양(朝陽) 인근에 있는 라마동 유물과 동일

---

[247] 학계는 김당의 아들(후손)로 추정되는 김성(金星)이 문무왕릉 비문에 나오는 성한왕(星漢王)으로 보고 있다.

하다는 점에서 부여인이었을 것으로 보인다는 점이다.

그리고 부여식 목관묘와 마구, 청동 솥(동복)이 김해 지역의 다른 분묘에서도 발견된다는 점에서 상당수의 부여인이 이동하여 살았을 것으로 추정할 수 있다.

그런데 이들은 왜 멀리, 부여국에서 김해까지 약 3,000리 떨어진 가락국을 선택하여 피신하였을까?

혹시 철기로 무장된 기마군단의 침입은 아니었을까?

혹은 피신자 처지에서 소수 집단으로 이동했다 하더라도 후속되는 남하 행렬이 쌓이면 집단 세력이 커져서 왕권에 위협적 존재가 되지 않았을까?

이러한 의문들은 연나라가 중원으로 진출하기 앞서, 배후의 무력화를 목표로 부여를 갑자기 일시에 싹쓸이 진압을 했으므로 앞에서 제시한 의문[기마군단의 침공] 가능성은 낮아진다고 볼 수 있다.

앞서 언급했지만 가락국 제5대 이시품왕이 즉위하여 60년간 재위할 수 있었던 것으로 보아 북방 기마인과 협력관계로 봐야 할 것 같다.

북방 기마족의 유입인데 신라와는 다른 상황이다.

신라의 왕조가 바뀐 것은 성씨가 다른 데서 기인한 갈등으로 본다.

필자는 가야의 경우 '대성동에 묻힌 부여계 피장자가 김수로 왕조와 같은 성씨다'라는 가설을 제기한다.

대성동 91호분 피장자는 부여가 갑자기 멸망할 때, 김씨 성을 가진 귀족이었을 것으로 본다.

부여에서 피신한 그가 같은 성씨인데 반역을 할 이유가 없었다고 본다.

그들은 금관국 지배 세력의 지위를 얻어 왕조와 협력 관계였다고 본다.

한나라 유(劉)씨 왕조를 무너뜨린 주인공 왕망(王莽)이 세운 신(新)나라를 한(漢) 고조 유방(劉邦)의 9대손 유수(劉秀)가 전복시키고 후한(後漢)의 초대 광무제(光武帝)가 된다. 이후 후한에서는 왕망의 지지 세력과 김씨 세력을 토벌하는 일이 오랫동안 계속되었다고 한다. 왕망과 함께 신나라를 건국하고 핵심적 역할을 하다가 왕망과 비슷한 상황에서 죽었을 것으로 추측되는 투후 김당(金當)이 있다. 그때 후한의 추격을 받은 김씨 성을 가진 이들이 사방으로 숨을 때 부여나 연나라로 흩어져 숨어 들어간 일족이 있었다고 봐야 한다.

91호분 무덤의 주인공은 김씨 성을 가진 부여 귀족의 후예로 볼 수 있다.

부여가 멸망하기 전에 그가 철기 거래를 하는 장사꾼이었다면, 남쪽 가야국에 김수로 왕조가 있다는 것을 잘 알고 있었을 것이다.

필자가 보기에는 이들을 북방 부여의 패망에 따른 난민으로 본다.

그런데 대성동 91호분 주인공은 부여인이긴 하여도 본래의 부여인은 아니고 신나라가 패망 후에 잠시 부여에 의탁했던 김씨 일가로 보고 있다.

대성동 출토유물이 북방 유목민족의 문화인 것이 밝혀졌다 하더라도 가야 지역 전반에서 발견된 것이 아니고 김수로와 관련된 김해라는 일부 지역에 한정된 것이다.

역사스페셜 '대성동 고분의 미스터리'로 '가야인은 어디에서 왔는가?'를 설명할 수는 없다고 본다.

환언하면 '가야인은 북방 부여에서 왔다'는 명제는 성립할 수 없다는 말이다.

대성동 91호분 피장자가 김수로왕과 같은 성씨, 더 나아가 같은 혈연이라 해도, 그리고 김수로왕이 가락국 정권을 세웠다고 해도 그 전에 이미 자리잡은 가야인과는 다른 계통이다.

왜냐면 도래한 가야인은 김수로왕보다 적어도 3세기 전에 활동했던 흔적이 남아있기 때문이다.

지금까지 살펴본 북방 기마인의 한반도 유입 경로 탐색은 가야의 대성동에 있는 91호분의 주인공과 신라 나밀 일파에 대한 가설적 추론이다.

그리고 금관가야의 지배 세력은 황해를 건너온 인도계의 허왕후와 한나라 투후 김일제의 후손 중에 김수로와의 연합에 부여를 거친 기마인과 타밀계열의 상인집단이 더해진 세력이 아닐까 한다. 그런데 북방 기마인의 유물로 보아 6가야를 지배했다는 증거는 눈에 띄지 않는다. 김해라는 도시국가에 한정된 세력으로 본다.

가야라는 명칭은 어디서 온 것일까?

가야 땅에 토착민 못지않게 철 생산을 위해 따라온 인도 가야인이 서쪽 황해를 건너올 수도 있다. 그리고 난세이제도를 따라 일본 열도 규슈를 경유하여 온 가야인도 있다고 본다. 가야라는 명칭은 인도 가야인의 도래에서 비롯된 것이라 할 수 있다.

제14장
가야인의 존재와 한반도에 끼친 영향

본 책의 마지막 장에서 이 책의 시작을 다시 생각한다.
'가야인은 나라를 세우러 온 것이 아니다.'
책의 제목처럼 6가야국을 찾으려 할 것이 아니라 한반도 문명 발달에 끼친 영향을 살피는 것에 초점을 맞추어야 할 것이다.
BC4세기 경부터 인도 부다가야(Bodh Gaya)에서 바다를 건너 멀리 한반도에 정착하기 시작하였다. 그들이 머나먼 한반도에 온 것은 국가를 세우거나 불교를 전파하러 온 것이 아니다.
철광석에서 철을 제련하여 부를 축적하러 온 것으로 본다. 그리고 그들은 철광석이 고갈되면 지금까지의 생산 기지를 떠나 새로운 철광 단지를 찾아 이동한다. 현대를 사는 우리처럼 이주하고 개척하는 보통의 삶이었다.
그런데 책의 제목을 이렇게 정하고 보니, 고대 가야인에 대한 인식과 평가가 잘못될 것 같아 마지막 장을 하나 더 붙이고 싶었다.
고대 가야인의 자취는 그들이 남긴 유적과 유물에 고스란히 담겨있다.
그들이 한반도에 끼친 영향은 실로 크다 아니할 수 없다.

첫째, 한반도 남부 지역이 청동기 문명을 제대로 단계적으로 거치지 않고 철기 문명으로 진입하게 했다. 이 지역에 고조선의 유물로 보는 비파형 동검과 세형동검이 몇 군데에서 발견되기는 하였으나 청동기가 주민 생활에 쓰였다고는 볼 수 없다.
국립김해박물관에 전시된 기원전 다호리 유물을 보면, 청동검, 쇠칼, 여러 가지 형태의 쇠도끼, 중국 거울, 동전(오수전) 등 금속 기류와 붓, 부채, 검집, 화살통 등 칠기류가 있는데, 청동검이나 별구름 무늬 청동거울(星雲鏡), 오수전(五銖錢) 등은 중국에서 들여온 것으로 보이며, 제철 관련 업자의 개인 소장품으로 본다.

경남대박물관이 소가야의 유적을 발굴 조사한 결과를 보면, 토기와 철기가 다수 수습된 바 있다. 굽다리접시(고배), 굽다리접시 뚜껑(고배뚜껑), 목긴항아리(장경호), 목짧은항아리(단경호), 그릇받침(기대), 컵모양토기 등 토기와 철검, 철모, 철촉, 재갈 등 철기류가 나왔다.[248] 그런데 청동기 유물은 없었다.

이처럼 가야인의 도래로 인해 한반도 남부 지역은 청동기 문명을 거치지 않고 철기 문명을 접한 지역도 있다고 본다.

둘째, 한반도 중부지역의 철기 문명에 영향을 준 것으로 본다.

강원문화재연구소에 의하면 강원도 홍천군 철정리(북위37°45′)에서 BC7세기의 철기 유물이 출토되었다.[249] 출토된 철기는 자체 생산한 것이 아니고, 한·러 국경(두만강)에서 블라디보스토크 쪽으로 70㎞ 떨어진 러시아의 '바라바시 마을'에 있는, 초기 철기 시대(BC7-BC5)의 '철기 가공 작업장'[250]에서 이동한 물품이 아닌가 한다.

---

248) 〈경남도민일보〉, 소가야 유적 '고성 연당리 고분군' 발굴, 2021.10.25.

249) 〈서울신문〉, BC 7세기 철기 유물 강원도 홍천서 출토(서동철 문화전문기자. 1970.1.2.) 홍천군 두촌면 철정리 일대 12만 6509㎡를 1969년 2월부터 발굴 조사한 결과, 청동기 시대 주거지에서 무문토기와 함께 소형 단조 철기 1점을 수습했다고 21일 밝혔다. 서울대 기초과학공동기기연구원에 탄소연대 측정을 의뢰한 결과 BC 640-BC 620년으로 통보받았다."고 한다.

250) 〈경향신문〉, '고조선의 철기시대는 중국보다 빠른 BC10 세기경에 시작됐다' 1997.4.7.(1면)

본 책 3장에서 강원도 설악산 가야동(伽倻洞) 계곡(북위38°9′)에서 후기 가야연맹 이후에 철을 생산했음을 유추한 바 있다.

이 두 지역, 즉 철정리는 북방식 철이고, 가야동 계곡에서 생산한 철은 남방식 철[251]이라 볼 수 있다.

이와 다르게 충북 진천 석장리 유적과 충주 칠금동 제철 유적을 학계에서는 백제의 철 생산 유적으로 보고 있지만 백제가 한반도에 존재한 적이 없다는 것이 밝혀진 이상 이들 제철 유적은 대가야에서 문경새재를 넘어간 것이다. 즉 남방에 뿌리를 둔 철 생산 기지로 봐야 한다.

중부 지역에 가야를 띤 지명들이 더 있다. 앞의 3장에서 밝혔듯이 파주시 가야리, 여주 강천면 가야리, 설악산 가야동 계곡, 충남 가야산(678m) 등이 있다.

왜 이점을 중시해야 하는가 하면, 고구려 유적지의 연결 통로와 교차하는 지역이 발생하기 때문이다.

실제로, 한반도의 북위 38° 이남의 중부 지역에 고구려의 유적이 있는데, 경기도 포천의 반월성, 연천의 당포성, 충주 고구려비, 충청북도의 중원군 가금면 탑평리(현 충주시) 입석마을 빨래터에서 발견(1979년)된 고비(古碑) 등이다. 모두 산악 지역과 가깝다. 그리고, 제천 장락사지, 청주 비중리사지,

---

251) 2010년 일본 총합연구대학원대학 이창희 박사가 업그레이드된 방사성 탄소 동위원소 측정법(AMS dating)으로 한반도 남해안의 철기 유물 100여 점을 분석한 결과 보고서에 보면, 한반도 철기 중 가장 오래된 것이 기원전 4세기의 것임을 밝혀냈다. 한반도 남해안 중에서도 낙동강 하구에서 기원전 4세기부터 남방식 주조 철기가 나타나는데, 기원전 2세기에는 북방식 단조 철기가 나타나 두 가지 유형이 혼재하기 시작한다는 것이다.(출처; 〈주간조선〉 [2668호] 2021.07.26. 이진아)

구녀성, 충남 천안 고려산성, 충북의 음성 망이산성, 괴산 청천면 도원리사지, 금강 개소문산성 등에서도 고구려 흔적을 찾을 수 있다.

충주 고구려비는 고구려가 속국인 신라와 그 경계를 관리하는 표시로 세웠다고 한다. 이와 가까운 충주 칠금동 제철 유적은 가야의 유적이라 할 수 있다. 고구려는 강역 개념의 영토이고, 가야인은 산업개념의 영역으로 본다. 이런 역학 관계는 국사학계에서 더 논의해야 할 과제로 보인다.

셋째, 진한(대륙 신라)과 연결된 동신라에서 철을 생산하는 제철 기술에 영향을 주었다고 본다.

가야와 신라(진한)의 제철 기술력의 비교하는 기회가 있었다. 앞의 6장에서 소개하였듯이 『삼국유사』에서 김수로왕(3년)과 탈해의 만남에 대한 기록[252]에서 찾을 수 있다. 이때 가야의 제철 기술력이 앞선 것으로 나타났는데, 진한의 철 생산 기술 향상에 자극이 되었을 것으로 본다.

넷째, 가야의 철 생산 기지는 철 상품을 취급하는 타밀인들을 한반도로 끌어들이는 계기를 마련했다고 본다.

철광석을 캐내는 1차 산업과 2차 산업인 제련은 가야인 기술자가 여러 곳에 흩어진 생산 기지에서 맡았다고 보며, 또 다른 2차 산업인 제강과 단야의 공정과 3차 산업인 철 상품의 유통과 교류는 김해 지역에 모여든 타밀인[253]들이 주도 했다고 본다.

---

252) 일연 저, 이재호 역, 『삼국유사』, 솔, 2008. p.372.

253) 서울대 의대 서정선 교수의 유전자 분석 연구팀에 의해 1세기경 가야 시대 왕족의 것으로 추정되는 김해 예안리 고분의 유골 DNA를 검사한 결과 순장자가 인도 타밀 지역의 유전자를 가진 것으로 확인되었다.

한편 진한과 연관이 있는 경주와 울주 부근의 동신라의 주역인 석탈해와 타밀인들은 철 생산과 관련하여 1차, 2차, 3차 산업을 모두 아우른 것으로 본다. 가야인들의 철 생산은 결국 '타밀인의 한반도 진출'을 유도한 것이 된다.

　다섯째, 경상남북도에 진출한 타밀인은 그들의 언어인 타밀어와 한반도의 고유 언어인 동이어가 섞이면서 독특한 경상도 생활 언어(방언)를 만들어 냈다.
　그러나 가야에서 가져온 가야인의 언어는 크게 영향을 미치지 못했다고 본다. 산스크리트(Sanskrit)어를 인도 언어의 조상이라고 한다. 고대 인도어와 범어로 기록된 불경의 경구를 아무리 들어도 선뜻 이해할 수 없다.[254]

---

254) 金剛般若波羅密經纂(금강반야바라밀경찬) ①如是我聞(여시아문). ②善男子善女人(선남자선여인) 受持讀誦(수지독송) 此經纂一卷(차경찬일권) ③如輾 金剛經 三十萬遍(여전 금강경 삼십만편), ④又得 神明加護 衆聖提携(우득 신명가호 중성제휴), ⑤國建大歷七年(국건대력칠년) 毘山縣令(비산현령) 劉氏女子(유씨여자) 年一十九歲 身亡 至七日得見 閻羅大王(년일십구세 신망 지칠일 득견 염라대왕). ⑥問日 一生已來 作何因緣(문왈 일생이래 작하인연) 女子 答日 一生已來 偏持得 金剛經(여자 답왈 일생이래 편지득 금강경). ⑦又問日 何不念 金剛經纂(우문왈 하불념 금강경찬).-이하생략- 금강반야바라밀경은 인도 불교가 중국에 전파된 이후에 만들어져 대강 이해할 수 있다. ①나는 이와 같이 들었다. ②선남자 선여인이 이 금강경찬을 소리내어 읽으며, 계율을 받아 항상 잊지 않고 소리내어 읽으면, ③금강경 삼십만번을 독송한 것과 같으며, ④또한 신명(하늘과 땅의 밝은 기운)의 신이나 부처의 도움을 얻으며 무리 가운데 뛰어난 사람(성인)이 붙들어주는 도움을 얻는다. ⑤당나라 대력 7년(772)에 비산현 현령의 딸이 열아홉 살에 죽어 칠 일째 되던 날 염라대왕을 만났다. ⑥그가 질문하기를 여기 오기 전 일생 동안 어떤 인연을 쌓았는가? 그녀가 대답하기를 일생 동안 오직 금강경을 소리 내어 독송했습니다. ⑦또 묻기를 어찌 금강경찬을 외우지 않는가?(이하생략) 그런데, 다음의 경전은 인도 고대어인 범어로 되어 있어 일반인들은 알아듣기 힘들다. 無量壽如來根本陀羅尼(무량수여래근본다라니)를 보면, '나모라트나트라야야 나맣아랴 미타바야 타타가타야 아르하테 사먁삼붇다야 타댜타 옴 아므르테 아므르토 드바베 아므르타삼바베 으므르타 가르베 아므르타싣데 아므르타테제 아므르타비흐림테 아므르타비흐림 타가미네 아므

경상도 지역에서 쉽게 찾을 수 있는 언어가 아니다.

BC4세기 이후에 도래한 제철 기술자가 가지고 온 불경, 48년 허황옥과 함께 온 보옥(寶玉) 선사(장유화상, 허황옥의 오빠)의 불경이 있었을 것이고 또 현대의 불경과 크게 다르지 않을 텐데 일상생활 언어로 쓰이는 경구가 별로 많지 않을 뿐더러 생활 언어로 쓰이지도 않은 것 같다. 이로 미루어 가야인이 가지고 온 언어가 한반도 언어에 영향을 미치지 못했다고 볼 수 있다.

여섯째, 철 상품을 따라온 타밀인들은 천부적 장사꾼 재능과 국제 교역에 대한 안목이 있었다고 본다. 타밀 지역은 인도 대륙 남단에 위치하여 동서 항행의 필수 경유지가 되었다. 이 지역 주민에게는 몇천 년을 거치는 동안 장사꾼의 DNA가 형성되었다고 본다.

이들이 터 잡은 김해를 중심으로 경남 가야 지역 후손들에게 장사꾼의 DNA가 전수됐을 개연성을 배제할 수 없을 것이다. 현대에 와서 김해와 가까운 서쪽, '진주 승산마을을 중심으로 시작된 4개 그룹의 창업주가 같은 지역'[255]이라는데, 국제적으로 기업인들의 시선을 집중시키고 있다.

일곱째, 전국 각지의 국립박물관에 진열된 토기를 참관하다 보면, 가야 토기의 우수성이 비교되며, 또 토기를 굽는 생산 지역 표시가 명백하다는 것이다. 가야 토기는 적갈색 연질 토기와 회청색 경질 토기로 나뉜다. 회청

르타가가나키티카레 아므르타둠누비스바레 사르바르타사다네 사르바카르마크레 살사얌카레스바하'가 있다. 이 '무량수여래근본다라니'는 정성들여 한번 염송하면 몸 가운데 십악사중오무간죄(十惡四重五無間罪)를 멸하고 일체 업장이 모두 소멸한다고 하는데, 일반인들은 알아듣기 힘든 언어이다.

255) 〈조선일보〉, 'K 산업화 성지'된 진주 승산마을, 2023.7.11에 의하면, 삼성·LG·GS·효성 그룹의 창업주의 생가가 승산마을 가까이에 있다.

색 경질 토기는 둥근밑 단지와 굽다리접시로 대표되며 약 1,300℃ 정도에서 구운 것이라 여겨진다.

　가야 토기는 일본의 도자기에도 영향을 주었다고 본다. 박천수 교수에 의하면, "일본 열도에서 최초로 회청색 경질 토기를 생산하는 가마가 오사카 남부에서 조업을 개시한 것이다. 이 유적에서는 여러 기종의 토기가 출토되었으나 그 가운데 특히 고배(高杯)의 개(蓋)는 (금관) 가야 지역의 출토품과 구별이 되지 않을 정도로 흡사한 제작 기법으로 만들어졌다."[256]고 한다.

　필자가 보기에는 일본 열도에서 제작 기술을 수입한 것이 아니라 생산 기술자(공인)가 그곳에 이주한 것으로 본다.

　이처럼 가야인들이 제철 기술에 따라 얻은 고온의 불을 다루는 기술이 도자기를 굽는 기술로 발전하여 가야의 도자기 문화를 가져왔다고 본다.

　여덟째, 부다가야를 떠나온 가야인들이 불교 문화를 가져왔다고 본다. 가야의 번창 지역에 불교 정서가 심어졌다는 것이 지명에 남아있다.

　伽倻(가야)로 표기된 대부분 지명이 낙동강 서편에 있는 지명이고, 佳野(가야)로 표기된 3곳은 공교롭게도 낙동강 동편에 있는 지명이다.

　일연스님이 『삼국유사』에서 GAYA의 '가'를 표기할 때, 수많은 글자 중에서 왜 하필이면 절 가(伽)를 선택했을까?

　절 '가(伽)'를 해자 하면, 사람 인(人)과 더할 가(加)를 합쳐서 만든 글자이다.

　기원전에 사람이 많이 모이는 경우는 흔치 않다. 자발적으로 모여들 수 있는 곳이 어디일까? 아마도 불교 행사를 하는 절간이 아닌가 한다.

---

256) 박천수, 『가야문명사』, 진인진, 2018. p.219.

절 가(伽)를 부다가야에서 온 가야인에게 붙여서 표기했다면, 그들에게서 불교적 색채나 흔적을 보았을 것이다. 가야인들이 있는 곳에서 불교라는 특이한 종교를 보았기에 가야라는 지명이 독특하게 남았을 것이라고 본다.

그런데 앞서 현대까지 남아 있는 한반도의 가야 지명을 살필 때, 낙동강 동쪽에 있는 경산시 진량읍 가야리(佳野里), 안동시 와룡면 가야리(佳野里), 예천군 용궁면 가야리(佳野里)는 伽耶(가야)가 아니라 가야(佳野)다. '아름다운 열외의 사람들이 사는 곳'이란 뜻이다.

지명을 붙일 때는 그 특징을 살리는 경우가 많다. 가야(佳野)에서 아름다운 가(佳)를 선택한 것은 가야인의 골격에 따른 모양새를 반영한 듯하다.

이곳에는 왜 절 '가(伽)' 자를 사용하지 않았을까?

낙동강 동쪽은 신라의 영역으로 볼 수 있다. 신라에서는 건국 초기의 선도성모 이래 토착 신앙에 묶여 불교 공인이 늦어진 것처럼, 이곳 가야(佳野) 인은 종교활동의 제약을 받았을 것으로 본다.

아홉째, 한반도 가라의 영역을 일본 열도로 넓혔다고 본다. 제2장에서 소개한 대로 인도에서 가야는 국호를 나타내는 고유 명사이고 가라는 장소를 나타내는 보통 명사이다.

가야사를 연구해 온 조희승[257] 등 북한 학자들이 주장하는 일본열도에 있는 가야의 분국과 소국 이론은 타당성이 있다고 본다. 야마토 왜가 천도한 710년 이전의 일본열도는, 중국에서 한반도 서남부를 경유한 마한(馬韓) 이주민이 있고, 가야쪽에서 김수로의 7왕자의 규슈 진출과 전기 가야 이후 일본열도로 진출한 가야인이 있다. 크게 보아 이 두 부류의 생활 터전이라고

---

[257] 조희승은 재일교포 출신으로 북한으로 건너가 한일 고대사 연구에 매진했다. 임나는 가야계가 일본 열도에 건설한 소국, 분국이라는 김석형의 분국설을 계승한 학자다.

볼 수 있다.

    열째, 한반도 중부와 남부에는 가야 혹은 가락 관련 지명 또는 지칭이 많이 남아 있다.
    가야를 伽倻(가야)로 표기한 곳이 12곳, 佳野(가야)가 3곳, 加野(가야)와 柯也(가야)가 각각 1곳이다.
    아무튼 가야인에 대해 종교 생활을 포함하여 주위에서 특이한 다른 점을 느꼈을 것이다. 그리고 오늘까지 그 지명이 소멸되지 않고 존속된다는 것은 주변 주민들과 유익한 상호 관계를 유지하였기 때문이라고 본다. 기억하고 싶지 않을 만큼의 나쁜 관계라면 그 지역이 파괴되거나 지명이 지워졌을 것이다.
    그리고 가야뿐만 아니라 가야를 가리키는 '가락'이라는 이름, 예를 들면 '가락동', '가락국수', '가락시장' 등의 이름도 남아있다.

    기원전 가야인의 도래는 이후 한반도 중·남부의 문명과 문화의 지도 색깔을 바꾸었다고 본다. 당시 한반도의 가야는 동양사를 넘어 세계사의 연결선(連結線)에 있었다.

가야인,
나라 세우러 온 것 아니다

편집후기

　일제강점기에 일본이 우리 역사 〈조선사〉를 자기들 입맛대로 쓰면서 '임나일본부'를 가야사에 심어 놓았다. 그리고 그들은 최근에 이르기까지 임나일본부의 위치가 가야 땅인가, 전라도 땅인가 하며 꽃놀이 패를 즐기고 있다. 그들의 놀음에 우리 학자들이 장단 맞추며 아직도 가야사를 제대로 정리하지 못하고 있다.
　이에 필자가 본 책(9장)을 통하여, 진쿠황후가 한반도를 침공하거나 지배한 것이 아니라, 대륙 백제의 13대 근초고왕이 주문한 백제의 용병이라는 것, 그리고 임나국과 축자국도 중국 대륙의 남동해안에 위치 했음을 밝혀냈다. 이로써 일본이 주장하는 식민역사로부터 완전히 해방되는 길을 마련했다.

　이밖에 국사학자들이 가지고 있던 다른 의문점도 본 책을 통해 어느 정도 해소되었을 것으로 믿는다.

　1) 『삼국유사』에 김수로의 가락국 허왕후가 아유타국의 공주 출신, 허황옥이라 했다. 그리고 허황옥은 오라버니 장유화상(長遊和尙, 보옥선사)과 동행하여 불교를 전래 했다고 한다.
　그런데 붓다가 성불했다는 불교국 인도의 부다 가야(Gaya)국은 이웃에 있는 '아유타 왕국'에 의해 멸망한 나라다. 이에 불교 전래에 대한 의구심 외에도 한반도 김해 지역의 쌍어 문양과 가야 관련 국호와 문화 등 허왕후의 영향력에 대한 의구심이 있었다. 이에 대해 본책 4장 1절을 통해 해소할 수 있었을 것으로 본다.

2) 『삼국유사』의 '가락국'과 『삼국사기』의 '금관국'을 같은 나라로 볼 수 있느냐, 또 같은 김해 지역에 존재했던 나라라면 어느 한쪽의 연대가 잘못된 것 아니냐는 논쟁의 해답도 본책 10장에서 말해주고 있다.

3) 국출철(國出鐵)의 해석과 논쟁은 삼한이 한반도 남부에 있다는 잘못된 인식에서 비롯된 것이다. 본책 5장 4절과 6장, 10장 6절을 통해서 선명하게 이해할 수 있었을 것으로 본다.

4) 가야를 제4의 제국으로 보는 일부 학자들이 김부식은 왜 『삼국사기』에 포함하지 않았는가를 따진다. 이에 대해 본책 3장에서 우리가 잘못 알고 있는 삼국과 가야와의 관계, 가야사가 삼국사와 분리될 수밖에 없음을 알게 해 주었다고 본다.

이밖에 본 책에서 지면 관계로 연구를 확대하지 못한 부분이 있다. 후학들이 더 연구해서 완성도를 높여주어야 할 역사 과제가 있어 소개하고자 한다.

1) 『삼국사기』나 『삼국유사』 어디에도 '가야=변한(弁韓)'이란 기사가 없다. 이 말은 고려 시대까지 이런 역사 인식이 통용되지 않았다는 것을 말한다. 그런데 현대 『고등학교 한국사』(교과서)에는 '가야=변한'이라 하고 있는데, 어느 쪽이 맞는 것인지, 왜 그렇게 됐는지를 밝힐 연구가 있어야 한다. 이는 우리 고대사를 바로 잡는 첫 번째 과제라고 본다.

2) 『한국민족문화대백과사전』에는 '정견모주(政見母主)가 대가야 및 금관가야 시조의 어머니'라고 한다. 이는 신라 학자 최치원(崔致遠)이 지은 《석이정전(釋利貞傳)》과 《석순응전(釋順應傳)》의 기록, "가야산(伽倻山)의 신(神)인 정견모주가 천신(天神) 이비가지(夷毗訶之)에 감응한 바 되어 대가야의 왕 뇌질주일(惱窒朱日)과 금관국(金官國)의 왕 뇌질청예(惱窒靑裔) 두 사람을 낳았으니, 뇌질주일은 이진아시왕의 별칭이고 청예는 수로왕(首露王)의 별칭이다."를 인용한 것으로 본다. 이와 같은 정견모주의 전설을 단순한 신화로 볼 것이 아니라 본책 4장 4-5절의 김수로의 산악이동설과 연결 지으면, 역사적인 팩트(fact)가 될 수 있다고 본다. 더 연구할 가치가 있어 후학에게 권하고 싶다.

이같이 가야사는 21세기에 와서도 미완의 역사라고 본다. 그 원인이 첫째 일연스님 이후 현대에 이르기까지 '가야 지명'이 보이면 '나라'로 보는 잘못된 고정관념이 있고, 둘째는 일제강점기에 느닷없이 끼워 넣은 '임나일본부'에 의해 가야사에 대한 시야가 흐려졌기 때문이라 생각한다.

본책을 통해 임나일본부라는 색안경이 제거됐다. 그런데 가야의 지명이면 나라가 아닌가 여기는 고정관념은 여전히 남아있다. 불완전한 역사 기록에 의존할 것이 아니라 지리학과 산업사와 무역사의 시각을 덧붙여 보면, 숨어있는 새로운 가야의 일면을 찾게 될 것이다.

가야인은 나라 세우러 온 것이 아님을 발견할 것이다.

■ 찾아보기

로마자

T
Tapana(다파나) 161

한국어

ㄱ
가고시마신궁 156
가라 15, 34, 40, 46
가라(加羅) 27, 45
가라국 34
가락 15
가락국 34, 43, 224
가락국기 137, 181
가량 40
가야 15, 34, 40, 46
가야(加耶) 45
가야공원(伽倻公園) 55
가야국(伽耶國) 14
가야동(伽倻洞) 55
가야동 계곡 56, 316
가야리(伽倻里) 55
가야리(佳野里) 55, 59, 114
가야리(加野里) 55
가야산(伽倻山) 55
가야연맹 이전 시기 42
가형토기 50
갑주(甲冑) 250, 259
강수(强首) 210
갠지스강 41, 44, 66
거등(居登) 153
겐메이 덴노 141, 207
경주부(慶州府) 111
계림병(鷄林洴) 216
고령가야(古寧伽倻) 18, 29, 30
고사기 164
고상 가옥 51
광개토왕비문 190, 191, 196, 208, 214, 272
광개토왕의 남벌 16
구노국 151
구당서(舊唐書) 109
구마모토 63, 159, 160, 173
구야 40
구야국 34, 151
구형왕(仇衡王) 27
국출철·國出鐵 127, 129, 139, 144
귀틀석(耳機石) 175
근초고왕 192, 202
금관가야 15, 23, 34, 70, 224
금관(金官) 과정 232, 235, 244, 267
금관국 34, 43, 224
금관(金官) 체제 181
기나이(畿內)지역 168
기비고원 149

김구해(金仇亥) 23
김당(金當) 89, 312
김부식 120
김산호 44
김수로 43, 74, 81, 87
김유신 81
김유신 열전 225
김일제 83
김정남 177
김해 김씨 족보 150
김해 브랜드 231
김향수 92, 173

ㄴ

나가파티남 176, 180, 185
나밀(那密) 300, 304, 307
나아리 133
나침반(羅針盤) 115, 138
낙랑군(樂浪郡) 130
난생설화 85
남가라(南加羅) 27
남규슈 151, 156
남방식 주조 철기 41
남선경영론 188, 189, 206, 213
내물이사금 300, 307, 310
노래하는 역사 171
노천광산 119
노천 철광 65, 68, 149
노천 철광석 186
노천 철광지 294
니니기노미코토 153, 155, 164

ㄷ

다마스쿠스 검 48
다파나 247
多婆那(다파나) 161
다파나국 157, 176, 183
다파라국 158, 179, 180, 182
다호리 유적 42, 236, 238, 265
달천 광산 115, 134, 254, 258
대가락(大駕洛) 14
대가야 18, 25, 28, 30
대가야국 28
대륙 신라 118, 134
대릉리(大陵里) 55
대릉하 143
대백제 219
대성동 57호분 262
대성동 목곽묘 297
대쥬신제국사 44
대청광여도 111
도네리 친왕 197
도설지왕 26
돌란대(廻欄竹) 175
동국지리지 140, 144, 150
동손 문화 50
동신라 108, 113, 115, 118
동환식찰갑 270

ㄹ

라마동 고분군 297

ㅁ

마면주(馬面胄) 250, 259
만림산 18
만엽집 170, 179, 182
맞춤형 용병 200, 205
모용황 296, 298
묘견 공주 153
문무왕 83
문무왕 비문 82
문정창 103
문창로 38
물금 철광 254
밀양 사촌마을 유적 293

ㅂ

박영규 203
박창범 108, 142, 207
박혁거세 108, 116
박혁거세 능 111
백제의 용병 203
범어 186, 318
범엽(范曄) 37
법민왕(法敏王) 83
법흥왕 23
변진 36
변한 36
병장기 249, 266, 268
보주태후(普州太后) 77
봉수로 32, 70, 288
봉화로 286
부다가야 40, 76, 185, 314, 320

북방 기마인 296, 298
북방식 단조 철기 41
북사 109, 131
불교 문화 320
불교 신앙 66
비문변조설 208
비미호 152

ㅅ

사릉(蛇陵) 112, 115
산스크리트(Sanskrit)어 185, 318
삼국사 120
삼국사(三國史) 102
상업 국가 199
서복 동도 174
석탈해 43, 117, 132, 137, 139, 181
선견(仙見) 왕자 152
선도성모 116, 117, 321
선비족 발원지 296
성산가야 18
성암본 103
성한왕 310
세오녀(細烏女) 135
세종실록지리지 112, 279
세토나이카이 149
소가야 18, 19, 71
소머리봉 94
소서노 199, 205
소시모리 92, 94
소호금천씨 81
쇠똥산 279, 280, 281

쇠불이 축제 134
쇼토쿠 태자 184
수서(隋書) 129
수애(水愛)마을 118, 133
수현 고성 111
스에마쓰 189, 192
승운이거(乘雲移去) 151
승운이거 설 154
신공섭정전기 200
신라군도 219
신라초(新羅礁) 219
신라침반 138
신라토내당주 113
신무천왕의 동천 코스 166
쌍어문 45, 75, 76
쌍어 문양 43, 79, 80

ㅇ

아도간 85
아라가야 18, 20, 71
아라가야계 168
아소산박물관 159
아스카시대 216
아유타국 74, 76, 79
아이언 로드(Iron Road) 232
아진의선 118
아진포 118
안라(安羅) 23, 25, 28
안라국(安羅國) 194, 195
안라왜신관 193, 196, 198
안야국(安耶國) 23, 24, 28

액전왕(額田王) 173
야나하라철광 149
야마토 191, 193, 198
야마토 왜 206, 207, 213, 321
야쓰시로(八代) 173
에도시 189
여전사 262, 266
연고지 98
연오랑(延烏郞) 135
연오랑세오녀 135
예안리 57호분 262
예안리 고분 75
오릉(五陵) 112, 115
오수전 52
오수전(五銖錢) 51
왕망(王莽) 86, 89, 312
왕우(王寓) 299
왕인 박사 183
왕험성(王險城) 130
용병 계약 204
용병 정책 200
용성국 162, 176
우두봉 95
우두산 93
운봉가야 31, 243, 286
운철 48
울진봉평신라비 302
위리안치 98
유력 개인묘 286
응소 109
이두식 한자 184

이비가(夷毗訶) 99
이수광 38
이영희 170, 173
이정기 221
이진아시왕 26
이차돈의 순교 59
이창희 41
임나(任那) 27, 28
임나가라 34, 40, 272
임나가량 40
임나가량(任那加良) 210
임나국 214, 215, 218
임나일본부 194, 197, 210, 214
임나일본부설 188, 192, 198, 199, 221

ㅈ

장수가야 30, 32, 71, 243, 286, 288
장유화상 60, 319
전기 가야연맹 16, 42, 271, 283, 284
전북가야 31, 32, 286
정견모주 87, 99
정한론 188
제철 생산 기지 230
조희승 146
종장판주 270
종합 제철 기지 295
주산군도 219
중애왕조 205
진천 석장리 유적 289, 290, 316
진쿠황후(神功皇后) 189, 197, 198, 201, 203, 206

진한 36
진흥왕 25, 26

ㅊ

찰갑(札甲) 259
천관우 192
천손강림(天孫降臨)」신화 164
천연철 48
천하고금대총편람도 110
철기 문명 315
철 생산 기지 267, 275, 289, 293
철 슬래그 277
철의 바다 242
철정 234
철정(鐵鋌) 70
촐라왕국 162
최치원 15
축자국(筑紫國) 214, 215, 216, 218
칠불사(七佛寺) 153

ㅋ

카라쿠니 135
카라쿠니다케 63, 153, 164
카라쿠니신사(辛國神社) 63, 135
카스트(Caste)' 제도 69
쿠지후루다케 165

ㅌ

타밀나두주 180
타밀어 160, 176, 179, 183, 187, 318
타밀인 181, 182, 187, 248, 317

탈해이사금 조 225
토루 21
통나무형 목관무덤 49
통전 110, 131

ㅍ

파사석탑 76
판상철부 181, 232, 268
팔공산구 111

ㅎ

하동도래비 173
한국정신문화선양회 216
한백겸 15, 38, 140
한서 109
한일 문화유적 탐방기 92, 173
해저 소백산맥 항로 52
허성(許聖) 78
허왕후 43
허황옥 74, 77
험독현(險瀆縣) 130
헤이조쿄 141, 184
호구산(虎丘山) 131
화랑도 302, 305, 308
화랑세기 300
화랑의 풍습 300
환도성 전투 298, 302, 304
효원황후 96
후기 가야연맹 16, 42, 283, 284, 292
히타이트 왕국 47

참고문헌

현대 서적 및 지도

- 권오준, 『철을 보니 세상이 보인다』, 페로타임즈.(2020)
- 김병모, 『허황옥 루트, 인도에서 가야까지』, 역사의아침.(2008)
- 김정기, 『일본 천황, 그는 누구인가』, 푸른사상사.(2018)
- 김산호, 『대쥬신제국사』(1권), ㈜동아출판사.(1994)
- 김종수 외, 『고등학교 한국사』, ㈜금성출판사.(2018)
- 남무희, 『가락국기 평전』, ㈜한국학술정보.(2018)
- 대백제 다큐멘터리 제작팀, 『대백제』, 차림.(2010)
- 문창로, '조선 후기 실학자들의 삼한 연구', 『한국고대사연구62』.(2011.6)
- 문창로, 〈'변한과 가야' 연구의 동향과 과제〉, 한국고대사학회 엮음, 『가야사 연구의 현황과 전망』, 주류성출판사.(2018)
- 박영규, 『한권으로 읽는 백제왕조실록(증보판)』, 웅진닷컴.(2004)
- 박창범, 『하늘에 새긴 우리 역사』, 김영사.(2018)
- 박창화, 김성겸 역, 『고구려의 숨겨진 역사를 찾아서』, 지샘.(2008)
- 박천수, 『가야문명사』, 진인진.(2018)
- 서동인, 『미완의 제국 가야(加耶)』, 주류성.(2017)
- 안경전 옮김, 『청소년 환단고기』, 상생출판.(2012)
- 오운홍, 『고대사 뒤집어 보기』, 시간의물레.(2020)
- 오운홍, 『무령왕릉의 비밀』, 시간의물레.(2021)
- 오운홍, 『한국사의 기준점 찾기』, 시간의물레.(2022)
- 오운홍, 『한반도에 백제는 없었다』, 시간의물레.(2021)

- 오운홍, '진·한대의 요수·패수와 험독현·왕험성의 위치 탐색', 『국경사 연구로 반도사관을 혁명한다』. 2023 대한국제학술문화제 논문자료집(2023.6.23.)
- 이기백, 『한국사신론』, 일조각.(1972)
- 이동희, 〈후기 가야 고고학 연구의 성과와 과제〉, 한국고대사학회 엮음, 『가야사 연구의 현황과 전망』, 주류성출판사.(2018)
- 이병희 외, 『고등학교 역사부도』, ㈜금성출판사.(2010)
- 이영희, 『노래하는 역사』, 조선일보사.(2009)
- 이종기, 『일본의 첫 왕은 한국인이었다』, 동아일보사.(1997)
- 임승국 번역, 『한단고기』, 정신세계사.(2016)
- 장삼식, 『대한한사전』, 박문출판사.(1975)
- 조희승, 『북한학계의 가야사 연구』, 말.(2020)
- 주보돈, 〈가야사 연구의 새로운 진전을 위한 제언〉, 한국고대사학회 엮음, 『가야사 연구의 현황과 전망』, 주류성출판사.(2018)
- 천재교육출판부, 『천재학습백과』, 천재교육.(2020)
- 최성규, 『일본왕가의 뿌리는 가야왕족』, 을지서적.(1993)
- 한국정신문화원, 『국역 율곡전서』(1권), 한국정신문화연구원.(1996)
- 한국정신문화연구원, 『한국민족문화대백과사전』.(1996)
- 김향수의 〈한일 문화유적 탐방기〉
- China Road Atlas, 산동성지도출판사(山東省地圖出版社).(2006)
- 영진문화사, 『전국·도로·관광총람, 정밀도로지도』, 영진문화사.(2003)
- 책보고, 〈왜곡된 한국사 복원(지도)〉, 유투버 책보고.(2022)

국내 신문 및 방송

- 〈경남도민일보〉, 소가야 유적 '고성 연당리 고분군' 발굴. (2021.10.25.)
- 〈경향신문〉, '고조선의 철기시대는 중국보다 빠른 BC10 세기경에 시작됐

다'. (1997.4.7.)
- 〈경향신문〉, 이기환의 역사 스토리텔러. (2019.2.1.)
- 〈서라벌신문〉, 변정용, '울산북구의 쇠불이 축제'. (2012.10.22.)
- 〈서울신문〉, BC 7세기 철기유물 강원도 홍천서 출토. (1970.1.2.)
- 〈세계일보〉, "일본서기 하부 사서인 것처럼 폄하… '삼국사기'라 왜곡 가능성". (2015.05.03.)
- 〈아틀라스뉴스〉, 아라가야 추정 왕궁지 발굴. (2019.10.30.)
- 〈울산제일일보〉, 배종덕 역사칼럼 '기리시마 신궁의 천손강림 어신화제(御神火祭)'. (2022.01.19.)
- 〈연합뉴스〉, '장수가야 역사관(가칭)' 착공식. (2021.3.25.)
- 〈이미디어〉, 장수군 계북면 가야시대 철생산유적지 발견. (2021.10.20.)
- 〈전북일보〉, 곽장근, 전북 동부지역에 형성된 봉화망 주장. (2022.01.25.)
- 〈조선일보〉, "김해서 출토된 인도 유리구슬… 해양 실크로드, 한반도로 이어졌다". (2023.2.21.)
- 〈조선일보〉, '중국 역사 교재, 여전히 임나일본부 서술, 유용태 서울대 교수, 인민출판사 『세계통사』 등 분석'. (2020.06.22.)
- 〈조선일보〉, 'K 산업화 성지'된 진주 승산마을.(2023.7.11.)
- 〈주간조선〉, 이진아, 고(古)천문학 지도 한 장에서 출발한 '가야'를 바라보는 새로운 시각. (2021.07.26.)
- 〈주간조선〉, 이진아, 인도에서 한반도 낙동강까지…'가야'가 새겨진 역사. (2021. 08.09.)
- 〈중부광역신문〉, 진천 석장리 유적 발굴 20주년 기념 학술대회를 개최. (2014.11.23.)
- 〈창원=뉴시스〉, 소가야 유적 '고성 만림산 토성', 경남도기념물 됐다. (2021.8.28)
- 〈한국경제신문〉, 일본인은 왜 키가 작을까…"1200여년간 OO 금기".

(2022.12.11.)
- 〈KBS HD 역사스페셜〉, '고대 아이언 로드(Iron Road), 삼한으로 통하다'. (2005.6.3. 방영)
- 〈KBS HD 역사스페셜〉, 가야에 여전사가 있었다. (2020.8.12.방영)
- 〈KBS HD 역사스페셜〉, '대성동 고분의 미스터리-가야인은 어디에서 왔는가?' (2012.10.18.)

인용 또는 재인용한 동양 고전

[중국]

- 『구당서(舊唐書)』〈동이편(東夷篇)〉.
- 『남사(南史)』.
- 『남제서』 58권 〈동남이열전〉.
- 〈대청광여도(大淸廣輿圖)〉.
- 『북사(北史)』.
- 『사기(史記)』 권115 〈조선열전(朝鮮列傳)〉.
- 『삼국지(三國志)』〈위서(魏書)〉〈동이전 변진전 한조, 오환선비동이전〉.
- 『수서(隋書)』〈동이전(東夷傳)〉.
- 『송서(宋書)』 97권 〈동이열전〉.
- 『위지(魏志)』.
- 『자치통감(資治通鑑)』.
- 『양서(梁書)』.
- 『한서(漢書)』 권28(下) 〈지리지〉 제8하.
- 『한서』〈열전〉, 〈김일제전〉.
- 『책부원구(冊府元龜)』.
- 『통전(通典)』.

- 『태평어람(太平御覽)』.
- 『후한서(後漢書)』〈동이 열전〉.
- 『후한서』〈동이전〉 한조.

[일본]

- 『고사기(古事記)』
- 『일본서기(日本書紀)』

[한국]

- 김부식 저, 이재호 역, 『삼국사기(三國史記)』(2권), 솔(2006).
- 일연 저, 이재호 역, 『삼국유사(三國遺事)』1, 솔(2008).
- 이승휴, (사)동안이승휴사상선양회, 『제왕운기(帝王韻紀)』, 세장출판사(2019).
- 『세종실록지리지(世宗實錄地理志)』
- 『신증동국여지승람(新增東國輿地勝覽)』
- 『천하고금대총편람도(天下古今大總便覽圖)』
- 『동국지리지(東國地理志)』
- 박창화의 필사본 〈상장돈장(上章敦牂)〉
- 박창화 필사, 하진규 번역, 책보고 교정·편집, 『백제서기(백제왕기)』, 시민 혁명.(2023)

웹문서

- 위키백과(2021.10.7.)의 '가야'
- 온라인 나무위키(2021.10.7.)의 '동국지리지'

한국사 미스터리 5
가야인, 나라 세우러 온 것 아니다

초판 인쇄 2023년 08월 25일
초판 발행 2023년 08월 31일
저　　자 오운홍
발 행 인 권호순
발 행 처 시간의물레
등　　록 2004년 6월 5일
주　　소 경기도 파주시 숲속노을로 150, 708-701
전　　화 031-945-3867
팩　　스 031-945-3868
전자우편 timeofr@naver.com
블 로 그 http://blog.naver.com/mulretime
홈페이지 http://www.mulretime.com
I S B N 978-89-6511-445-1 (03910)
정　　가 20,000원

* 이 책의 저작권은 저자에게 출판권은 시간의물레에 있습니다.
* 잘못된 책은 바꿔드립니다.